Dr. John Coleman

DE DICTATUUR
VAN DE
SOCIALISTISCHE
WERELDORDE

ⓞMNIA VERITAS.

John Coleman

John Coleman is een Britse auteur en voormalig lid van de geheime inlichtingendienst. Coleman heeft diverse analyses gemaakt van de Club van Rome, de Giorgio Cini Stichting, Forbes Global 2000, het Interreligieus Vredescolloquium, het Tavistock Instituut, de Zwarte Adel en andere organisaties met thema's uit de Nieuwe Wereldorde.

DE DICTATUUR VAN DE SOCIALISTISCHE WERELDORDE

ONE WORLD ORDER
Socialist dictatorship

Vertaald uit het Engels en uitgegeven door Omnia Veritas Limited

© Omnia Veritas Ltd - 2023

ⒺMNIA VERITAS®

www.omnia-veritas.com

"De vijand in Washington is meer te vrezen dan de vijand in Moskou." Het is een gevoel dat ik keer op keer heb geuit. Het communisme heeft de tariefbescherming van president George Washington niet vernietigd. Het communisme dwong de Verenigde Staten niet de progressieve inkomstenbelasting in te voeren. Het communisme heeft de Federal Reserve Board niet opgericht. Het communisme sleurde de VS niet mee in de Eerste en Tweede Wereldoorlog. Het communisme legde Amerika niet de Verenigde Naties op. Het communisme nam het Panamakanaal niet af van het Amerikaanse volk. Het communisme creëerde niet het massale genocide plan van het Global 2000 rapport. Het was het SOCIALISME dat deze kwaden over de Verenigde Staten bracht!

Het communisme gaf de wereld geen AIDS! Het communisme gaf Amerika geen rampzalige werkloosheid. Het communisme lanceerde geen meedogenloze aanvallen op de Amerikaanse grondwet.

Het communisme dwong Amerika niet tot "buitenlandse hulp", die vervloekte belasting op het Amerikaanse volk die onvrijwillige dienstbaarheid is.

Het communisme legde geen einde op aan gebeden in scholen. Het communisme propageerde niet de leugen van "scheiding van kerk en staat". Het communisme gaf Amerika geen hooggerechtshof met rechters die vastbesloten waren de Amerikaanse grondwet te ondermijnen. Het communisme stuurde onze soldaten niet naar een illegale oorlog in de Golf om de belangen van de Britse kroon te beschermen.

Maar al die jaren, terwijl onze aandacht gericht was op het kwaad van het communisme in Moskou, waren de socialisten in Washington bezig Amerika te bestelen! Alleen *De dictatuur van de socialistische wereldorde* legt uit hoe dit werd en wordt bereikt.

INLEIDING

"We zullen de Nieuwe Wereld Orde stukje bij beetje opbouwen, recht onder hun neus (van het Amerikaanse volk). "Het huis van de Nieuwe Wereldorde zal van onderaf moeten worden opgebouwd in plaats van van bovenaf. Een bypass van soevereiniteit, die stukje bij beetje wordt uitgehold, zal veel meer bereiken dan de goede oude frontale aanval." Richard Gardner, vooraanstaand Amerikaans socialist, *Foreign Affairs*, het tijdschrift van de Council on Foreign Relations (CFR), april 1974.

In dit boek (samen met mijn andere titels *Geschiedenis van het comité van 300* en *Diplomatie door leugens*) leg ik uit hoe Gardners verklaring een overzicht geeft van de socialistische agenda van de Fabians voor de Verenigde Staten. De ideeën, gedachten en mensen die ijverig werkten om het socialisme, de belangrijkste en fatale politieke ziekte van moderne naties, te vestigen, worden in detail uitgelegd.

Er is een verslag van de verschillende doelstellingen van de socialisten, opgesteld door de Britse Fabian Society, met als motto "Make Haste Slowly".[1] Toen Lenin werd gevraagd het communisme uit te leggen, antwoordde hij: "Communisme is socialisme met haast." Het socialisme heeft geen andere uitweg dan het communisme, dat heb ik vaak gezegd. Dit boek legt uit waarom zoveel van de kwalen die onze samenleving vandaag de dag teisteren, hun oorsprong vinden in een zorgvuldige socialistische planning en uitvoering.

Socialisme is inherent slecht, omdat het mensen dwingt bewust

---

[1] "Haast je langzaam", Ndt.

ontworpen veranderingen te accepteren waar ze niet om gevraagd of gewild hebben. De macht van het socialisme is vermomd in verzachtende bewoordingen en gaat schuil achter een masker van humanisme. Het manifesteert zich ook in fundamentele en verregaande veranderingen in de religie, die socialisten al lang gebruiken als een krachtig middel om acceptatie te krijgen, waarna ze hun invloed uitbreiden binnen de kerken, ten nadele van alle religies.

Het doel van het socialisme is de liquidatie van het vrije ondernemerschap, dat het ware kapitalisme is. Het wetenschappelijk socialisme kent vele vermommingen, en de aanhangers ervan noemen zich liberalen of gematigden. Ze dragen geen insignes en zijn niet herkenbaar, zoals ze dat wel zouden zijn als ze zich communisten zouden noemen.

Er zijn meer dan 300.000 socialisten in de regering van de VS en volgens conservatieve schattingen waren in 1994 87% van de leden van het Congres socialisten. Executive Orders zijn een ongrondwettelijke socialistische list om wetgeving te gebruiken om de Amerikaanse grondwet buiten werking te stellen, wanneer directe methoden niet mogelijk zijn om de gewenste socialistische veranderingen te bewerkstelligen die door de grondwet worden geblokkeerd.

Het socialisme is een revolutie die geen openlijk geweld gebruikt, maar niettemin de grootste schade toebrengt aan de psyche van de natie. Het is een stiekeme beweging. Haar langzame vooruitgang naar de Verenigde Staten vanuit haar oorsprong in Engeland was bijna onmerkbaar tot de jaren 1950. De Fabian socialistische beweging bleef gescheiden van de zogenaamde socialistische partijgroepen en haar opmars was daarom bijna onmerkbaar voor de meerderheid van de Amerikanen. "Als je een communist verwondt, bloedt een socialist" is een gezegde dat teruggaat tot de begindagen van het Fabiaans socialisme.

Het socialisme verheugt zich vurig in de uitbreiding van de centrale overheidsmacht die het voor zichzelf tracht veilig te stellen, waarbij het altijd beweert dat het voor het algemeen welzijn is. De Verenigde Staten en Groot-Brittannië zitten vol met valse profeten die de Nieuwe Wereldorde prediken. Deze socialistische missionarissen prediken vrede, humanisme en het algemeen belang.

In het volle besef dat zij de weerstand van het Amerikaanse volk tegen het communisme niet met directe middelen konden overwinnen, wisten de verraderlijke Fabiaanse socialisten dat zij stil en langzaam moesten handelen, en moesten voorkomen dat het volk werd gealarmeerd door hun ware doelen. Zo werd het "wetenschappelijk socialisme" aangenomen als middel om de Verenigde Staten te verslaan en het eerste socialistische land ter wereld te maken.

Dit boek vertelt het verhaal van hoe het Fabiaans socialisme slaagde en waar we nu staan. De presidenten Wilson, Roosevelt, Eisenhower, Carter, Kennedy en Johnson waren enthousiaste en gewillige dienaren van het Fabiaans socialisme. Zij gaven de fakkel door aan president Clinton. Democratie en socialisme gaan hand in hand. Elke Amerikaanse president sinds Wilson heeft herhaaldelijk verklaard dat de Verenigde Staten een democratie zijn, terwijl het in feite een confederale republiek is. Fabiaans socialisme stuurt het lot van de wereld op een vermomde manier om het onherkenbaar te maken. Het socialisme is de auteur van de progressieve inkomstenbelasting, de vernietiger van het nationalisme, de auteur van de zogenaamde "vrije handel".

Dit boek is geen saaie uiteenzetting van de filosofieën van het socialisme, maar een dynamisch en dramatisch verslag van hoe het de grootste bedreiging is geworden voor vrije mensen overal, maar vooral in de Verenigde Staten, die het nog niet rechtstreeks onder ogen hebben gezien. Het gladde oppervlak van het socialisme verbergt zijn ware bedoeling: een federale wereldregering onder socialistische controle, waarin wij, de mensen, hun slaven zullen zijn in een duistere Nieuwe Wereldorde.

Hoofdstuk 1

DE OORSPRONG EN DE GESCHIEDENIS VAN HET FABIAANS SOCIALISME

"Net als alle socialisten geloof ik dat de socialistische samenleving zich in de loop der tijd ontwikkelt tot een communistische samenleving." - John Strachey, minister van de Labour Party.

"In het jargon van de Amerikaanse kranten zou John Strachey 'Marxist nr. 1' worden genoemd en die titel zou verdiend zijn." *Left News*, maart 1938.

Het Fabian socialisme begon met de Fabian Society die, in haar eigen woorden, "bestaat uit socialisten die zich hebben aangesloten bij het Communistisch Manifest van 1848", geschreven door Karl Marx, een in Pruisen geboren Jood die het grootste deel van zijn leven in Highgate, Londen woonde. In de "Basics of the Fabian Society" leren we het volgende:

"Het beoogt daarom de maatschappij te reorganiseren door land en industrieel kapitaal te emanciperen van individueel eigendom en ze over te dragen aan de gemeenschap ten behoeve van het algemeen belang. Alleen op deze manier kunnen de natuurlijke en verworven voordelen van het land gedeeld worden door alle mensen...".

Dit is het principe dat het Fabiaanse socialisme naar de Verenigde Staten heeft geëxporteerd en onvermoeibaar aan het Amerikaanse volk heeft opgelegd, tot groot nadeel van de natie.

Marx stierf alleen in oktober 1883, nooit in staat geweest de visie die hij deelde met Moses Mendelssohn (Mendelssohn wordt algemeen erkend als de vader van het Europese communisme) te realiseren, en werd begraven op het kleine ommuurde kerkhof van Highgate, ten noorden van Londen. Professor Harold Laski, de man die het nauwst betrokken was bij de beweging vanaf het begin tot aan zijn dood in 1950, gaf toe dat het Communistisch Manifest het socialisme tot leven had gewekt.

Maar in werkelijkheid werd het socialisme geboren met de oprichting van de Ethical Society of Culture, voorheen de Fellowship of New Life, in New York. Hoewel de politieke economie van John Stuart Mill, zoals verwoord in Henry George's socialistische boek Progress and Poverty, de geestelijke kant van het socialisme niet mag worden genegeerd. Webb en zijn vrouw Beatrice leidden de Fabian Society vanaf de oprichting. De meeste leden van de Fellowship of New Life, die voorafging aan de Ethical Society of Culture, waren vrijmetselaars die aangesloten waren bij de occulte theosofie van Madame Blavatsky, die ook door Annie Besant werd onderschreven.

Laski was zeker geen "geestelijke man", meer zoals Marx dan Ramsay McDonald, die later premier van Engeland werd. Laski oefende aanzienlijke invloed uit op tientallen Britse politieke, economische en religieuze leiders, en er wordt beweerd dat hij een onweerstaanbare invloed had op de presidenten Franklin Delano Roosevelt en John F. Kennedy. Victor Gollancz, de socialistische uitgever, verklaarde herhaaldelijk dat het socialisme noodzakelijk was voor de wereldheerschappij:

> "Het socialisme centraliseert de macht en maakt individuen volledig ondergeschikt aan degenen die die macht controleren", verklaarde hij.

Nadat het Fabian socialisme zich had teruggetrokken uit de Fellowship of the New Life, probeerde het verschillende wegen die al waren ingeslagen door de communisten, bakunisten, babouvisten (anarchisten) en Karl Marx, waarbij het altijd heftig elke band met deze bewegingen ontkende. Het Fabianisme, dat voornamelijk bestond uit intellectuelen, ambtenaren, journalisten en uitgevers zoals de grote Victor Gollancz, had er geen belang bij zich te mengen in de straatgevechten van de anarchistische revolutionairen. De stichtende leden van het Fabianisme perfectioneerden de techniek die Adam Weishaupt voor het eerst gebruikte - die van het binnendringen in de katholieke kerk en "haar van binnenuit kapot knagen tot er slechts een leeg omhulsel overbleef". Dit werd "penetratie en impregnatie" genoemd. Blijkbaar dachten noch Weishaupt noch Gollancz dat de christenen intelligent genoeg zouden zijn om te zien wat er aan de hand was.

Gollancz zou gezegd hebben:

> "Christenen zijn niet bepaald briljant, dus het zal gemakkelijk zijn voor het socialisme om hen onze kant op te leiden door hun idealen van broederlijke liefde en sociale rechtvaardigheid."

Het Fabiaanse socialisme richtte zich naast de christelijke kerk ook op politieke, economische en onderwijsorganisaties. Later gaf Gollancz's Left Wing Books speciale kortingen aan christenen die geïnteresseerd waren in socialistische ideeën. Het selectiecomité van de Left Book Club bestond uit Gollancz zelf, professor Harold Laski en John Strachey, een parlementslid van de Labour Party. Gollancz, die ook eigenaar was van The Christian Book Club, was er vast van overtuigd dat het bolsjewistische Rusland een bondgenoot was van het socialisme. Op instigatie van Beatrice Webb publiceerde hij een van de bestsellers van de Fabian Society, "Onze Sovjetbondgenoot".

Vanaf het begin van zijn geschiedenis heeft het Fabian-socialisme getracht de Britse Labour- en Liberale partijen, en later de Democratische Partij in de Verenigde Staten, binnen te dringen en te doordringen. Het was onverbiddelijk in zijn ijver en energie om een "feministisch" socialisme te creëren, waar het in zou slagen. Het socialisme slaagde erin schoolbesturen, gemeenteraden en vakbonden over te nemen onder het mom van verbetering van het lot van de arbeiders. De vastberadenheid van het Fabiaanse socialisme om het onderwijs over te nemen weerspiegelt wat Madame Zinoviev al lang had geadviseerd in het bolsjewistische Rusland.

In 1950 publiceerde Gollancz "Corruption in a Profit Economy", een veelgelezen boek van Mark Starr. Starr was een product van het Fabian socialisme en, hoewel hij beschouwd werd als een beetje ruw rond de randen (hij begon zijn leven als mijnwerker), werd hij niet afgewezen door de Ivy League socialisten van Harvard en Yale, waartoe de Fabian Society toegang had gehad in haar ordelijke opmars vanuit haar nederige begin in Londen. Starr emigreerde in 1928 naar de Verenigde Staten, nadat hij zijn socialistische geloofsbrieven had verdiend aan de National Council of Labour Colleges.

Opgeleid door de formidabele Margaret Cole, oprichtster van het Fabian Research Center, was Starr DE schakel tussen de Fabian Society in Londen en de opkomende socialistische bewegingen in Amerika. Starr zat van 1925 tot 1928 op het Brockwood Labor College, waar hij van jongs af aan een uitstekende socialistische opleiding kreeg. Het Socialist Garland Fund kende Starr een beurs toe van 74.227 dollar, een aanzienlijk bedrag in die tijd. Vervolgens werd hij van 1935 tot 1962 directeur onderwijs van de International Ladies Garment Workers Union (ILGWU). Zijn werk op het gebied van vakbondsbeleid en onderwijs was opmerkelijk voor de zaak van het socialisme. Voor Starr betekende onderwijs dat hij leerde dat particuliere winst verkeerd was en moest worden afgeschaft.

In 1941 werd Starr benoemd tot vice-voorzitter van de American Federation of Teachers, een toonaangevende socialistische lerarenorganisatie uit die tijd. Na het aannemen van het Amerikaanse staatsburgerschap werd Starr door president Harry Truman benoemd tot lid van de Amerikaanse adviescommissie, gemachtigd door Public Law 402, "om het ministerie van Buitenlandse Zaken en het Congres te adviseren over het functioneren van informatiecentra en bibliotheken die door de Amerikaanse regering in het buitenland worden onderhouden, en over de uitwisseling van studenten en technische deskundigen." Dit was inderdaad een "coup" voor het socialisme in de Verenigde Staten!

Het Fabiaanse socialisme trok een groot deel van de maatschappelijke elite in Groot-Brittannië en de Verenigde Staten aan. Van Amerikaanse socialisten wordt gezegd dat zij "hun Engelse tegenhangers navolgden en hun taalbeheersing, hun snelle uitdrukkingen en hun verfijnde respectabiliteit bewonderden, wellicht verpersoonlijkt door professor Graham Wallas, Sir Stafford Cripps, Hartley Shawcross en Richard Crossman".

Professor Graham Wallas heeft een lezing gegeven aan de New School for Social Research in New York, een socialistische "denktank" die is opgericht door het tijdschrift *New Republic*, dat zich richt op linkse professoren, waarvan de Verenigde Staten er meer dan genoeg hebben. Wallas was een van de eerste intellectuelen die zich aansloot bij de toen nog naamloze Fabian Society, die in 1879 een zeer onzekere toekomst tegemoet ging en niet werd gezien als een bedreiging voor de regering of de kerk. Wallas' vroege belangstelling voor onderwijs blijkt uit een van zijn eerste banen - die van het County School Management Committee van het Schoolbestuur. Zoals we in andere hoofdstukken zullen zien, zag de hiërarchie van Fabiaanse socialisten de controle over het onderwijs als de spil van hun strategie voor wereldverovering.

Dit ideaal kwam ook tot uiting in Wallas' benoeming tot professor aan de London School of Economics, opgericht door Sydney Webb en nog een socialistische onderwijsinstelling in wording. Wallas had destijds slechts vier studenten in zijn klas.

Wallas geloofde dat de manier om een land te socialiseren was door middel van toegepaste psychologie. De manier om Amerika te socialiseren, betoogde Wallas, was om de massa van de bevolking bij de hand te nemen als kinderen (hij had geen al te hoge dunk van het onderwijsniveau in de Verenigde Staten) en hen net als kinderen stap voor stap de weg te wijzen naar het socialisme, waaraan ik zou willen toevoegen, en de uiteindelijke slavernij. Wallas is een belangrijke naam in dit verhaal van het socialisme, want hij schreef een boek dat letterlijk werd overgenomen door president Lyndon Johnson, als officieel beleid van de Democratische Partij.

De sinistere opmars van het socialisme die Engeland begon te overspoelen, had voorkomen kunnen worden als de Eerste Wereldoorlog er niet was geweest. De bloem van de Britse christelijke jeugd, die zich zou hebben verzet tegen de opmars van dit vreemde concept, lag dood in de velden van Vlaanderen, hun leven nodeloos verspild aan een vaag ideaal van "patriottisme". Verdoofd door het verschrikkelijke verlies van hun zonen, kon het de oudere generatie niet schelen wat het socialisme met hun land deed, in de overtuiging dat "er altijd een Engeland zal zijn".

Sociale psychologie was een handig wapen om aanvallen op Amerikaanse Fabianistische organisaties af te buigen. Americans for Democratic Action (ADA) verklaarde dat het geen deel uitmaakte van de Fabian Society, en haar woordvoerder, *de* krant

The Nation, probeerde pogingen om de twee organisaties met elkaar in verband te brengen heftig te ontkennen.

In 1902 doceerde Wallas het harde socialisme aan de Summer School van de Universiteit van Philadelphia. Hij was naar de Verenigde Staten uitgenodigd door rijke Amerikaanse socialisten die in 1899 en 1902 de Oxford Summer School hadden bijgewoond, een periode waarin indoctrinatiecursussen in de zomer op het hoogtepunt van hun populariteit waren bij rijke Amerikanen die niets beters te doen hadden. In 1910 werd Wallas een mentor van Amerikaanse socialistische leiders als Walter Lippmann, die de Lowell Lectures gaf aan Harvard. Graham Wallas werd erkend als een van de vier grote socialistische intellectuelen van Groot-Brittannië en als zodanig gezocht door de Amerikaanse socialist Ray Stannard Baker, de afgezant die kolonel Edward Mandel House naar de vredesconferentie in Parijs stuurde om hem te vertegenwoordigen en toe te zien op wat de afgevaardigden deden.

Tussen 1905 en 1910 schreef Graham Wallas "The Great Society", dat de blauwdruk zou worden voor het gelijknamige programma van president Johnson en waarin de principes van de sociale psychologie waren opgenomen. Wallas maakte duidelijk dat het doel van de sociale psychologie was om menselijk gedrag te controleren, om zo de massa's voor te bereiden op de komende socialistische staat die hen uiteindelijk tot slavernij zou leiden - hoewel hij voorzichtig was om dit niet zo duidelijk uit te leggen. Wallas werd een tussenpersoon in de Verenigde Staten voor de ideeën van de Fabian socialisten, waarvan veel werd opgenomen in Roosevelt's "New Deal", geschreven door de socialist Stuart Chase, Kennedy's "New Frontier", geschreven door de socialist Henry Wallace, en Johnson's "Great Society", geschreven door Graham Wallas. Deze feiten alleen al tonen de aanzienlijke invloed van het Fabiaanse socialisme op het Amerikaanse politieke toneel.

Net als professor Laski had Wallas hetzelfde goede karakter en dezelfde vriendelijkheid die zo'n grote invloed zouden hebben op de politieke en religieuze leiders van de Verenigde Staten. Beide mannen zouden de meest effectieve missionarissen van de Fabian Society worden op universiteiten en hogescholen in de Verenigde Staten, om nog maar te zwijgen van hun invloed op de leiders van de pas opkomende agressieve "feministische" beweging.

Vanaf het begin van het Fabiaanse socialisme in Amerika was deze gevaarlijk radicale beweging dus valselijk bekleed met een mantel van goedheid die in staat was "de uitverkorenen" te misleiden, om de Bijbel te parafraseren. Zij diende als dekmantel voor revolutie aan beide zijden van de Atlantische Oceaan, terwijl zij zich afzijdig hield van het geweld dat gewoonlijk met het woord "revolutie" wordt geassocieerd. Ooit zal de geschiedenis aantonen dat de Fabian Socialist Revolution de gewelddadige Bolsjewistische Revolutie in omvang en reikwijdte ver overtrof. Terwijl de bolsjewistische revolutie meer dan vijftig jaar geleden tot een einde kwam, blijft de fabiaans-socialistische revolutie groeien en versterken. Deze stille beweging heeft letterlijk "bergen verzet" en de loop van de geschiedenis dramatisch veranderd, en nergens meer dan in de Verenigde Staten.

De twee bakens die het Fabiaanse socialisme tot het einde van hun dagen de baas bleven, waren George Bernard Shaw en Sydney Webb. Later kregen zij gezelschap van mannen als Graham Wallas, John Maynard Keynes en Harold Laski, die allen wisten dat de droom van een socialistische verovering van Groot-Brittannië en de Verenigde Staten alleen kon worden gerealiseerd door de geleidelijke verzwakking van het financiële systeem van elk land, totdat zij in een totale welvaartsstaat zouden vervallen. Dit is wat we vandaag de dag zien, nu Groot-Brittannië is ingehaald en een mislukte welvaartsstaat is geworden.[2]

De tweede actielijn van het fabianisme was gericht tegen de grondwettelijke scheiding der machten, die door de Amerikaanse grondwet is voorgeschreven. Professor Laski en zijn collega's geloofden dat als het Fabiaans socialisme dit obstakel kon verwijderen, zij de sleutel zouden hebben tot de ontmanteling van de gehele Amerikaanse grondwet. Het was daarom noodzakelijk dat het socialisme speciale veranderingsagenten zou opleiden en inzetten die deze, de belangrijkste bepaling van de grondwet, zouden kunnen ondermijnen. De Fabian Society begon aan deze taak, en het succes van haar missie kan worden gezien in de

---

[2] Wat kunnen we zeggen over het Frankrijk van vandaag...?

schokkende manier waarop het Congres zonder blikken of blozen haar bevoegdheden overdraagt aan de uitvoerende macht op een manier die alleen maar kan worden omschreven als niet alleen roekeloos, maar ook 100% ongrondwettelijk.

Een goed voorbeeld is het vetorecht dat in strijd met de grondwet aan president Clinton is verleend. Een ander goed voorbeeld is het opgeven, bij handelsonderhandelingen, van bevoegdheden die rechtmatig aan het Huis van Afgevaardigden toebehoren. Zoals we in de hoofdstukken over NAFTA en GATT zullen zien, is dit precies wat het Congres heeft gedaan, en speelt het de socialistische vijanden van dit land in de kaart, of het nu bewust of onbewust is - het maakt geen verschil.

Sydney Webb en George Bernard Shaw waren de mannen die de Fabiaanse socialistische koers bepaalden: penetratie en permeatie, in plaats van anarchie en gewelddadige revolutie. Beiden waren vastbesloten het publiek te doen geloven dat socialisme niet noodzakelijk links betekende, en zeker geen marxisme. Beiden reisden naar bolsjewistisch Rusland op het hoogtepunt van de terreur en negeerden de slachtpartijen die algemeen bekend waren in plaats van ze te becommentariëren. Webb was het meest onder de indruk van de bolsjewieken en schreef een boek getiteld "Het Sovjetsocialisme - een nieuwe beschaving?". Later bleek, na het overlopen van een ambtenaar van het Sovjetministerie van Buitenlandse Zaken, dat Webb dit boek, dat het werk was van het Sovjetministerie van Buitenlandse Zaken, blijkbaar niet had geschreven.

Shaw en Webb werden bekend als de "demonen van het socialisme die wachten om uitgedreven te worden," voordat het socialisme zijn vleugels kon uitslaan en, zoals Shaw het uitdrukte, "het communisme van de barricaden kon redden." Hoewel Shaw beweerde zich niets aan te trekken van de VORM, sprak hij toch zijn overtuiging uit dat het Fabiaanse socialisme een "constitutionele beweging" zou worden. Zelfs toen de "groten" van het socialisme naar de beweging stroomden, Toynbee, Keynes, Haldane, Lindsay, H.G. Wells en Huxley, behielden Shaw en Webb hun greep op de Fabian Society in Londen en stuurden die in de richting die zij zoveel jaren eerder hadden gekozen.

Shaw's bijna altijd berooide behoeftigheid werd verlicht door zijn huwelijk met Charlotte Payne Townshend, een dame van aanzienlijke middelen, wat volgens sommigen de reden was waarom de wispelturige Shaw met haar trouwde. Dit wordt bevestigd door het feit dat Shaw, voordat de huwelijksgeloften werden uitgewisseld, erop stond dat er voor hem werd gezorgd in de vorm van een aanzienlijke pre-huwelijkse overeenkomst.

Shaw hield zich niet langer bezig met zeepkistpraatjes en kelderbijeenkomsten, maar streefde ernaar zich sociaal te mengen in de socialistische high society. Mannen als Lord Grey en Lord Asquith werden zijn goede vrienden, en hoewel Shaw nog steeds een of twee reizen naar Moskou maakte, koelde hij af van het communisme. Hoewel hij een verklaard atheïst was, weerhield dit Shaw niet van het cultiveren van diegenen waarvan hij dacht dat ze zijn carrière konden bevorderen, Lord Asquith in het bijzonder. Shaw nam van niemand bevelen aan, zeker niet van 'nieuwkomers' als Hugh Gaitskell, de toekomstige premier van Engeland en protegé van de Rockefeller-familie. Shaw zag zichzelf zeker als de 'oude garde' naast Sydney en Beatrice Webb. Deze geharde, professionele socialisten hadden vele politieke stormen doorstaan en schuwden nooit de vaak aanzienlijke tegenstand van buitenaf en "familievetes".

Het Fabiaanse socialisme begon in 1883 als een debatvereniging, 'Nueva Vita' (Nieuw Leven), die bijeenkwam in een klein kamertje in Osnaburgh Street 17 in Londen. Het deed denken aan de vroege Duitse nationaal-socialistische beweging, later overgenomen door Hitler. Een van de doelstellingen van Nueva Vita was het combineren van de leer van Hegel en Thomas van Aquino.

Maar het woord "socialisme" was niet nieuw: het bestond al sinds 1835, lang voordat het "Nueva Vita" zijn eerste stappen zette in 1883, op de avond van Marx' dood. De leider van de groep - die uit vier personen bestond - was Edward Pease, en zijn doel was het onderwijs te gebruiken als vehikel voor de socialistische propaganda die zo'n diepgaand effect zou hebben op het onderwijs en de politiek aan beide zijden van de Atlantische Oceaan. Dit leek een hele opgave voor een groep mannen die niet het vereiste openbaar onderwijs hadden genoten, een noodzaak voor de toekomstige leiders van het Victoriaanse Engeland, en toch blijkt uit een onderzoek van de Fabian Society dat dit precies is wat zij hebben bereikt.

In nogal grootse stijl noemden de jongemannen hun groep naar Quintus Fabian, een beroemde Romeinse generaal wiens tactiek erin bestond geduldig te wachten tot de vijand een fout maakte en dan hard toe te slaan. De Ier George Bernard Shaw werd in mei 1884 lid van de Fabian Society. Shaw kwam uit de Hampstead Historical Club, een marxistische leeskring. Vreemd dat Shaw en Marx beiden op korte afstand van elkaar tot het socialisme kwamen - Hampstead Heath ligt niet zo ver van Highgate. (Ik ken het gebied toevallig goed, omdat ik in Hampstead en Highgate heb gewoond en vele jaren in het British Museum heb gestudeerd). Dus in zekere zin werd mijn perceptie van wat Fabiaans socialisme is, duidelijker door deze omstandigheden.

Hoewel hij nooit heeft toegegeven Marx te kennen, hoewel hij diens dochter Eleanor het hof maakte, wordt Shaw ervan verdacht Marx' 'leider' te zijn geweest in het brengen van het socialisme naar het publiek dat hij het vaakst, vier keer per week, toesprak, waar hij het ook maar kon vinden. Een studie die ik in het British Museum heb gemaakt, doet mij geloven dat het communisme het socialisme heeft uitgevonden om zijn radicale ideeën over te brengen, die anders niet goed zouden zijn ontvangen in Engeland of de Verenigde Staten, de twee landen die het communisme het meest begunstigden voor zijn verovering.

Ik twijfel er niet aan dat Shaw Marx in "vermomming" was, net zoals het socialisme het communisme in "vermomming" was. Mijn theorie wint aan gewicht als we leren dat Shaw in 1864 als afgevaardigde van de Fabians de Socialistische Internationale in Londen bijwoonde. Zoals we weten was Marx de schepper van de Socialistische Internationale, waar zijn onjuiste theorieën ad infinitum werden verkondigd naast regelrechte communistische propaganda. Karl Marx heeft nooit geprobeerd de onzalige alliantie tussen de Communistische Internationale en zijn eigen Socialistische Internationale te verbergen, maar Shaw en de Webbs, en later Harold Laski, ontkenden heftig elke band met marxisme of communisme.

De Fabians hebben eindeloos gedebatteerd over de vraag of "sociaaldemocratie" of "democratisch socialisme" de strijdkreet moest zijn. Uiteindelijk was het "democratisch socialisme" dat in de

Verenigde Staten met zoveel succes werd gebruikt, waarbij het idee van Shaw was dat socialistische intellectuelen (waarvan hij er één was) de leiding zouden nemen bij verkiezingen, terwijl de arbeiders voor het geld zouden zorgen. Dit idee werd met succes overgenomen door ADA, die congrescommissies overspoelde met "deskundigen" die heen en weer pendelden van Harvard, om senatoren en vertegenwoordigers, ongeschoold en onervaren in de wegen van het socialistische verraad, in verwarring te brengen en te misleiden.

Socialisme heeft NIETS te maken met gelijkheid en vrijheid. Het gaat er ook niet om de middenklasse en de arbeiders te helpen. Integendeel, het gaat om het tot slaaf maken van het volk met geleidelijke en subtiele middelen, een feit dat Shaw eens toegaf in een moment van onoplettendheid. Graham Wallas' boek "Great Society" en de "Great Society" van Lyndon Banes Johnson waren hetzelfde, en op het eerste gezicht leek het alsof het volk zou profiteren van de overheidssubsidies, maar in werkelijkheid was het gewoon een valstrik van slavernij die was voorzien van socialistische honing. Zolang HET SOCIALISME LEEFT, KAN HET COMMUNISME NIET DOOD ZIJN, EN DAT IS WAAR HET SOCIALISME DEZE NATIE NAARTOE LEIDT - IN DE STALEN VAL VAN HET COMMUNISME.

We moeten onthouden wat de grote president Andrew Jackson zei over de verborgen vijand in ons midden:

> "Vroeg of laat duikt je vijand op, en je weet wat je te doen staat Je zult geconfronteerd worden met vele onzichtbare vijanden van je zwaarbevochten vrijheid. Maar ze zullen te zijner tijd verschijnen - genoeg tijd om ze te vernietigen."

Laten we hopen dat het Amerikaanse volk, verblind door het valse socialistische beleid van vier presidenten, de schellen van de ogen laat verwijderen voordat het te laat is.

Een tweede Marxist in vermomming was Sydney Webb, door Sir Bertrand Russell in latere jaren zo minachtend afgedaan als een "Colonial Office employee". Webb ontkende woedend dat hij Marx ooit had ontmoet, maar net als bij Shaw is er indirect bewijs dat Webb Marx wel degelijk regelmatig ontmoette. In tegenstelling tot Shaw, die pas laat trouwde, trouwde Webb al vroeg met Beatrice

Potter, een rijke en geduchte vrouw die zijn carrière meer zou bevorderen dan hij wilde toegeven.

Beatrice was de dochter van een Canadese spoorwegmagnaat, die verliefd was geworden op Joseph Chamberlain, maar door hem was afgewezen vanwege het klassenverschil. In die tijd betekende geld hebben niet automatisch toelating tot de beste kringen. Je moest uit de 'juiste' hoek komen, wat meestal betekende dat je een openbare schoolopleiding had genoten (een 'openbare school' in Engeland is hetzelfde als een openbare school in Amerika). Vanaf hun eerste ontmoeting zaten Shaw en de Webbs op dezelfde golflengte en vormden ze een uitstekend team.

De door de Fabian Society voorgestelde socialistische revolutie zou een lange en donkere schaduw over Engeland en later de Verenigde Staten werpen. De doelstellingen verschilden weinig van die in het Communistisch Manifest van 1848:

> "Het streeft daarom naar een reorganisatie van de maatschappij door land en industrieel kapitaal te bevrijden van individueel eigendom en ze over te dragen aan de gemeenschap voor het algemeen belang. Zij werkt daarom aan de uitroeiing van het particuliere grondbezit... Zij tracht deze doelen te bereiken door de algemene verspreiding van kennis over de relatie tussen het individu en de maatschappij in haar economische, ethische en politieke aspecten."

Er was geen aanklacht tegen religie, geen langharige anarchisten met bommen. Niets van dat alles. Fascisten waren ook welkom, zoals blijkt uit het feit dat Sir Oswald Mosely en zijn vrouw, Cynthia Curzon, beiden overtuigde socialisten waren voordat ze toetraden tot de gelederen van het fascisme. Shaw, de socialist van de "oude garde" prees Hitler in de jaren voorafgaand aan de Tweede Wereldoorlog. In plaats van zijn ware gezicht te laten zien, gaf het Fabianisme zichzelf een air en elegantie die zijn gevaarlijke revolutionaire bedoelingen verloochenden: de ongeschreven grondwet van Engeland en de geschreven grondwet van de Verenigde Staten moesten worden ondermijnd en vervangen door een systeem van staatssocialisme, via een proces dat bekend stond als "gradualisme" en "penetratie en permeatie".

Er zijn enkele overeenkomsten tussen Hitler en de Fabianisten:

aanvankelijk schonk niemand hun de geringste aandacht. Maar anders dan Hitler zagen Shaw en Webb een wereld in de richting van een Nieuwe Wereldorde waarin iedereen gelukkig en tevreden zou zijn, zonder toevlucht te nemen tot geweld en anarchie.

De Fabians begonnen hun vleugels uit te slaan en in 1891 waren ze klaar om hun eerste 'Fabian News' te publiceren. Het was in deze tijd dat Beatrice Webb het radicale feminisme begon te onderwijzen en het Fabian onderzoeksprogramma ontwikkelde, dat later met groot effect werd gebruikt door rechter Louis Brandeis en bekend werd als de Brandeis Brief. Dit programma bestond uit bundel na bundel "onderzoeksmateriaal", genoeg om tegenstanders te overweldigen, overgoten met de dunste juridische briefjes. Er was weinig aanmoediging voor nieuwe leden zonder aanzien en belang: Webb en Shaw vonden dat hun beweging voor de elite was - zij waren niet geïnteresseerd in massabewegingen van mensen zonder geld of invloed.

Dus wendden zij zich tot de universiteiten van Oxford en Cambridge, waar de zonen van de elite werden opgeleid, die later de boodschap van de Fabian Society (passend vermomd als 'hervormingen') tot in het hart en de ziel van het Parlement zouden uitdragen. Het doel van de Fabian Society was ervoor te zorgen dat socialisten op machtsposities werden geïnstalleerd, waar hun invloed kon worden aangesproken om "hervormingen" door te voeren.

Dit programma, enigszins gewijzigd, werd ook in de Verenigde Staten toegepast en gaf aanleiding tot Roosevelt, Kennedy, Johnson en Clinton - allen socialisten. Deze veranderaars werden opgeleid op de manier van de Fabians, die sociologie en politiek combineren om deuren te openen. Eenvoudige cijfers zijn nooit hun stijl geweest. Een van hun eliteleden, Arthur Henderson, die in 1929 de Britse minister van Buitenlandse Zaken was, was de aanstichter van de diplomatieke erkenning van het monsterlijke bolsjewistische regime, een paar jaar later gevolgd door de VS.

De eerste cel van de Fabian Society in Oxford werd geopend in 1895, en tegen 1912 waren er nog drie, waarbij studenten meer dan 20% van de leden uitmaakten.

Dit is misschien wel de belangrijkste periode voor de groei van de

Fabian Society; studenten maken kennis met het socialisme, en velen van hen zullen wereldleiders worden.

De kleine beweging waar niemand in 1891 aandacht aan besteedde, was gearriveerd. Een van de gevaarlijkste radicale en revolutionaire bewegingen van de 20e eeuw had wortel geschoten in Engeland en begon zich al te verspreiden naar de Verenigde Staten. Laski, Galbraith, Attlee, Beaverbrook, Sir Bertrand Russell, H.G. Wells, Wallass, Chase en Wallace; dit waren enkele van de Fabiaanse socialisten die een diepgaande invloed zouden hebben op de koers die de Verenigde Staten zouden volgen.

Dit gold in het bijzonder voor professor Laski. Weinig mensen in de regering, gedurende de dertig jaar dat Laski in Amerika verbleef, beseften de diepte van zijn penetratie in het onderwijs en de overheid zelf. Hij was een man die de principes van het socialisme dagelijks in praktijk bracht. Laski gaf lezingen in vele staten en aan de universiteiten van Oregon, Californië, Colorado, Columbia, Yale, Harvard en Roosevelt in Chicago. Gedurende deze hele periode drong hij consequent aan op het aannemen van een federaal "sociaal verzekeringsprogramma" dat, zo vermeldde hij niet, zou leiden tot het socialistische doel van een TOTALE welvaartsstaat.

[3]Later zouden Laski, Wallas, Keynes en veel politieke leiders en economen van de Fabian Society naar het Tavistock Institute of Human Relations gaan om de methoden van John Rawlings Reese te leren, die bekend staan als "innerlijke conditionering" en "penetratie op lange termijn". Henry Kissinger werd ook op deze school opgeleid.

Geleidelijk aan begonnen de Fabianisten, zoals hun gewoonte was, door te dringen in de Labour en Liberale partijen, van waaruit zij een grote invloed uitoefenden op de socialisatie van de Engelsman, die tot dan toe onafhankelijk en onwillig was om hulp van de overheid te aanvaarden. Hoewel de Webbs de eer opeisten voor de "penetratie"-techniek, werd deze bewering in 1952 ruw ondermijnd

---

[3] Zie *The Tavistock Institute of Human Relations - Shaping the Moral, Spiritual, Cultural, Political and Economic Decline of the United States of America,* John Coleman, Omnia Veritas Ltd, www.omnia-veritas.com.

door kolonel I.M. Bogolepov, die beweerde dat het hele plan voor de Webbs was geschreven binnen het Sovjet-ministerie van Buitenlandse Zaken, net als veel van de inhoud van de vele boeken die de Webbs beweerden te hebben geschreven. Bogolepov zei verder dat veel van de inhoud van Webbs boeken door hemzelf was geschreven. "Ze hebben het alleen hier en daar een beetje veranderd, verder was het woord voor woord gekopieerd," zei de kolonel.

Zoals vaak het geval is wanneer linkse of socialistische helden worden ontkracht, verdoezelt de pers de ontkrachte met massa's irrelevante woorden tot de beschuldiging zo goed als vergeten is. We zien dit bijna dagelijks in de pers over het morele karakter en de politieke onbekwaamheid van president Clinton. "Hij is van hen, en wat iemand ook over hem zegt, ze laten de modder niet drogen," zei een van mijn collega's van de inlichtingendienst. En ze spreken Clinton vrij. Wie de berichten over Clintons dubieuze karakter en politieke fouten analyseert, kan niet anders dan onder de indruk zijn van de damage control van de Fabiaanse socialisten: 'Was' het doelwit en smoor de aanvaller in verbale taal die weinig met de zaken te maken heeft.

Toen ik de geschiedenis van de Fabian Society bestudeerde in het British Museum in Londen, werd ik getroffen door de indrukwekkende vooruitgang van de kleine groep onbekenden die uiteindelijk enkele van de belangrijkste politici, schrijvers, leraren, economen, wetenschappers, filosofen, religieuze leiders en uitgevers in de baan van de Fabian Society brachten, terwijl de wereld niets van haar bestaan leek te merken. Dit kan verklaren waarom de ingrijpende veranderingen die plaatsvonden geen reden tot alarm waren. De Fabian techniek om "hervormingen" te presenteren als "heilzaam", "rechtvaardig" of "goed" was de sleutel tot hun succes.

Hetzelfde geldt voor de Amerikaanse socialisten. Elke belangrijke maatregel van de socialistische vijfde colonne in Washington wordt vermomd als een "hervorming" die het volk ten goede komt. De list is zo oud als de heuvels, maar de kiezers trappen er telkens weer in. Roosevelts "New Deal" kwam regelrecht uit een Fabiaans socialistisch boek met dezelfde titel, geschreven door Stuart Chase, en toch werd het blijkbaar aanvaard als een echte "hervorming" van het systeem. Zelfs Woodrow Wilson's erkenning van het verraad van de regering-Kerenski was omkleed met taal die bedoeld was om het Amerikaanse volk opzettelijk te doen geloven dat de "hervormingen" die in Rusland werden doorgevoerd ten goede kwamen aan het volk. Johnson's "Great Society" was een ander "Amerikaans" programma, rechtstreeks ontleend aan een boek van Graham Wallas, getiteld "The Great Society".

Met de oprichting van de London School of (Socialist) Economics, hoewel lang niet zo pretentieus van oorsprong als de titel suggereert, kregen Fabiaanse socialisten steeds meer invloed op de ontwikkeling van het monetaire beleid aan beide zijden van de Atlantische Oceaan. De instelling werd aanzienlijk versterkt door een aanzienlijke subsidie van de Rockefeller Foundation. De methode om socialistische instellingen te financieren met subsidies van de rijke elite, evenals de dagelijkse programma's voor de armen, zou Shaw's idee zijn, dat hij activeerde na het bijwonen van een lezing aan de London School of Economics.

De armen laten betalen voor "lokale" programma's kwam in feite neer op het oprichten van vakbonden onder de arbeidersklasse, om vervolgens de lidmaatschapsgelden te gebruiken om socialistische programma's mogelijk te maken en te financieren. Het lijkt een beetje op de Vrijmetselaars, die laten weten dat ze royale bedragen aan goede doelen schenken. Maar het geld komt meestal van het publiek, niet uit de kas van de Vrijmetselaars. In de Verenigde Staten zijn de Shriners beroemd om hun donaties aan ziekenhuizen, maar het geld komt van het publiek via door de Shriners georganiseerde straatcollectes. Niets van hun eigen geld gaat ooit naar ziekenhuizen.

De "Vier Pijlers van het Huis van het Socialisme", geschreven door Sydney Webb kort na de Eerste Wereldoorlog, werden de blauwdruk voor toekomstige socialistische actie, niet alleen in Groot-Brittannië maar ook in de Verenigde Staten. Het plan riep op tot de vernietiging van het op concurrentie gebaseerde productiesysteem van goederen en diensten, onbeperkte en opdringerige belastingen, massale welvaart, de afwezigheid van privé-eigendomsrechten en één enkele wereldregering. Deze doelstellingen verschillen niet veel van de principes die Karl Marx in het Communistisch Manifest van 1848 uiteenzette. De verschillen liggen eerder in de wijze van uitvoering, de stijl, dan in de inhoud.

In detail werd door de staat gefinancierde welvaart het eerste principe. Het vrouwenstemrecht werd opgenomen (de geboorte van de vrouwenrechtenbeweging), alle grond moest worden genationaliseerd, zonder enig particulier eigendomsrecht. Alle industrieën "ten dienste van het volk" (spoorwegen, elektriciteit, licht, telefoon, enz.) moesten worden genationaliseerd, "particuliere winst" moest worden uitgebannen uit de verzekeringssector, de confiscatie van rijkdom door middel van belastingen moest worden geïntensiveerd en tenslotte werd het concept van één enkele wereldregering geformuleerd: internationale economische controle, internationale rechtbanken die internationale wetgeving op sociaal gebied zouden opstellen.

Een vluchtig onderzoek van het Communistisch Manifest van 1848 onthult waar de "research" voor de "Vier Pilaren" werd gedaan. Hoewel de "Vier Pilaren" uitsluitend betrekking hadden op de socialisatie van Groot-Brittannië, zijn veel van de ideeën ervan in praktijk gebracht door Wilson, Roosevelt, Johnson, Carter en nu Clinton. Labour en de Nieuwe Sociale Orde waren een rage in de Verenigde Staten, waar de revolutionaire doelstellingen ervan niet werden erkend, zelfs toen Hitler werd voorgesteld als de grootste bedreiging voor de wereld. Of we het nu leuk vinden of niet, het beleid en de programma's van Wilson, Roosevelt, Kennedy, Johnson, Carter en Reagan droegen allemaal het stempel "Made in England By the Fabian Society". Dit geldt meer voor Clinton dan voor alle voorgaande presidenten.

Ramsay McDonald, naar de VS gestuurd om 'het land te bespioneren', werd de eerste socialistische Fabian Society premier van Groot-Brittannië. McDonald zette het patroon uit voor toekomstige premiers om zich te omringen met socialistische adviseurs van de Fabian Society, een traditie die werd voortgezet door Margaret Thatcher en John Major. Aan de andere kant van de Atlantische Oceaan omringden Fabian socialisten President Wilson en presenteerden hem een programma om de VS te socialiseren. Het was een spectaculaire prestatie voor die paar mannen, geleid door Pease, die rond de eeuwwisseling de wereld wilden veranderen en dat deden door volledig gebruik te maken van de "presidentiële adviseurs".

Een van de rijzende sterren in de inner circle van de Fabian Society was Sir Stafford Cripps, een neef van Beatrice Webb. Sir Stafford speelde een belangrijke rol in het adviseren van Amerikaanse socialisten over hoe de VS in de Tweede Wereldoorlog te krijgen. Tegen 1929 was Cripps een gids voor de toetreding van de high society tot het Fabianisme, ondanks het feit dat Fabianisme en communisme aan de randen vervaagd waren, en verschillende vooraanstaande conservatieven uit die tijd hadden gewaarschuwd dat er weinig te kiezen viel tussen Fabian Socialisme en Communisme, behalve dan het ontbreken van lidmaatschapskaarten voor Fabian Socialisten.

Het jaar 1929 zag ook de opkomst van een andere ster die voorbestemd was om het economische en financiële beleid van vele landen, waaronder Engeland, maar misschien nog wel belangrijker, dat van de Verenigde Staten, aan het wankelen te brengen. John Maynard Keynes was een virtueel icoon van de Fabian Society geworden dankzij mannen als Gollancz, met zijn gigantische linkse uitgeverij en Left Book Club, en Harold Joseph Laski (1893-1950).

Zeldzame documenten van de Fabian Society die ik in het British Museum zag, waren van mening dat Keynes zonder Laski's zegen niet veel bereikt zou hebben. Laski werd in deze documenten omschreven als "iedereens idee van een socialist".

Zelfs de grote H.G. Wells knielde voor Laski en noemde hem "de grootste socialistische intellectueel in de Engelssprekende wereld".

Laski kwam uit Joodse ouders met bescheiden middelen en er wordt gezegd dat de opkomst van Hitler hem veranderde in een activist voor Joodse rechten in Palestina. De conflicten met Earnest Bevin, de socialistische premier van Groot-Brittannië, waren veelvuldig en heftig. Op 1 mei 1945 hield Laski, als voorzitter van de Britse Labourpartij, een toespraak waarin hij herhaalde dat hij niet in de Joodse religie geloofde omdat hij een marxist was. Maar nu zegt Laski dat hij gelooft dat de wedergeboorte van de Joodse natie in Palestina van levensbelang is. Dit is bevestigd door Ben Gurion zelf.

Laski's mening werd op 20 april 1945 overgebracht aan president Truman en rabbijn Stephen Wise. Truman had Roosevelts harde lijn ten gunste van Joodse aspiraties geërfd, zoals gedicteerd door Laski, en toen er problemen ontstonden over de kwestie van het toestaan van Joodse kolonisten in Palestina, stuurde Truman een kopie van wat velen dachten dat een Fabiaans-Socialistisch rapport was over de status van vluchtelingenkampen in Europa, waarin de toenmalige minister van Buitenlandse Zaken Bevin werd aangespoord om 100.000 Joden uit deze kampen te laten emigreren en zich in Palestina te vestigen.

Trumans boodschap zorgde ervoor dat Bevin het grondig oneens was met Laski en Truman. Bevins beeld van de Joden was noch pro noch anti. Zijn opvattingen werden duidelijk getemperd door die van Clement Attlee, de toenmalige premier van Engeland. Volgens Bevin zijn Joden geen natie, terwijl Arabieren dat wel zijn. "De Joden hebben geen eigen staat nodig," zei Bevin. Hij vertelde Laski dat hij niet de minste aandacht zou schenken aan Trumans suggestie en gaf de schuld aan "de druk van de Joodse stemming in New York". Bevin's weigering om de dingen te zien (Laski's en Truman's manier) leidde tot eindeloos gekibbel.

Bevin hield vast aan zijn beleid gebaseerd op zijn overtuiging dat

"de Arabieren waren in wezen inheems in de regio en pro-Brits, terwijl een zionistische staat de inmenging van een buitenlands en ontwrichtend element betekende, dat de regio zou verzwakken en de deuren zou openen voor het communisme."

Zelfs toen Weizman hem ging ontmoeten, weigerde Bevin meer aan te bieden dan een maandelijks quotum van vijftienhonderd Joden die naar Palestina konden gaan. Dit moest worden afgetrokken van het aantal illegale Joodse immigranten die elke maand Palestina binnenkwamen. Dit was een van de zeldzame keren dat het Fabiaanse socialisme en Laski een zware nederlaag leden.

Ayn Rand zou Laski als model hebben gebruikt voor haar roman "The Fountainhead" uit 1943, en Saul Bellow schreef: "Ik zal Mosby's opmerkingen over Harold Laski nooit vergeten: over de verpakking van het Hooggerechtshof, over de Russische zuiveringsprocessen en over Hitler." Laski's invloed is in de Verenigde Staten, vierenveertig jaar na zijn dood, nog steeds voelbaar. Zijn samenwerking met Roosevelt, Truman, Kennedy, Johnson, Oliver Wendell Holmes Jr, Louis Brandeis, Felix Frankfurter, Edward R. Murrow, Max Lerner, Averill Harriman en David Rockefeller zou de koers en de richting die de Founding Fathers deze natie hadden gegeven, ingrijpend veranderen.

Laski doceerde als hoogleraar politieke wetenschappen aan de London School of Economics en was voorzitter van de Britse Labour Party toen Aneuran Bevan premier was. Laski was als George Bernard Shaw; hij aarzelde niet zich voor te stellen aan iedereen die hij wilde ontmoeten. Hij ontwikkelde vriendschappen met de belangrijkste mensen voor de bevordering van socialistische doelen. Richard Crossman, een naaste medewerker, beschreef zijn persoonlijkheid als "warm en sociaal, een man die in zijn eentje aan de top kwam, een publieke intellectueel". Van Laski wordt gezegd dat hij gul en vriendelijk was en dat mensen graag met hem omgingen, maar ook dat hij de onvermoeibare socialistische kruisvaarder was.

Een belangrijke fase in de vooruitgang van het Fabiaanse socialisme werd bereikt in de jaren veertig met het Beveridge-rapport over een reeks essays met de eenvoudige titel "Sociale zekerheid". Het jaar 1942 was precies om psychologische redenen gekozen. Groot-Brittannië stond voor de donkerste dagen van de Tweede Wereldoorlog. Het was een tijd voor het socialisme om hoop te bieden. Laski bood het plan aan aan John G. Winant, VS ambassadeur aan het Hof van St. James. Eugene Meyer van de *Washington Post* beschrijft de aandacht van Roosevelt. In Engeland hielden Fabian Society notabelen als Lord Pakenham honderden spraakmakende toespraken ter ondersteuning van het wonder van de afschaffing van gebrek en ontbering. Het Britse publiek was extatisch.

Maar vijf jaar later "leende" de Britse regering veel van de Verenigde Staten om de sociale zekerheid draaiende te houden. John Strachey, zo verafgood door Fabiaanse socialisten, ontdekte dat, hoewel hij het bedrag van de sociale zekerheid regelde en waar nodig verhoogde, het nog steeds niet genoeg was om koopkracht te genereren, zodat Strachey, de nummer 1 marxist en minister van voedselvoorziening, de leveringen moest rantsoeneren. De socialisten hadden het land bijna bankroet gemaakt, in één jaar, 1947, door 2,75 miljard dollar uit te geven aan hun socialistische programma's, het geld was "geleend" van de Verenigde Staten! De "leningen" waren het werk van Laski, en Harry Dexter White van het Amerikaanse ministerie van Financiën, en een Sovjet-informant.

Het is werkelijk verbazingwekkend dat het Amerikaanse volk heeft gezwegen over het soort financiering van socialistische wensdromen dat van hen werd verwacht. De enige reden die in me opkomt om te verklaren waarom het Amerikaanse volk niet protesteerde, is simpelweg dat het in het ongewisse werd gehouden. De Federal Reserve "leende" Engeland 3 miljard dollar in de jaren 20, zodat het "dole" (welzijns) systeem kon blijven bestaan, terwijl hier thuis de pensioenen van oorlogsveteranen werden gekort met 4 miljoen dollar per jaar als gedeeltelijke bijdrage. Zou zoiets opnieuw kunnen gebeuren? De geïnformeerde opinie is dat het niet alleen opnieuw zou kunnen gebeuren, maar dat de reactie van het Amerikaanse volk hetzelfde zou zijn: voor het grootste deel totale onverschilligheid.

Maar zelfs met de onwrikbare, zij het onofficiële, hulp van Harry Dexter White kon het socialisme alleen zijn grandioze plannen niet financieren en toen het Congres uiteindelijk de volle omvang van White's financiële steun aan het socialistische Groot-Brittannië ontdekte, moest Sir Stafford Cripps schoon schip maken en het Britse volk vertellen dat de sociale zekerheid voortaan door de inkomstenbelasting moest worden gefinancierd. In de periode 1947-1949 stegen de belastingen, voedsel werd schaarser, inkomens daalden en hoewel de Fabian panels onvermoeibaar doorwerkten om een oplossing te vinden die het socialisme zou laten werken - anders dan geld lenen van de VS - kwamen ze steeds weer tot dezelfde conclusie: tekorten uitgeven of de Fabian socialistische programma's als onwerkbaar opgeven.

Groot-Brittannië ging van een winstgevende leverancier van goederen en diensten, en een bemiddelaar voor andere naties, naar een bedelaarsnatie. Kortom, socialistische programma's waren verantwoordelijk voor de vernietiging van de welvarende, eeuwenoude economie. Groot-Brittannië begon te lijken op een bananenrepubliek. De Labour Party (waarvan de leiders bijna allemaal Fabian Socialisten waren) dacht de zaken te kunnen herstellen door meer te nationaliseren en te rantsoeneren, maar de kiezers gaven de Fabian Society geen kans en verdreven Labour bij de algemene verkiezingen van 1950.

De erfenis van de Fabian Society? Een lege schatkist, uitgeputte goudreserves, productie op een historisch dieptepunt, het probeerde zich te distantiëren van de in diskrediet geraakte Labour Party door te stellen dat "de Fabian Society geen politieke partij is". In het Lagerhuis zei een prominente socialist, Albert Edwards:

"Ik heb jarenlang gesproken over de gebreken van het kapitalistische systeem. Ik trek die kritiek niet in. Maar we hebben de twee systemen naast elkaar gezien. En de man die nog steeds pleit voor socialisme als middel om ons land te bevrijden van de gebreken van het kapitalisme is echt blind. Socialisme werkt gewoon niet."

Maar ondanks de totale en abjecte mislukking van het socialisme in de praktijk, niet in theorie, waren er nog steeds mensen in de Verenigde Staten vastbesloten om het Amerikaanse volk een mislukt socialistisch beleid door de strot te duwen. Roosevelt, Truman, Kennedy, Johnson, Nixon, Bush en Carter leken vastbesloten het grote socialistische debacle aan de andere kant van de Atlantische Oceaan te negeren en begonnen, aangespoord door hun socialistische adviseurs, aan Amerikaanse versies van dezelfde oude mislukte Fabiaanse socialistische theorieën en beleidsmaatregelen.

Nog steeds verbonden met Groot-Brittannië door een gemeenschappelijke taal en een gemeenschappelijk erfgoed, slaagden de socialisten erin de Verenigde Staten te betrekken in hun droom van één wereldregering via het Atlantisch Bondgenootschap of de Atlantische Unie. De wijsheid van de afscheidsrede van president George Washington negerend, hebben opeenvolgende Amerikaanse regeringen een in wezen Fabiaans-socialistisch project van wereldregering nagestreefd, waarin de Amerikanen voor Democratische Actie (ADA) een belangrijke rol speelden. Het Royal Institute for International Affairs (RUA), gevestigd in Chatham House, St. James Square, Londen, de "moeder" van de Amerikaanse Council of Foreign Relations (CFR), was ook sterk betrokken bij deze strikt socialistische onderneming.

De campagne "Socialist Hands Across the Sea" werd versterkt door de aanwezigheid van Owen Lattimore aan de Universiteit van Leeds. Lattimore, een professor aan Johns Hopkins, is vooral bekend om zijn verraderlijk gedrag als hoofd van het Institute for Pacific Relations (IPR), waaraan de aanzet tot het Amerikaanse handelsbeleid ten aanzien van Japan wordt toegeschreven. Zo werd de aanval op Pearl Harbor ingezet en kwamen de Verenigde Staten in de Tweede Wereldoorlog terecht, toen het Duitse leger de zogenaamde "geallieerden" die in Europa de nederlaag in het gezicht staarden, had verpletterd.

De opkomst van Harold Wilson als toekomstig premier van Engeland kan worden toegeschreven aan de regering Kennedy, die na het wegsturen van Harold MacMillan "met een Skybolt", zoals een commentator het uitdrukte, vriendelijkheid en kennis van zaken uitstraalde tegenover de "Oxford-socialist in grijze flanel", zoals Wilson werd omschreven. Wilson ging naar Amerika om een manier te vinden om met een slogan verkozen te worden, en hij vond die onder de publiciteitsagenten van Madison Avenue. Het is vreemd dat het socialisme zich tot het kapitalisme moest wenden om erachter te komen hoe het moet!

Toch was Wilson nog niet als premier geïnstalleerd of hij vertelde het Lagerhuis dat zijn beleid het gebruikelijke socialisme zou zijn: nationalisatie van industrieën, "sociale rechtvaardigheid" en, natuurlijk, BELASTINGVERVORMING, een groter aandeel van het bedrijfsinkomen, loonaftrek en al het socialistische garnituur. Een enthousiaste Wilson vertelt zijn mede-Fabian socialisten dat ze zeker kunnen zijn van succes omdat "we een Amerikaanse regering in sympathie hebben".

Wat Wilson eigenlijk bedoelde was dat de Amerikaanse regering meer dan ooit bereid leek de rekeningen te betalen voor de extravagante socialistische uitgaven van zijn Labour-regering. Opnieuw onderstrepen we de bijdrage aan het "wereldsocialisme".

Premier Wilson maakte goed gebruik van zijn Amerikaanse connecties en leende vier miljard dollar van het Internationaal Monetair Fonds (waarvan de belangrijkste geldschieter de Verenigde Staten waren en nog steeds zijn). Opnieuw werd aangetoond dat socialistische programma's hun eigen gewicht niet konden dragen en, net als de dinosaurus, zouden instorten als ze niet werden gesteund. Het IMF werd opgericht door Lord Keynes, die het beschreef als "in wezen een socialistisch ontwerp".

Maar er gingen in de Verenigde Staten stemmen op tegen de verontrustende socialistische penetratie van de regering die met Wilson was begonnen, met Roosevelt was versneld en tijdens de regering Kennedy brutaler en uitgesprokener was geworden. Eén van hen was Senator Joseph McCarthy uit Wisconsin. Als echte patriot was McCarthy vastbesloten de socialisten en communistische veranderingsagenten uit te roeien waarmee het Amerikaanse ministerie van Buitenlandse Zaken was besmet, een strijd die McCarthy in 1948 begon met de regering-Truman en voortzette met de regering-Eisenhower.

De Fabian Society was gealarmeerd. Hoe moest zij haar penetratie van de Amerikaanse regering en haar instellingen verdedigen tegen de openbaarheid? Voor hulp wendden de Fabians zich tot Americans for Democratic Action, die een grootscheepse lastercampagne tegen de senator uit Wisconsin opzette. Zonder deze kracht om rekening mee te houden, zou McCarthy ongetwijfeld zijn doel hebben bereikt, namelijk het blootleggen van de mate waarin de Amerikaanse regering en haar instellingen waren overgenomen door het Fabiaanse socialisme, dat McCarthy ten onrechte bestempelde als "communisme".

De ADA spendeerde honderdduizenden dollars om McCarthy in toom te houden, en verspreidde zelfs duizenden kopieën van de persoonlijke financiën van de senator, in strijd met de Senaatsregels, die uitlekten naar de Senaatssubcommissie. De socialistische publicatie "New Statesman" richtte haar aandacht plotseling op de Grondwet en de Bill of Rights - suggererend dat McCarthy's hoorzittingen deze "heilige rechten" in gevaar brachten. De door de ADA gesteunde resolutie waarin McCarthy werd veroordeeld was het bewijs dat de Democratische Partij toen, net als nu, in handen was de internationale socialisten van de Fabian Society. De ADA aarzelde niet om de eer op te strijken voor het "stoppen van McCarthy".

Met de val van Senator McCarthy slaakte de Fabian Society een collectieve zucht van verlichting: het was nog nooit zo blootgesteld geweest. De enige man die de ADA aanval had kunnen verijdelen kwam niet opdagen voor de hoorzitting in de Senaat. Senator John F. Kennedy, een verklaard bewonderaar van de senator uit Wisconsin, was naar verluidt aan een ziekenhuisbed gekluisterd ten tijde van de stemming. De reden voor zijn afwezigheid werd niet uitgelegd. Kennedy dankt zijn opkomst aan McCarthy, die weigerde campagne te voeren voor Henry Cabot Lodge toen deze het opnam tegen Kennedy in Massachusetts.

Dit weinig bekende feit belooft weinig goeds voor de onafhankelijkheid van de Verenigde Staten en de Republiek die het verdedigt. In de toekomst, tenzij het socialisme radicaal wordt gecontroleerd en vervolgens ontworteld, zou de Pledge of Allegiance wel eens kunnen luiden:

> "Ik zweer trouw aan de vlag van de Verenigde Staten en aan de socialistische regering die zij vertegenwoordigt..."

Laten we niet denken dat het vergezocht is. Laten we niet vergeten dat de kleine groep inconsequente jonge mensen die hun beweging in Londen lanceerden, een beweging die haar gevaarlijke gif over de hele wereld verspreidde, in hun tijd ook als "gek" werden beschouwd. De Fabian Society werd nu nieuw leven ingeblazen. Met de dreiging van McCarthy uit de weg, en een nieuwe, jonge president in het Witte Huis, één opgeleid door Harold Laski aan de London School of Economics en beïnvloed door John Kenneth Galbraith, leken de socialisten klaar om een sprong te maken in het doornige merg en spier van de Amerikaanse regering. Immers, was Kennedy's "New Frontier" niet eigenlijk een boek geschreven door de grote socialist Henry Wallace?

Wallace had niet geaarzeld om de doelstellingen van het socialisme naar voren te brengen:

> "Sociaal gedisciplineerde mannen zullen samenwerken om de rijkdom van het menselijk ras te vergroten en zullen hun uitvindingsvermogen aanwenden om de maatschappij zelf te veranderen. Zij zullen de machinerie van regering en politiek en het systeem van prijzen en waarden veranderen (hervormen), om een veel bredere mogelijkheid van sociale rechtvaardigheid en sociale liefdadigheid (welzijn) in de wereld te realiseren... de mannen mogen met recht het gevoel hebben dat zij een even hoge functie vervullen als elke bedienaar van het Evangelie. Zij zullen geen communisten, socialisten of fascisten zijn, maar louter mensen die met democratische methoden de doelen trachten te bereiken die door communisten, socialisten of fascisten worden beleden...".

Dat de regering Kennedy aanvankelijk begon aan een programma dat nog radicaler leek dan dat van het tijdperk Roosevelt staat niet ter discussie. Zelfs het feit dat de ADA zijn kabinet en adviseurs koos voor één man is bekend. In Groot-Brittannië droegen de

Fabiaanse socialisten een brede glimlach: hun tijd, zo leek het, was gekomen. Maar hun blijdschap werd getemperd door een zekere reserve toen nieuws uit de Verenigde Staten aangaf dat Kennedy niet voldeed aan hun socialistische verwachtingen.

De ADA spreekbuis "New Republic" zei in een op 1 juni 1963 gepubliceerd hoofdartikel: "Over het algemeen is Kennedy's optreden minder indrukwekkend dan Kennedy's stijl." Laski's visie van een "nieuw Jeruzalem" in de Engelssprekende wereld en de opbouw van een nieuwe socialistische samenleving, leek in de ijskast te zijn gezet - althans voor een tijdje. Laski had Labour leiders Attlee, Dalton, McDonald en de gebroeders Kennedy gemanaged, de vraag was of zijn opvolgers de "Amerikaanse kant" net zo goed zouden kunnen managen als hij?

De opkomst van het Fabianisme in de Verenigde Staten is terug te voeren op de Fellowship of New Life en later de Boston Bellamy Club, die ontstond nadat Sydney Webb en de historicus van de Fabian Society, R.R. Pease, een van de vier oorspronkelijke Fabians, in 1883 de Verenigde Staten hadden bezocht. De Bellamy Club werd opgericht door generaal Arthur F. Devereux en kapitein Charles E. Bowers, met steun van de journalisten Cyrus Field, Willard en Frances E. Willard. De club was niet bedoeld om het socialisme te bevorderen. Devereux' grootste zorg was de massale instroom van ongeschoolde immigranten in de Verenigde Staten, die volgens hem niet voorbereid waren om hen te ontvangen.

Generaal Devereux vond dat de situatie in de kiem moest worden gesmoord voordat deze volledig uit de hand zou lopen. (Hij had de afschuwelijke, bewust verzonnen immigratiesituatie die zich in 1990 in de Verenigde Staten ontwikkelde - dankzij het socialistische beleid - niet kunnen voorzien). Terwijl Devereux en zijn vrienden zich voorbereidden op de oprichting van de Boston Bellamy Club, arriveerde Webb in september 1888 uit Engeland en werd hij in contact gebracht met de oprichters van de club. Webb en Pease zagen een kans en konden in de principes van de club de nationalisering van de particuliere industrie opnemen, waarbij de naam werd veranderd in de Boston Nationalist Club. Webb en Edward Bellamy woonden de openingsvergadering bij. Op 15 december 1888 werd in de Verenigde Staten het zaadje geplant van het Fabiaanse socialisme, dat zou ontkiemen en uitgroeien tot een enorme boom.

In de kunst werden Shaw's stukken tegen 1910 opgevoerd door het New York Theater Guild onder leiding van professor Kenneth MacGowan van de Harvard Socialist Club, met gebruikmaking van methoden die waren geleerd van het Moscow Arts Theater. De League of Industrial Democracy en Americans for Democratic Action lagen nog ver in de toekomst, maar de fundamenten van hun organisaties waren al gelegd.

Shaw en H.G. Wells werden het hof gemaakt door literaire agenten in heel Amerika, vooral in universiteitssteden, en de socialistische tijdschriften *The New Republic* en *The Nation* en *The Socialism Of Our Times*, geredigeerd door Norman Thomas en Henry Laidler, namen een hoge vlucht.

Laski leverde regelmatig bijdragen aan de New Republic en gaf gedurende de hele Eerste Wereldoorlog les aan Harvard. Zijn niet zo vriendelijke critici zeggen dat hij zo elke mogelijkheid vermeed om in een of andere hoedanigheid te moeten dienen in de Britse oorlogsinspanning. Het was van de "New Republic" dat Woodrow Wilson steun kreeg, niet alleen om de Verenigde Staten in die brandhaard te brengen, maar gedurende het hele rampzalige verloop ervan. Als er ooit een "socialistische oorlog" was, dan was het deze wel. De "Nieuwe Republiek" had niet dezelfde zorgen over de verschrikkelijke slachting die in Rusland plaatsvond onder het mom van de bolsjewisering van Rusland.

Laski was een enthousiast bewonderaar van Felix Frankfurter en uit sommige van zijn lovende brieven blijkt hoezeer het Fabiaanse socialisme in het Amerikaanse rechtssysteem was doorgedrongen. Tijdens een van zijn vele bezoeken aan de Verenigde Staten drong Laski er bij de ADA en andere Amerikaanse socialisten op aan om actief werk te maken van belastingverhogende wetgeving: hogere en nieuwere belastingen op onverdiende hoge inkomens waren de manier om tot een eerlijke belastingverdeling te komen, aldus Laski. Hij hield ook voortdurend contact met zijn vriend rechter Felix Frankfurter, die hij aanspoorde om aan te dringen op "hervormingen" van de Amerikaanse grondwet, met name de constitutionele scheiding der machten tussen de uitvoerende, wetgevende en rechterlijke macht.

Laski stond voortdurend aan de zijde van Frankfurter en viel voortdurend de Amerikaanse grondwet aan, die hij spottend "de sterkste bescherming van het kapitalisme, een klassendocument" noemde. Laski noemde Roosevelt "het enige bolwerk tegen de fascistische vorm van kapitalisme". Het feit dat Laski niet werd beschuldigd van opruiing voor zijn poging de Amerikaanse grondwet omver te werpen, was een grote fout. Als frequente bezoeker van Roosevelts Witte Huis was hij ook zeer geheimzinnig over zijn bezoeken, die nooit in de pers werden vermeld.

De ontmoetingen werden altijd geregeld via Felix Frankfurter. Tijdens een dergelijk bezoek zei Laski, volgens zijn biograaf, tegen Roosevelt: "Of het kapitalisme of de democratie moet zegevieren" en drong er bij de president op aan "de democratie te redden". Met "democratie" bedoelde Laski natuurlijk SOCIALISME, omdat de socialisten "democratie" allang als vaandeldrager van het socialisme hadden aangenomen. Tijdens de Tweede Wereldoorlog drong Laski er vaak bij Roosevelt op aan om de wereld veilig te maken door de basis te leggen voor het naoorlogse socialisme. Er wordt gezegd dat de socialistische opvoeding die Roosevelt van Laski kreeg bijna gelijk was aan die van John F. Kennedy toen hij Laski's leerling was aan de London School of Economics.

Sommigen wisten wat er gebeurde. Congreslid Tinkham voerde op 14 januari 1941 een brief in van Amos Pinchot. In de brief van Pinchot staat:

"Veel jonge socialisten verklaren dat wat algemeen het Roosevelt-programma wordt genoemd in werkelijkheid het Laski-programma is, dat door de Londense hoogleraar economie en zijn vrienden aan de New Deal-denkers en uiteindelijk aan de president is opgelegd."

Het enige wat niet klopt aan deze gewaagde uitspraak is dat Laski een professor was in politieke wetenschappen, niet in economie. Voor de rest was de opmerking juist!

Laski onderhield een lange correspondentie met Frankfurter, waarin hij hem aanspoorde waakzaam te zijn en de "politieke psychologie" van het Fabiaanse socialisme door te drukken. Het lijdt geen twijfel dat Laski's advies aan Frankfurter de basis vormde voor de radicale veranderingen die het Hooggerechtshof doorvoerde, veranderingen die de koers en het karakter van de Verenigde Staten volledig veranderden. Als gezegd kan worden dat de New Deal een vader had, dan was dat niet Roosevelt, maar professor Harold Laski van de Fabian Society.

Zelfs vandaag de dag zijn weinig Amerikanen zich bewust van de aanzienlijke invloed die professor Laski van de Fabian Society op Roosevelt had. Zes maanden nadat Pearl Harbor de Verenigde Staten zoals gepland in de Tweede Wereldoorlog had gebracht, nodigde Eleanor Roosevelt Laski uit om de hoofdspreker te zijn op het Internationale Studentencongres dat in september 1942 zou worden gehouden en dat Churchill had geweigerd Laski toe te laten.

Congreslid Woodruff uit Michigan verwoordde het zeer bondig toen hij Laski hekelde als "een sleutel tot de achterdeur van het Witte Huis". Als patriotten toegang hadden gehad tot de privé-brieven tussen Laski, Frankfurter en Roosevelt, hadden ze misschien genoeg rechtschapen verontwaardiging gewekt om Laski het land uit te zetten, een lot dat hij rijkelijk verdiende.

Graham Wallas was een andere grote socialist wiens invloed op Frankfurter en rechter Oliver Wendell Holmes de Amerikaanse rechtspraak op zijn kop zou hebben gezet. Er wordt gezegd dat Laski via William Wisemen, hoofd van het Noord-Amerikaanse kantoor van MI6, Frankfurter liet benoemen in een van de allereerste zuiver socialistische werkgroepen: De bemiddelingscommissie voor industriële geschillen.

In Engeland drong het Fabianisme door in alle hoeken en gaten van het burgerlijke en militaire leven. Geen enkel facet van de samenleving was veilig voor zijn penetratie, en dit was de koers die het zou volgen bij zijn invasie van de Verenigde Staten. In werkelijkheid is het socialisme een dodelijker vijand dan George Washington en zijn troepen in de Amerikaanse Onafhankelijkheidsoorlog. Deze voortdurende oorlog houdt nooit op, dag en nacht gaat de strijd om de harten, geesten en zielen van de Amerikaanse natie door.

Een van de bolwerken tegen het binnendringen van het socialisme was de christelijke godsdienst. Clement Atlee, een van de leidende Fabianisten die premier van Engeland werd, schrijft het succes van de Fabian Socialisten toe aan hun penetratie in de arbeidswereld.

Maar de Ierse katholieke vakbonden werden nooit doordrongen door Webb, Shaw of een andere leider van de Fabian Society. Er is veel hoop voor ons hier vandaag bij het zoeken naar manieren om de meedogenloze opmars van het socialisme over het Noord-Amerikaanse continent te stoppen, een opmars die zal eindigen in communistische slavenkampen, want socialisme is inderdaad de weg naar slavernij.

De glibberige, slijmerige en verraderlijke methoden die worden gebruikt om het socialisme te verspreiden, worden nooit beter aangetoond dan door prominente socialisten die nooit als zodanig zijn erkend. Deze leidende figuren hebben grote machtsposities bekleed, zonder ooit openlijk hun socialistische aspiraties toe te geven. Een paar namen zullen het punt illustreren: In Groot-Brittannië:

> De geachte L. S. Amery. Gaf een lezing in Livingston Hall, een belangrijk educatief centrum.

> Professor A.D. Lindsay, docent aan Kingston Hall, een belangrijk onderwijscentrum. Annie Besant, leider van de Theosofische beweging,

> Oswald Mosley, parlementslid en fascistisch leider in Engeland.

> Malcolm Muggeridge, auteur, academicus, docent.

> Bertrand Russell, oudere staatsman, het Comité van 300, docent aan Kingsway Hall.

> Wickham Steed, misschien wel een van de beroemdste commentatoren van de British Broadcasting Corporation (BBC), wiens opvattingen miljoenen BBC-luisteraars hebben beïnvloed.

> Arnold Toynbee, docent aan Kingsway Hall.

> J.B. Priestly, auteur.

> Rebecca West, docent aan Kingsway Hall.

> Anthony Wedgewood Benn, docent aan Kingsway Hall. Sydney Silverman, docent en parlementariër.

Aan de Amerikaanse kant hebben de volgende persoonlijkheden hun socialistische overtuigingen goed verborgen gehouden:

> Archibald Cox, speciale aanklager voor Watergate.

> Arthur Goldberg, minister van Arbeid, VN-vertegenwoordiger, enz.

> Henry Steel Commager, schrijver en redacteur.

> John Gunther, schrijver, verslaggever voor *LIFE* magazine.

> George F. Kenan, specialist in bolsjewistisch Rusland.

> Joseph en Stewart Alsop, schrijvers, columnisten en opiniemakers.

> Dr Margaret Meade, antropoloog, auteur.

> Martin Luther King, burgerrechten leider van de Southern Christian Leadership Conference.

> Averill Harriman, industrieel, reizend vertegenwoordiger, prominent Democraat.

> Birch Bayh, Senator van de Verenigde Staten.

> Henry Fowler, onderminister van Financiën.

> G. Mennen Williams, Industrialist, Ministerie van Staat.

> Adlai Stevens, politicus.

> Paul Volcker, Federal Reserve Board.

> Chester Bowles.

> Harry S. Truman, president van de Verenigde Staten.

> Lowell Weicker, Senator van de Verenigde Staten.

> Hubert Humphrey, Senator van de Verenigde Staten.

> Walter Mondale, Senator van de Verenigde Staten.

> Bill Clinton, president, USA.

> William Sloane Coffin, Hoofd van de Kerk.

Er zijn honderden andere namen, sommige eminent, andere minder, maar de bovenstaande volstaan om het punt te illustreren. De carrières van deze mensen komen goed overeen met het type vijand dat president Andrew Jackson beschreef.

Iemand die een grote bijdrage heeft geleverd aan de verspreiding van het socialisme in Groot-Brittannië en de Verenigde Staten was de beroemde Malcolm Muggeridge. De zoon van H.T. Muggeridge, maakte Malcolm een briljante carrière door te schrijven voor "Punch", met goede connecties in Moskou. Het feit dat hij de neef was van de grote dame Beatrice Webb had er iets mee te maken. Muggeridge schreef voor de New Statesman en Fabian News en was een veelgevraagd spreker op de weekendscholen van de Society. Malcolm Muggeridge werd een van de belangrijkste visitekaartjes voor het socialisme in de Verenigde Staten en trad vaak prominent op in televisie-interviews.

Hoofdstuk 2

WAT SOCIALISME IS EN WAAROM HET TOT SLAVERNIJ LEIDT...

"Wat betreft de doelstellingen die zij nastreven, zijn socialisme en communisme vrijwel uitwisselbare termen. Lenins partij bleef zich inderdaad 'sociaal-democratisch' noemen tot het zevende partijcongres in maart 1918, toen zij de term 'bolsjewiek'[4] in de plaats stelde uit protest tegen de niet-revolutionaire houding van de westerse socialistische partijen.".... Ezra Taft Benson - *Een race tegen de klok*, 10 december 1963.

"Door herstructurering willen we het socialisme nieuw leven inblazen. Om dit te bereiken keert de Communistische Partij van de Sovjet-Unie terug naar de oorsprong en de beginselen van de bolsjewistische revolutie, naar de Leninistische ideeën over de opbouw van een nieuwe maatschappij." Michail Gorbatsjov, in een toespraak in het Kremlin in juli 1989.

Deze zeer onthullende opmerkingen, en andere die wij later zullen citeren, plaatsen het socialisme in zijn juiste perspectief. De meeste Amerikanen hebben tegenwoordig slechts een vaag idee van wat socialisme is, dat zij beschouwen als een semi-Beninistische beweging die een algemene verbetering van de levensstandaard van de gewone mensen nastreeft. Niets is minder waar. Het socialisme

---

[4] Perestroika, Ndt.

kan maar één kant op en dat is het communisme. We zijn belaagd door de media, die ons doen geloven dat het communisme dood is, maar enige reflectie zal ons van het tegendeel overtuigen.

De Fabiaanse socialisten volgden het Communistisch Manifest van 1848 op de voet, maar op een elegantere en minder schurende manier. Maar hun doelen waren hetzelfde: een wereldrevolutie die zou leiden tot één wereldregering - een nieuwe wereldorde - waarin het kapitalisme zou worden vervangen door socialisme in een verzorgingsstaat, waarin ieder individu voor alles wat met het leven te maken heeft verantwoording zou moeten afleggen aan een dictatoriale socialistische hiërarchie.

Er zou geen privébezit zijn, geen constitutionele regering, alleen autoritaire heerschappij. Ieder individu zou voor zijn of haar levensonderhoud afhankelijk zijn van de socialistische staat. Op het eerste gezicht zou dit in theorie van groot voordeel zijn voor gewone mensen, maar een onderzoek van socialistische experimenten in Groot-Brittannië laat zien dat het systeem een complete en onwerkbare mislukking is. Zoals we elders laten zien, is het Groot-Brittannië van 1994 volledig ingestort door de socialisten en hun verzorgingsstaat.

Fabiaanse socialisten probeerden hun doelen in Engeland en de Verenigde Staten te bereiken door intellectuelen op sleutelposities te plaatsen van waaruit zij ongepaste invloed konden uitoefenen op de koerswijziging in beide landen. In de Verenigde Staten waren de twee belangrijkste agenten ongetwijfeld professor Harold Laski en John Kenneth Galbraith. Op de achtergrond was een van de "oude garde" van het Britse Fabianisme, Graham Wallas, directeur Propaganda. Samen schreven zij de "Basics of the Fabian Society of Socialists".

"De Fabian Society streeft daarom naar de reorganisatie van de maatschappij door de emancipatie van land en industrieel kapitaal van individueel eigendom en de overdracht ervan aan de gemeenschap voor het algemeen welzijn. De Society ijvert daarom voor de uitroeiing van particulier grondbezit... De Society werkt ook voor de overdracht aan de gemeenschap van industrieel kapitaal dat gemakkelijk door de Society kan worden beheerd. Om deze doelen te bereiken vertrouwt de Fabian Society op de verspreiding van socialistische opvattingen en de sociale en politieke veranderingen die daaruit voortvloeien.... Zij tracht deze doelen te bereiken door de algemene verspreiding van kennis over de relatie tussen het individu en de maatschappij in haar economische, ethische en politieke aspecten."

In 1938 werden de doelstellingen van het genootschap enigszins gewijzigd: "The Fabian Society of Socialists".

"Het streeft daarom naar de oprichting van een maatschappij waarin de economische macht van individuen en klassen zal worden afgeschaft door collectief eigendom en democratische controle van de economische middelen van de gemeenschap. Zij tracht deze doelen te bereiken door de methoden van de politieke democratie. De Fabian Society is aangesloten bij de Labour Party. Haar activiteiten zijn erop gericht het socialisme te bevorderen en het publiek op te voeden in de richting van het socialisme door het organiseren van bijeenkomsten, lezingen, discussiegroepen, congressen en zomercursussen, door het bevorderen van onderzoek naar politieke, economische en sociale problemen en door het uitgeven van tijdschriften, alsmede door alle andere geschikte middelen."

We worden onmiddellijk getroffen door het aantal keren dat het woord "gemeenschap" voorkomt, en door de bagatellisering van individuele rechten. Hieruit blijkt dat het Fabiaans socialisme al vanaf de eerste bijeenkomsten van de eerste paar leden in Londen tegenover het christendom stond. De vastberadenheid om industriële projecten te nationaliseren ten dienste van het publiek was overduidelijk en vertoonde een opvallende gelijkenis met wat het Communistisch Manifest van 1848 hierover te zeggen had. Het was ook duidelijk dat het doel van het Fabiaanse socialisme de oprichting was van een nationale coöperatieve maatschappij van gemeenschappelijke rijkdom, waarin iedereen gelijke rechten zou hebben op de economische rijkdom van de natie.

De Boston Bellamy Club, die in 1888 werd geopend, volgde de Fellowship of New Life met zijn theosofische leer op en werd de eerste Fabiaanse socialistische onderneming in de Verenigde Staten. De Basis was iets anders:

"Het principe van de broederschap van de mensheid is een van de eeuwige waarheden die de vooruitgang van de wereld bepalen langs de lijnen die de menselijke natuur onderscheiden van de brute natuur. Geen enkele waarheid kan zegevieren als ze niet in de praktijk wordt toegepast. Daarom moeten zij die het welzijn van de mens nastreven, streven naar de afschaffing van het systeem dat gebaseerd is op de ruwe beginselen van concurrentie en er een ander systeem voor in de plaats stellen dat gebaseerd is op de nobelere beginselen van vereniging...".

"Wij pleiten niet voor plotselinge of overhaaste veranderingen; wij voeren geen oorlog tegen individuen die immense fortuinen hebben vergaard door alleen maar de valse principes door te voeren waarop de zaken nu zijn gebaseerd. De combinaties, trusts en syndicaten waarover men nu klaagt, tonen de uitvoerbaarheid aan van ons grondbeginsel van vereniging. Wij streven er eenvoudigweg naar het principe een beetje verder door te voeren en de industrieën te laten werken in het belang van de natie - het georganiseerde volk, de organische eenheid van het hele volk."

Het proza is het werk van Sydney Webb en Edward Pease, historicus van de Fabian Society, die in de jaren 1880 naar de Verenigde Staten reisden om het Amerikaanse Fabian-socialisme op te zetten. De zachte toon en woordkeuze verhullen de hardheid van de revolutionaire doelstellingen. Het gebruik van het woord "hervormingen" was bedoeld om critici te ontwapenen, net als Fabian-publicaties als "The Fabian News", waarin "hervormingen" werden bepleit die bijzonder schadelijk zouden blijken voor de Amerikaanse grondwet. Dit vormde de basis voor de voortdurende revolutie die de Verenigde Staten verandert van een Confederale Republiek in een socialistische welvaartsstaat (George Washington beschreef de Verenigde Staten als een Confederale Republiek).

In de "American Fabian" uit 1895 (in tegenstelling tot de verkapte socialisten die het Amerikaanse Huis en de Senaat en de rechterlijke macht teisteren en als adviseurs van de president optreden) werden Fabians socialistische doelstellingen voor Amerika vrij duidelijk geformuleerd:

"Wij noemen ons tijdschrift 'The American Fabian' om twee redenen: wij noemen het 'Fabian' omdat wij willen dat het het soort onderwijssocialistisch werk vertegenwoordigt dat zo goed gedaan is door de Engelse Fabian Society..... Wij noemen ons blad 'The American Fabian' omdat ons beleid in zekere mate moet verschillen van dat van de Engelse Fabians. Engeland en

Amerika lijken in sommige opzichten op elkaar; in andere zijn ze heel verschillend. De grondwet van Engeland laat gemakkelijk constante maar geleidelijke veranderingen toe. Onze Amerikaanse grondwet laat dergelijke veranderingen niet gemakkelijk toe. Engeland kan daarom bijna ongemerkt in de richting van het socialisme evolueren. Onze grotendeels individualistische grondwet moet worden veranderd om het socialisme toe te laten, en elke verandering vereist een politieke crisis."

Vanaf het begin was het dus duidelijk dat de Grondwet de belangrijkste uitdaging was voor de invoering van het socialisme in de Verenigde Staten, en vanaf die dag werd deze het doelwit van socialistische aanvallen op de instellingen die de Confederale Republiek van de Verenigde Staten van Amerika vormen. Zoals we zullen zien, werden daartoe geharde en harteloze socialisten als Walt Whitman Rostow ingezet om de fundamenten van de natie te ondermijnen. Zoals scherpe waarnemers al snel inzagen, was het Fabiaanse socialisme niet slechts een vriendelijk debatgezelschap, geleid door geleerde professoren en dames, die met een beleefd accent spraken en een air van zachte rede uitstraalden.

Het Fabiaanse socialisme ontwikkelde de kunst van de misleiding en het liegen zonder de schijn te wekken. Velen werden misleid in Engeland, en later in de Verenigde Staten, waar we nog steeds op grote schaal worden misleid. Maar er waren gelegenheden waarop de socialistische leiders zich niet konden inhouden, zoals bij de voorjaarsconferentie van 1936 van het Oosten van de vakscholen voor leraren. Roger Baldwin legt de dubbele betekenis uit van de woorden die zo vaak door Fabiaanse socialisten werden gebruikt: "progressief" betekende "krachten die werken aan de democratisering van de industrie door uitbreiding van openbaar eigendom en controle", terwijl "democratie" betekende "sterke vakbonden, overheidsregulering van het bedrijfsleven, eigendom van het volk van industrieën die het publiek dienen".

Senator Lehman was een andere socialist die zijn gretigheid om het Fabiaanse socialisme in de Verenigde Staten te introduceren niet kon bedwingen. Sprekend op het jubileumsymposium van de Amerikaanse Fabian League over "Vrijheid en de Welvaartsstaat", zei Lehman:

"Honderdzeventig jaar geleden werd het concept van de verzorgingsstaat door de stichters van de republiek.... omgezet in de grondwet van dit land. De Founding Fathers waren degenen die echt de verzorgingsstaat creëerden."

Lehman had, zoals zoveel van zijn socialistische collega's in de Senaat, geen notie van de Grondwet, dus het is niet verwonderlijk dat hij die verwarde met de Preambule van de Grondwet, die nooit in de Grondwet is opgenomen, eenvoudigweg omdat onze Founding Fathers het concept van de verzorgingsstaat verwierpen.

De preambule van de grondwet: "om een meer volmaakte unie te scheppen en het algemeen welzijn te bevorderen..." Senator Lehman leek naar strohalmen te grijpen, omdat deze clausule geen deel uitmaakt van de Amerikaanse grondwet. Hij leek ook bezig met de favoriete socialistische techniek van het verdraaien van woorden en hun betekenis.

Er is een clausule van algemeen welzijn in de Amerikaanse grondwet en die staat in artikel 1, sectie 8 van de aan het Congres gedelegeerde bevoegdheden. Maar in deze context betekent zij het algemeen welzijn van ALLE burgers, d.w.z. hun staat van welzijn, hetgeen ver afstaat van de socialistische betekenis van algemene aalmoezen, aanspraak, d.w.z. individueel welzijn door de staat.

De eerste keer dat de Amerikaanse socialisten hun plan om het industriële kapitaal aan te vallen probeerden uit te voeren, was waarschijnlijk dankzij een sluw plan van Rexford Guy Tugwell. Dit plan bestond uit de benoeming van consumenten in de zevenentwintig industriële raden die zouden worden opgericht in het kader van wat bekend stond als "The National Recovery Act". Tugwell probeerde in feite het winstoogmerk weg te nemen; ontdaan van zijn ogenschijnlijk welwillende bedoeling om de prijzen voor de consument te verlagen, was de werkelijke bedoeling de winsten van de ondernemers te verlagen en de lonen van de werknemers dienovereenkomstig te verhogen, maar de regeling werd ongrondwettig verklaard door een unanieme beslissing van het Hooggerechtshof. In 1935 zat het Hof nog niet vol met "liberale" (d.w.z. socialistische) rechters. Roosevelt haastte zich deze "onevenwichtigheid" te herstellen. We kunnen gerust stellen dat het Hooggerechtshof van de jaren twintig en dertig de Verenigde Staten echt heeft gered van de wurggreep van de Fabiaanse socialisten, die zich op alle niveaus van de overheid, het bankwezen, de industrie en het Congres hadden gestort met als doel het land letterlijk te overspoelen.

Socialisten, in hun poging om de Grondwet te omzeilen met zogenaamde "wetten" zoals de ongrondwettelijke Brady Bill, weten niet dat de Grondwet van de Verenigde Staten "het perfecte evenwicht of de balans van het gewoonterecht" is. De manier waarop de Grondwet is geschreven, is dat alle bepalingen ervan elkaar in het midden ontmoeten om elkaar te neutraliseren, en daarom zijn de wetsvoorstellen die de socialisten proberen aan te nemen in de veronderstelling dat zij de Grondwet kunnen verdelen, nietig. De Grondwet moet als een geheel worden gelezen, zij kan niet worden geïsoleerd en verdeeld om tegemoet te komen aan de bizarre aspiraties van mannen als president Clinton. Dat is waar Ramsey McDonald tegenaan liep, en dat is wat professor Laski tot het uiterste frustreerde.

De Fabian Society in Londen en haar Amerikaanse tegenhanger stonden er niet om bekend hindernissen in de weg te laten staan. Om de grondwettelijke waarborgen te omzeilen, had de Amerikaanse Fabian League het idee om al hun voorstellen die tegen de grondwet ingingen aan een referendum te onderwerpen. Met hun aanzienlijke middelen, en met bijna de hele stipendiaire pers in hun zak, waren de Fabians er natuurlijk zeker van dat ze de publieke opinie in hun voordeel konden beïnvloeden. Kijk maar naar wat ze deden toen ze de volstrekt illegale Golfoorlog van George Bush steunden.

Als men zich bewust is van de ware aard van het socialisme en zijn doelstellingen, is het gemakkelijker te begrijpen waarom de bolsjewistische revolutie werd gekocht en betaald door de City of London en Wall Street bankiers, gesteund door regeringsmaatregelen die de bolsjewieken altijd leken te helpen. De bolsjewistische revolutie, die Gorbatsjov zo dierbaar is, was geen inheemse revolutie van het Russische volk. Het was eerder een buitenlandse ideologie, opgelegd aan de Russische natie ten koste van miljoenen levens. Het Russische volk wilde of verlangde het bolsjewisme niet; het had er niets over te zeggen en was niet in staat zich te verdedigen tegen deze monsterlijke politieke, sociale en religieuze macht die hun land binnenviel.

Hetzelfde geldt voor het socialisme, dat mensen dwingt bewust ontworpen, ingrijpende veranderingen te accepteren die zij niet willen en die tegen hun wil worden doorgevoerd. Neem het voorbeeld van het Panamakanaalverdrag. Het enige verschil tussen bolsjewisme en socialisme is dat de bolsjewist brute kracht en terreur gebruikt, terwijl de socialist langzaam en heimelijk te werk gaat, waarbij het beoogde slachtoffer nooit weet wie de vijand is of wat het eindresultaat zal zijn.

In "Wereldrevolutie" vinden we de ware doelstellingen van de communisten en hun socialistische tweelingbroer:

> "Het doel van de wereldrevolutie is niet de vernietiging van de beschaving in materiële zin: de door de leiders gewenste revolutie is een morele en geestelijke revolutie en een anarchie van ideeën waardoor alle in negentien eeuwen gevestigde normen omver worden geworpen, alle geëerde tradities met voeten worden getreden en vooral het christelijk ideaal definitief wordt uitgewist."

Een studie van Franklin Roosevelt's boek "On Our Way" komt tot vrijwel dezelfde conclusies.

Emma Goldman, een van de heldere sterren van de socialisten, organiseerde de moord op president McKinley. Dit was de "directe" methode die het communisme voorstond, maar in de laatste twee decennia hebben we het soort socialistische anarchie gezien dat zijn toevlucht neemt tot laster, achterklap, verraad, smaad en kleinering van individuele leden van het Huis, de Senaat en het Presidentschap, die probeerden de afschuwelijke Senator Joseph McCarthy, Senator Huey Long, Vice President Agnew - de lijst gaat maar door, maar deze namen zouden genoeg moeten zijn om het punt duidelijk te maken.

De "adel" van de Fabiaanse socialisten is verre van waar. Zij willen de controle over het onderwijs en de uitgeverij overnemen met als enige doel de mensen van gedachten te doen veranderen door de premissen waarop meningen worden gebaseerd, individueel en massaal, valselijk te veranderen. Een kleine groep Fabiaanse socialisten trachtte dit doel te bereiken door stilletjes en heimelijk te werk te gaan, om het publiek dat zij wilden veroveren niet op hun ware doel te attenderen. Men kan met enige nauwkeurigheid zeggen dat deze kleine groep vandaag, in 1994, een lange weg heeft afgelegd en vrijwel het lot van de Engelstalige wereld beheerst.

De bolsjewistische revolutie zou nooit tot stand zijn gekomen zonder de volledige steun en financiële middelen van de leidende socialisten in Groot-Brittannië en de Verenigde Staten. De opkomst van het bolsjewisme, en hoe het werd gefinancierd door Lord Alfred Milner en de Wall Street banken, dagelijks gecontroleerd door Milner's afgezanten Bruce Lockhart en Sydney Reilly van de Britse geheime dienst MI6, zijn gedetailleerd beschreven in "Diplomatie door bedrog".[5]

In de Verenigde Staten hangen socialisten andere borden voor hun politieke ramen. Niemand noemt zichzelf ooit socialist, althans niet in het openbaar. Ze dragen geen insignes en laten zich registreren als "liberalen", "progressieven" en "gematigden". Op macht beluste bewegingen worden vermomd in termen van "vrede" en "humanisme". In dit opzicht zijn de Amerikaanse socialisten niet minder sluw dan hun Britse controleurs. Zij hebben de houding van de Britse Fabiaanse socialisten ten opzichte van het nationalisme overgenomen en verklaren het irrelevant en essentieel voor het bereiken van wat zij "sociale gelijkheid" noemen, d.w.z. het socialisme. Amerikaanse socialisten hebben zich aangesloten bij hun Britse neven door te verklaren dat de beste manier om het nationalisme af te breken en de zaak van het socialisme te bevorderen een programma van progressieve inkomstenbelasting is.

Fabiaanse socialisten zijn te herkennen aan de mensen met wie zij omgaan en de programma's die zij steunen. Deze vuistregel is zeer nuttig om zijn geheime mannen en vrouwen te onderscheiden. In de Verenigde Staten werken zij in een langzamer tempo dan hun Britse tegenhangers en laten nooit zien in welke richting zij zich bewegen. Een van hun eigen, Arthur J. Schlesinger Jr, die een Pulitzer Prize won voor zijn socialistisch leiderschap, schreef:

> "Er lijkt geen inherente belemmering te zijn voor de GRADUELE (nadruk toegevoegd) invoering van het socialisme

---

[5] Zie *Diplomacy by Deceit - An Account of the Treachery of the Governments of England and the United States*, John Coleman, Omnia Veritas Ltd, www.omnia-veritas.com.

in de Verenigde Staten door middel van een reeks "nieuwe overeenkomsten", wat een proces is van achteruitgang naar het socialisme." (*Partisan Review* 1947)

Wij moeten ons ervan bewust zijn dat de traditionele vrijheden die wij als vanzelfsprekend beschouwen ernstig worden bedreigd door het socialisme, dat op geleidelijke wijze diepgaande en schadelijke veranderingen teweegbrengt. Ondertussen worden we, door hun controle over de boekenindustrie, het uitgeven in het algemeen en de pers, onderworpen aan een voortdurend proces van conditionering door "psychopolitiek" om deze socialistisch opgelegde veranderingen als onvermijdelijk te accepteren. De dodelijke en destructieve socialistische programma's die aan de VS zijn opgelegd, te beginnen met het presidentschap van Wilson, hebben altijd heilzaam en nuttig geleken, terwijl ze in werkelijkheid destructief en verdeeld waren.

Het socialisme kan terecht worden omschreven als een gevaarlijke samenzwering, gehuld in een mantel van hervormingen. Bijna zonder uitzondering werden en worden hun programma's omschreven als "hervormingen". Socialisten hebben het onderwijs "hervormd" en "hervormen" de gezondheidszorg. Ze "hervormden" het banksysteem, en die "hervorming" gaf ons de Federal Reserve banken. Ze "hervormden" de handelswetten en schaften de beschermende tarieven af, die het land tot 1913 grotendeels van inkomsten voorzagen.

In het onderwijs proberen de Fabiaanse socialisten een "middelmatige meerderheid" te creëren die de schijn, maar niet de inhoud van onderwijs heeft.

Fabiaanse socialisten voerden een geheime oorlog om de controle over het onderwijs, die begon in de jaren twintig en triomfeerde in 1980 met de invoering van het Ministerie van Onderwijs, dat door president Carter werd ondertekend. Deze grote overwinning voor het socialisme garandeerde, dat vanaf dat moment alleen middelmatige leerlingen zouden afstuderen van de middelbare school. Dit was de som en inhoud van de socialistische onderwijs-"hervorming". In het buitenland heerst de misvatting dat we tegenwoordig slimmer zijn dan onze voorouders. Maar als we kijken naar het schoolprogramma in 1857, zien we dat dit idee absoluut onjuist is. De vakken waarin middelbare scholieren voldoende vaardig moesten zijn om af te studeren waren onder andere:

"Thompson's arithmetic" "Robinson's algebra" "Davie's geometry" "Comstock's philosophy" "Willard's history" "Cutter's physiology" "Brown's grammar" "Mitchell's geography" "Sander's series".

Als je kijkt naar het collegeprogramma aan het eind van de jaren 1880, zul je versteld staan van de complexiteit en het aantal vakken dat wordt onderwezen. In die tijd studeerden studenten geschiedenis en wisten ze alles over Napoleon en Alexander de Grote. Er waren geen raadsels, oftewel meerkeuzevragen. Leerlingen konden de vragen in hun examenpapieren beantwoorden of niet. Als ze dat niet deden, zakten ze voor het examen en moesten ze op school blijven om verder te leren.

Er waren geen keuzevakken om om te gaan met wat je niet wist. Tegenwoordig volgt het ene keuzevak op het andere, waardoor leerlingen ongeschoold en onvoorbereid op de buitenwereld achterblijven. Middelmatigheid is het resultaat, en dit is het doel van de onderwijs-"hervormingen" van het Fabiaans socialisme, om een natie voort te brengen met een middelmatig onderwijsniveau.

De grote socialistische misstap die het onderwijs in de Verenigde Staten ten val bracht kwam met de zaak van het Amerikaanse Hooggerechtshof, "Brown v. School Board, Topeka, Kansas". In deze zaak zorgden de socialisten ervoor dat de onderwijsnormen net boven de laagste gemene deler werden vastgesteld, iets boven de meest achterlijke elementen van de klas. Dit was het niveau waarop alle kinderen voortaan onderwezen moesten worden. Natuurlijk werden de intelligentste leerlingen op het middelmatige niveau gehouden.

Het onderwijs in de Verenigde Staten is zo sterk achteruitgegaan, dat zelfs degenen die wij denken te kiezen om ons te dienen in het Congres, de taal van de Amerikaanse grondwet niet begrijpen en dat met name onze senatoren elk jaar onbekwamer worden over de grondwet.

Laten we terugkeren naar de bolsjewistische revolutie. De Engelse socialistische leiders wekten de valse indruk dat het een "socialistische" revolutie was, bedoeld om het lot van het Russische volk te verbeteren en een einde te maken aan de tirannie van de Romanovs. In feite waren de Romanovs de meest welwillende vorsten in Europa, met oprechte liefde en zorg voor hun volk. Misleiding is het kenmerk van het socialisme. Zijn motto. "Haast je langzaam" is misleidend, want het socialisme is niet langzaam en het is geen vriend van de arbeiders. Het socialisme is een communisme dat voorzichtiger te werk gaat, maar de doelen zijn hetzelfde, hoewel de middelen in sommige gevallen verschillen. Het gemeenschappelijke doel van communisme en socialisme is om het echte kapitalistische systeem van vrij ondernemerschap te liquideren en te vervangen door een sterke centrale overheid die alle aspecten van de productie en distributie van goederen en diensten controleert. Iedereen die hen in de weg staat wordt onmiddellijk bestempeld als "reactionair", een "rechtsextremist", een "McCarthy-reactionair", een "fascist", een "religieuze extremist", enzovoort. Als je deze woorden hoort, weet je dat de spreker een socialist is.

Communisme en socialisme delen het doel om een federale regering in te stellen, één enkele wereldregering, of, zoals het meer bekend is, de "Nieuwe Wereld Orde". Lees wat hun leiders te zeggen hadden:

"Ik ben ervan overtuigd dat het socialisme juist is. Ik ben een aanhanger van het socialisme.... Wij gaan de Sovjetmacht natuurlijk niet veranderen of haar fundamentele beginselen opgeven, maar wij erkennen de noodzaak van veranderingen die het socialisme zullen versterken" - Michail Gorbatsjov.

"Het uiteindelijke doel van de Council on Foreign Relations (CFR) is het creëren van één wereldsocialistisch systeem en de Verenigde Staten daar officieel deel van te laten uitmaken." - Senator Dan Smoot, *The Unseen Hand.*

"Het Amerikaanse volk zal nooit bewust het socialisme aanvaarden, maar onder de naam liberalisme zullen zij elk fragment van het socialistische programma overnemen, totdat Amerika op een dag een socialistische natie zal zijn zonder te weten hoe het gebeurde....". De Verenigde Staten maken onder Eisenhower meer vooruitgang in de richting van socialisme dan onder president Franklin D. Roosevelt. - Norman Thomas. *Twee werelden.*

Om het hele plan en doel van Florence Kelley's "Legislative Action" van de Amerikaanse socialisten te begrijpen, moet men eerst zorgvuldig de beginselverklaring van de Fabiaanse socialisten en het internationale socialisme lezen:

> "Haar doel is om een meerderheid te krijgen in het Congres en in elke deelstaatwetgever, om de belangrijkste uitvoerende en gerechtelijke functies te veroveren, om de dominante partij te worden en om, eenmaal aan de macht, industrieën over te dragen aan het volk, te beginnen met die van openbare aard, zoals het bankwezen, verzekeringen, enz.

In de Verenigde Staten is de overgrote meerderheid van de socialisten te vinden in de Democratische Partij, met enkele "progressieven" in de Republikeinse Partij. In die zin is het Fabiaanse socialisme een politieke partij, zij het door overname, zoals in Engeland het geval was met de overname van de Labour Party. Men zal zich herinneren dat Kelley de drijvende kracht was achter de "Brandeis Briefs", zeer destructieve psycho-juridische vervalsingen die de manier waarop het Hooggerechtshof beslissingen neemt hebben veranderd. Kelley was een goede vriendin van de lesbische socialiste Eleanor Roosevelt (De Brandeis Briefs methode heeft ons rechtssysteem volledig gesaboteerd en is het zoveelste voorbeeld van ongewenste en ongewenste veranderingen van socialistische oorsprong die aan het volk van de Verenigde Staten worden opgelegd).

Op pagina's 9962-9977, Congressional Record, Senaat, 31 mei 1924, vinden we de doelstellingen van de socialisten en communisten nog duidelijker uitgelegd:

> "Kortom, Amerikaanse communisten geven zelf toe dat het onmogelijk is revolutie in dit land te bevorderen, tenzij de rechten van de staten worden vernietigd, en een gecentraliseerde bureaucratie, onder een kaste van vastgeroeste bureaucraten zoals in Europa, voor communisten (en socialisten) de basisvoorwaarden voor revolutie zijn."

Hoewel dit gericht is op de doelstellingen van de communisten, mogen we niet vergeten dat dit ook het doel is van de socialisten, die alleen verschillen in methode en mate.

Ik zou daaraan willen toevoegen dat de socialistische agenda in de Verenigde Staten onder de presidenten Johnson, Carter, Bush en Clinton in een hogere versnelling is geraakt. Clinton hield het maar één termijn vol, maar hij deed meer om de socialistische plannen kracht bij te zetten en richtte meer schade aan dan Roosevelt, Eisenhower of Johnson.

Het is duidelijk voor degenen die de waarheid zoeken dat het communisme niet dood is. Het neemt slechts een tijdelijke adempauze en wacht momenteel in de coulissen op de inhaalslag van het socialisme. Wat we nu hebben is wat Karl Marx "wetenschappelijk socialisme" noemde. Het is ook "psychopolitiek" genoemd door professor Harold Laski. President Kennedy heeft het "wetenschappelijk socialisme" omarmd - zijn "New Frontier" programma is rechtstreeks ontleend aan het plan van de Britse Fabian Society, "New Frontiers", van Henry Wallace (New York, Reynal and Hitchcock 1934).

Psychopolitiek" werd samengevat door Charles Morgan in zijn boek "Liberties of the Mind".

> "We zijn allemaal geconditioneerd om beperkingen van onze vrijheid te accepteren... Ik vrees dat onbewust, zelfs als we bereid zijn deze nieuwe besmetting te accepteren... Er is geen immuniteit bij de grote massa van ons volk en geen besef van het gevaar... Men kan vele manieren bedenken waarop de bevolking als geheel wordt geconditioneerd of voorbereid op deze mentale verandering, dit verlies van individualiteit en identiteit."

Het zou moeilijk zijn om een duidelijkere verklaring te vinden voor de vernietiging van het socialisme van binnenuit.

Socialisten hebben psychopolitiek bedreven op de mensen van Engeland en de Verenigde Staten sinds de publicatie van het Communistisch Manifest in 1848. Daarom debatteren onze senatoren in 1994 over de voordelen van het ene "nationale gezondheidsplan" in plaats van het andere, in plaats van het idee categorisch te verwerpen als socialistische uitvlucht. Het was Lenin die zei dat een nationaal gezondheidsplan de boog van het socialisme is. Op dezelfde manier debatteerde de Senaat over de verdiensten van de zogenaamde Brady Bill, in plaats van het zonder meer te verwerpen als een socialistische uitvlucht om de Amerikaanse grondwet te omzeilen. Over dit onderwerp alleen al zou een heel boek geschreven kunnen worden.

Er waren 36 Fabian Socialists in de Kennedy administratie. Twee waren kabinetsleden, drie waren Witte Huis assistenten, twee waren onder-secretarissen en één was adjunct-staatssecretaris. De rest bekleedde belangrijke politieke posities. Dit is waarom zo veel van de beleidsbeslissingen van het Kennedy tijdperk ingingen tegen de beste belangen van de Verenigde Staten en haar bevolking en vreemd genoeg in strijd leken met waar Kennedy beweerde voor te staan.

Sinds de dood van Kennedy heeft het socialisme diep wortel geschoten in de Verenigde Staten, altijd bewaterd en gevoed door degenen die "liberalen" en "gematigden" worden genoemd en die met grote doses "tolerantie" worden behandeld. Kolonel Mandel House en Sir William Wiseman, directeur van het Noord-Amerikaanse bureau van de Britse geheime dienst, "begeleidden" president Wilson, die de eerste openlijk socialistische Amerikaanse president werd die in het Oval Office zetelde.

Het Fabiaanse socialisme heeft zes Amerikaanse presidenten gedomineerd, te beginnen met Woodrow Wilson. De doelstellingen van de socialisten varieerden nooit, met name in wat zij omschreven als "de te overwinnen moeilijkheden", en die waren, en zijn in sommige gevallen nog steeds, aanwezig:

1. Religie, in het bijzonder de christelijke religie.

2. De nationale trots van nationale staten.

3. Patriottisme.

4. De grondwet van de Verenigde Staten en de grondwetten van de staten.

5. Tegen progressieve inkomstenbelasting.

6. Het afbreken van handelsbarrières.

Deze doelstellingen zijn beschreven in hun masterplan, de "Amerikaanse Fabiaanse technieken", gebaseerd op obscurantisme.

De Fabiaanse socialistische beweging was alleen geïnteresseerd in het rekruteren van de elite van de Britse samenleving, mannen als Clement Atlee, Sir Stafford Cripps, Herbert Morrison, Emmanuel Shinwell, Ernest Bevin, Lord Grey, Lord Asquith en Ramsey McDonald, die Engeland vanuit het parlement hun wil oplegden. Hoewel deze namen misschien vreemd zijn voor Amerikaanse lezers, speelden deze mannen een vitale rol in de richting die de Verenigde Staten zouden inslaan, en als zodanig verdienen zij vermelding.

Een interessant aspect van de Fabian Society is dat haar comité bepaalde dat niet meer dan 5% van de bevolking waardig was om goede socialistische leiders te worden. Sommige Britse Fabiaanse socialisten waren instrumenteel in het veranderen van de koers en de richting van de Verenigde Staten en we zullen op dit aspect terugkomen. De Fabiaanse socialist MacDonald, die later premier van Engeland werd, werd in 1893 naar de Verenigde Staten gestuurd om als spion te werken. Bij zijn terugkeer, op 14 januari 1898, vertelde MacDonald de leden van zijn commissie:

"Het grote obstakel voor socialistische vooruitgang in de Verenigde Staten is de geschreven grondwet, federaal en staats, die de ultieme macht geeft aan een rechtbank."

MacDonald zei ook dat er ijverig gewerkt moest worden aan de uitvoering van de richtlijn van Edward Bellamy, een Amerikaanse Fabiaanse socialist. De meesten van ons kennen hem als de auteur van het boek "Uncle Tom's Cabin", geschreven door zijn mentor, kolonel Thomas Wentworth, een beruchte abolitionist en een fervent Fabiaans socialist.

Bellamy was een ware gelovige en aanhanger van de Britse Fabian Society en een van de eerste leden van het Amerikaanse hoofdstuk van de Fabian Society. In februari 1895 schreef Bellamy in de "American Fabian", drie jaar voordat MacDonald zijn enquêteverslag over zijn rondreis door de Verenigde Staten indiende:

"... onze grotendeels individualistische Grondwet moet worden veranderd om het socialisme toe te laten, en elke verandering vereist een politieke crisis. Dat betekent dat er grote vragen moeten worden gesteld."

Stelde Wilson geen "grote vragen" en deden Roosevelt, Truman, Eisenhower, Kennedy, Johnson en Bush niet hetzelfde en is het niet opmerkelijk dat Clinton "grote vragen" blijft stellen? Dit is de methode van het socialisme: "grote kwesties" zoals de zogenaamde "hervorming van de gezondheidszorg" aan de orde stellen en achter de stofwolken die de kwestie oproept, het vuile, achterbakse werk doen om de Amerikaanse grondwet te ondermijnen.

Hierin ligt de fundamentele verklaring voor de beleidsacties van de presidenten Wilson, Roosevelt, Truman, Eisenhower, Kennedy, Johnson, Bush en Clinton.

De voorstellen van MacDonald volgden het model van Bellamy op de voet. MacDonald benadrukte dat de noodzaak om de grondwet van de Verenigde Staten te wijzigen bij uitstek aanwezig moest zijn in het denken van de Fabiaanse socialist. Wij benadrukken nogmaals dat het Fabiaanse socialisme enigszins afweek van het Europese socialisme, met name omdat het beweerde geen partijgebondenheid te hebben. Dit zou waar zijn als we het feit zouden negeren dat het door "penetratie en bevruchting" de Britse Labour en Liberale partijen heeft overgenomen en nu de Democratische Partij in de Verenigde Staten.

MacDonald wees erop dat de grondbeginselen van de Amerikaanse grondwet gebaseerd zijn op de rechten die door het Vijfde Amendement worden gewaarborgd, met name het recht op eigendom, een uitvloeisel van de natuurwet van Isaac Newton. Bijgevolg, aldus MacDonald, zou een wijziging van de grondwet indirect, in het grootste geheim en over een periode van meerdere jaren moeten gebeuren. Hij wees er ook op dat de scheiding der machten tussen de drie departementen van de regering een obstakel vormde voor de penetratie- en penetratietactiek van de socialisten.

MacDonalds woorden waren een echo van wat Bellamy in februari 1895 had voorgesteld. Bellamy was tenminste meer constitutioneel onderlegd dan de overgrote meerderheid van de rechters en politici van onze tijd. Hij gaf grif toe dat de Amerikaanse grondwet niet flexibel was. Dit onderstreept de onwetendheid van rechter Ruth Ginsberg, onlangs door de socialistische president Clinton benoemd tot lid van het Hooggerechtshof, die tijdens een hoorzitting van de Senaatssubcommissie voor Justitie vertelde dat de Grondwet "flexibel" is, terwijl zij onveranderlijk is.

De grote visie van het Fabiaanse socialisme in de jaren 1890 was om de Amerikaanse grondwet te "herzien", d.w.z. te "hervormen". Hoewel het er oppervlakkig gezien op leek dat een dergelijke taak buiten haar bereik lag, werd het vermogen van de Fabians om in stilte en in het geheim te werken helaas onderschat en over het hoofd gezien. Het doet me denken aan het populaire liedje van Frank Sinatra over ambitieuze mieren en een rubberboom. De mieren hadden geen kans om de boom in één keer om te halen, maar desondanks volbrachten zij het onmogelijke door blad voor blad om te halen, totdat de rubberboom was gesloopt. Ik denk dat dit een goede analogie is voor de manier waarop het Fabiaanse socialisme sinds 1895 bezig is (een taak die nog steeds voortduurt) om de Amerikaanse grondwet stukje bij beetje af te breken.

Bellamy en MacDonald kunnen worden omschreven als "visionairs", maar het waren Fabiaanse socialistische visionairs met specifieke ideeën over hoe te slagen. De methoden die door "The American Socialist" worden beschreven, omvatten de oprichting van een socialistische elite in de Verenigde Staten, en vervolgens leerde de elite hoe zij elke lokale, nationale en staatscrisis kon uitbuiten voor de geheime doeleinden van het socialisme en steun kon verwerven voor deze ideeën door goed georganiseerde penetratie van de pers. De kristallisatie van het Amerikaanse Fabiaanse socialisme begon serieus in 1905.

"The American Socialist" riep ook op tot de vorming van een kader van Fabiaanse socialistische professoren die in de komende jaren zouden optreden als adviseurs van een reeks presidenten en hen zouden sturen in de richting van het grote project om de Verenigde Staten te socialiseren. Deze extreem-linkse professoren van Marx en Lenin kwamen voornamelijk uit de gelederen van de Harvard Law School. Het "onderwijswerk" werd verricht door de elite van de Harvard Socialist Club, die, als je het vergelijkt met de Britse Fabian Society - een van de weinige keren dat zij het lef hadden hun socialistische kragen te tonen - een nauwe overeenkomst laat zien.

Onder de stichtende leden van de Harvard Socialist Club was Walter Lippmann, een van degenen die door MacDonald en Bellamy waren uitgekozen om een elitekader van socialisten in de Verenigde Staten op te richten. Lippmann drong jarenlang door in de zakenwereld.

Lippmanns rol in het sturen van dit land naar het Fabiaanse socialisme zal een andere keer worden onderzocht. Zoals we zullen zien, waren de socialisten in de binnenste kringen van de macht een vijand die meer te vrezen viel dan het communisme, hoewel het Amerikaanse publiek dat nooit zo mocht zien. Zoals ik in het verleden zo vaak heb gezegd: "de vijand in Washington is meer te vrezen dan de vijand in Moskou".

De gemiddelde Amerikaan, toen hij hoorde van het socialisme onder zijn eigen label, was afkerig. In de jaren 1890 was de Amerikaanse Fabian Society een prille organisatie die begeleiding nodig had, vooral in de techniek van het langzaam gaan en het verdoezelen van haar doelstellingen. Dus als het socialisme ter sprake kwam, riep dat visioenen op van bizarre seksuele praktijken - die socialisten tegenwoordig cultureel aanvaardbaar proberen te maken - en hoe de welvaart voor iedereen betaalbaar te maken. Dus werd hij niet serieus genomen, behalve door een handjevol academici die hem als een groter gevaar zagen dan het bolsjewisme, althans voor Amerika.

En toen Engels, het toonbeeld van bedrieglijke socialistische en marxistische praktijken, in 1886 de Verenigde Staten bezocht, werd een fout gemaakt bij het promoten van zijn venijnige boek "The Origin of the Family", dat later de bijbel werd van abortusisten, homoseksuelen en de zogenaamde "women's lib" beweging van Molly Yard, Patricia Schroeder, Eleanor Smeal. Er zijn aanwijzingen dat het doel van Engels' bezoek was om de basis te leggen voor de nieuwe Amerikaanse Fabian Socialist Club.

Ook toen Eleanor Marx - de dochter van Karl Marx, bekend als de minnares van George Bernard Shaw - door de Verenigde Staten toerde met een andere minnaar, ditmaal Edward Aveling, was de publieke reactie uiterst ongelukkig. De verontwaardiging over de "vrije liefde" verraste de Europese socialisten, omdat ze geen idee hadden hoe diep de christelijke waarden destijds in de Amerikaanse samenleving geworteld waren. Zij hadden zich misrekend door "vrije liefde" (de basis van abortus, d.w.z. vrije liefde zonder verantwoordelijkheid) te omhelzen en hun aanvallen op de gezinswaarden lokten alleen maar boze reacties uit.

Dit leerde de Amerikaanse socialisten een waardevolle les: "Meer haast" was een verliezende filosofie. Het was noodzakelijk om "langzaam haast te maken". Maar socialisten gaven nooit op, verloren nooit hun doel uit het oog, en het resultaat is dat vandaag de dag het kwaad van het socialisme Amerika aan alle kanten beheerst, en aan kracht wint, cultureel, religieus en sociaal, op een manier die ze nooit deden toen Engels, Eleanor Marx en Edward Aveling hun deugden aanprezen. De lezers zullen wel weten dat Aveling de officiële vertaler was van Das Kapital, het bekendste werk van Marx.

Om de kritiek op het socialisme af te wenden besloot de Britse Fabian Society een groep op te richten in de Verenigde Staten, bekend als de American Economic Association, die op 9 september 1885 bijeenkwam. Alleen de elite van ambitieuze Amerikaanse socialisten werd uitgenodigd.

(Het was naar aanleiding van deze bijeenkomst dat de Britse socialisten van de Fabian Society besloten dat Mac Donald naar de Verenigde Staten moest gaan om uit te zoeken welke problemen het socialisme in de weg stonden en hoe deze konden worden opgelost).

Op 9 september 1885 trok de American Economic Association alle vooraanstaande socialistische leiders en socialisten in spe naar Saratoga, New York. Veel van de "voorname gasten", zoals de New Yorkse kranten hen beschreven, waren vooraanstaande socialistische professoren, waaronder Woodrow Wilson, die de eerste openlijk socialistische president van de Verenigde Staten zou worden.

Andere deelnemers waren de professoren Ely, H. R. Adams, John R. Commons en E. James, Dr. E. R. Seligman van Columbia, Dr. Albert Shaw en E. W. Bemis, die later de belangrijkste discipelen van het socialisme in Amerika werden. Geen van hen was bekend buiten hun nauwe academische kringen, en het socialisme werd niet gezien als een ernstige bedreiging voor de Amerikaanse manier van leven. Het was een fout die in de toekomst steeds opnieuw gemaakt zou worden, een fout die vandaag de dag nog steeds wordt herhaald. Uit dit kleine begin groeide de eik van het socialisme in de Verenigde Staten, waarvan de uitdijende takken vandaag de dag de Confederale Republiek van de Verenigde Staten bedreigen. Wilson, toen op Bryn Mawr College, ging in 1902 het socialisme onderwijzen aan de Philadelphia University Extension, vermomd als politicologie.

Daar verdiepte hij zich met andere vooraanstaande socialisten in het bevorderen van socialistische ideeën in het onderwijs. Op de lijst van socialistische leraren staan de Britse Fabian Society-leden Sydney Webb, R.W. Alden en Edward R. Pease; Ely en Adams, twee van zijn Amerikaanse medewerkers hebben we al genoemd. Andere prominente Amerikaanse socialisten die Wilson met hun socialistische ideeën voedden, waren Morris Hilquitt en Upton

Sinclair. Hun contacten met Britse Fabiaanse socialisten strekten zich uit tot bijeenkomsten in Oxford tussen 1805 en 1901.

Dr. Seligman van de Columbia Universiteit sponsorde de bijeenkomsten en wordt de vooruitziende blik toegedicht om Wilson het presidentschap te bezorgen. De gelijkenis tussen de opkomst van Wilson en die van Clinton is opmerkelijk: beiden waren van socialistische gezindheid, beiden waren omringd door een groot aantal socialistische intellectuelen en beiden waren onuitwisbaar doordrenkt van socialistische idealen door hun contact met de Universiteit van Oxford.

Wilson was sterk beïnvloed door Fabiaanse socialistische publicaties zoals "The New Freedom". Bovendien was hij de eerste Amerikaanse president die universiteitsprofessoren als adviseurs accepteerde - een radicale breuk met vroegere tradities en een puur socialistische strategie - een methodologie die bedoeld was om het Amerikaanse volk ongewenste en onaanvaardbare veranderingen op te leggen. De achterliggende gedachte was dat niemand academici zou verdenken van snode bedoelingen.

Albert Shaw, die Wilson verkozen kreeg door de stemmen te splitsen, en Theodore Roosevelt op een onafhankelijk ticket, de Bull Moose Party. Zoals Dr Seymour destijds zei: "Roosevelts afvalligheid bracht Wilson in het Witte Huis". De uitvlucht was dat House Roosevelt zou "aanklagen" als "een wilde radicaal", en het werkte. Wilson werd president van de Verenigde Staten en zijn vriend Albert Shaw werd als beloning benoemd in het Labour Committee toen Wilson het Witte Huis betrad.

Hoewel dit zorgvuldig voor het publiek verborgen werd gehouden, kozen de Britse Fabian Socialists Wilson, vanwege zijn neiging tot belangstelling voor socialistische vraagstukken, en op aanbeveling van House, wiens zwager, Dr. Sydney Mezes, reeds lang lid was van de Britse Fabian Society en president van het City College van New York. Mezes speelde een leidende rol in de socialistische planning voor en na de Eerste Wereldoorlog.

Daarbij kwam dat een groot percentage van de leden van de Fabian Society marxisten waren; een van de meest opvallende van de Londense Fabian Society was professor Harold Laski, die tot zijn dood in 1952 een zeer ontwrichtende rol speelde in de socialisatie van de Verenigde Staten. Het staat buiten kijf dat Bernard Baruch, die Wilson's absolute controleur werd tijdens zijn jaren in het Witte Huis, ook een marxist was.

Het hele programma van Woodrow Wilson's presidentschap werd opgesteld door socialistische adviseurs, zowel hier als in Groot-Brittannië. Een van Wilson's eerste socialistische inspanningen was het federaliseren van bevoegdheden die verboden waren voor de federale regering en voorbehouden waren aan de afzonderlijke staten. Daartoe behoorden de politiebevoegdheden over gezondheid, onderwijs, arbeid en politiebescherming die aan de staten werden gegarandeerd door het 10e Amendement van de Amerikaanse Grondwet.

Later zou professor Harold Laski sterke druk uitoefenen op president Roosevelt om de scheiding der machten tussen de wetgevende, uitvoerende en rechterlijke macht te doorbreken en te vernietigen. Dit was de sleutel tot de achterdeur om de Grondwet te doorbreken en "van nul en gener waarde" te maken. Een van de hoofdpunten van Wilsons programma was de vernietiging van de tarieven, die de Verenigde Staten tot 1913 voldoende inkomsten hadden opgeleverd om de rekeningen van het land te betalen en nog steeds een overschot te hebben. De verborgen agenda was om deze bron van inkomsten te vernietigen en te vervangen door een Marxistisch geïnspireerde progressieve inkomstenbelasting. Los van elk ander resultaat was de marxistische progressieve inkomstenbelasting bedoeld om de middenklasse voor altijd te belasten. Er zij aan herinnerd dat volgens Ramsey MacDonald het verzet tegen de progressieve inkomstenbelasting een van de grootste obstakels was die moesten worden overwonnen. Dankzij president Wilson kon de Britse Fabian Society deze zware last opleggen aan het Amerikaanse volk, waarmee een van haar meest gekoesterde ambities in vervulling ging.

Het moet worden gezegd, en luid en duidelijk: het communisme, hoewel het er de aanzet toe gaf, heeft in de Verenigde Staten geen progressieve inkomstenbelasting ingevoerd. Dat was alleen het werk van de Britse Fabian Society. De afgelopen 76 jaar is het Amerikaanse volk voor de gek gehouden door te geloven dat het communisme het grootste gevaar was voor een vrije wereld. Wij hopen dat de bladzijden van dit boek voldoende bewijs zullen bevatten om aan te tonen dat het gevaar van het socialisme alles overtreft wat men tot nu toe van het communisme heeft gezien. Socialisme heeft duizend keer meer verwoesting aangericht in de Verenigde Staten dan communisme ooit heeft gedaan.

De progressieve inkomstenbelasting, die tweemaal door het Amerikaanse Hooggerechtshof ongrondwettig werd verklaard, werd aan Wilson voorgesteld door de Britse Fabian Society en werd, aangemoedigd door Amerikaanse Fabian socialisten, uiteindelijk aangenomen in 1916, net op tijd om de Eerste Wereldoorlog af te betalen. Terwijl de aandacht van het Amerikaanse volk was gericht op de gebeurtenissen in Europa, werd het zestiende amendement door het Congres geglipt, geholpen en bijgestaan door een hele kudde socialistische wetgevers.

Het Zestiende Amendement werd nooit door alle staten geratificeerd, dus bleef het buiten de Grondwet, maar dat weerhield de socialistische aanhangers ervan niet om te doen wat ze wilden. Wilson probeerde democratie gelijk te stellen aan de Democratische Partij, terwijl zo'n partij eigenlijk niet bestaat. De juiste titel zou de Democratische Partij moeten zijn. We kunnen geen "Democratische Partij" hebben in een Confederale Republiek of een Constitutionele Republiek.

Wilsons boek "The New Freedom" (eigenlijk geschreven door de socialist William B. Hayle) hekelde het kapitalisme. "Het is in strijd met de gewone man", zei Wilson. In een tijd waarin de Verenigde Staten een ongekende welvaart en industriële vooruitgang kenden, beschreef Wilson de economie als "stagnant" en stelde hij een revolutie voor om de zaken weer in beweging te krijgen. Inderdaad een vreemde redenering - als we vergeten dat Wilson hard-line socialisme predikte:

> "Wij zijn in de aanwezigheid van een revolutie - geen bloedige revolutie, Amerika is niet gemaakt om bloed te vergieten - maar een stille revolutie, waardoor Amerika zal aandringen op het in praktijk brengen van de idealen die het altijd heeft beleden, om te zorgen voor een regering die gewijd is aan het algemeen belang en niet aan bijzondere belangen."

Het belangrijkste dat uit de toespraak werd weggelaten, was dat het een SOCIALISTISCHE REVOLUTIE zou zijn, een sluipende revolutie zonder grenzen aan haar bedrog, gebaseerd op Fabiaanse Britse socialistische idealen en beginselen.

Wilson deed toen een profetische voorspelling - althans, ogenschijnlijk profetisch, behalve dat hij bij nader inzien slechts het socialistische programma voor de Verenigde Staten uiteenzette:

> "... Wij staan aan het begin van een tijdperk waarin het systematische leven van het land in alle opzichten zal worden ondersteund, of althans aangevuld, door overheidsactiviteit. En we moeten nu bepalen wat voor soort overheidsactiviteit dit zal zijn; of deze in eerste instantie door de regering zelf zal worden geleid, of dat deze indirect zal zijn, via instrumenten die al zijn gevormd en die klaar staan om de plaats van de regering in te nemen."

Het Amerikaanse volk wist grotendeels niet dat er een sinistere kracht aan het werk was, totaal vreemd aan hen en de grondwet, die zichzelf op de een of andere manier aan de macht had gebracht door een president in het Witte Huis te plaatsen, een leider die volledig afhankelijk was van een meedogenloze, op macht beluste groep zoals die overal ter wereld te vinden is - met inbegrip van bolsjewistisch Rusland - die macht bracht Fabiaanse socialisten naar Groot-Brittannië en de Verenigde Staten.

Deze tendens heeft zich tot op heden voortgezet en zoals we kunnen zien is president Clinton nu de enthousiaste en gretige leider ervan. De "grote hoop" van de mieren die de rubberboom willen overnemen wordt langzaam maar zeker verwezenlijkt. Eén grote natie, de Verenigde Staten van Amerika, lijkt zich totaal niet bewust van de criminaliteit achter het socialisme en is onwetend over de doelstellingen ervan, en is daarom slecht voorbereid om de criminele plunderingen binnen haar eigen regering te stoppen.

Hoe kon Wilson het Amerikaanse volk misleiden over zo'n monsterlijke kwestie als een progressieve inkomstenbelasting, iets wat vreemd is aan de grondwet en waar het land tot 1913 zonder kon? Om deze vraag te beantwoorden, moeten we opnieuw kijken naar het vermogen van de socialisten om hun programma stiekem, met bedrog en leugens uit te voeren, terwijl ze het in een taal brachten die leek aan te geven dat het giftige gerecht dat ze kookten in het belang van het volk was.

Het eerste obstakel dat Wilson moest overwinnen was de afschaffing van de tarieven die de handel van Amerika hadden beschermd en het land tot een welvarende natie hadden gemaakt met een levensstandaard waar de wereld jaloers op was. Op 4 juli 1789 zei president George Washington tegen het eerste Congres van de Verenigde Staten:

> "Een vrij volk moet de productie bevorderen die het onafhankelijk maakt van anderen voor essentiële benodigdheden, vooral militaire."

Deze wijze woorden brachten een systeem van tarifaire belemmeringen op gang, waarbij landen die hun goederen op de Amerikaanse markt wilden verkopen heffingen kregen opgelegd, de antithese van de zogenaamde "vrijhandel", die niets anders was dan een door Adam Smith bedachte uitvlucht om Groot-Brittannië in staat te stellen zijn goederen op de markt te dumpen zonder wederkerigheid voor Amerikaanse goederen op de Britse markt. Op de een of andere manier werd de indruk gecultiveerd - misschien door controle van de pers - dat de Verenigde Staten de levensstandaard van hun bevolking hadden ontwikkeld op basis van "vrije handel", terwijl in feite het tegenovergestelde het geval was.

We zagen dit bedrog aan het licht komen tijdens het debat tussen Perot en Gore, toen Gore ten onrechte en met kwade bedoelingen tegen het volk van de Verenigde Staten het tariefprotectionisme aan de kaak stelde als oorzaak van de crash van Wall Street in 1929. Perot had geen kennis van de Smoot-Hawley Act om deze te verdedigen tegen de leugens van de vice-president.

Vrijhandel" werd in een toespraak van Marx in 1848 gedefinieerd als een marxistische doctrine. Het was niet nieuw, maar een idee dat voor het eerst werd voorgesteld door Adam Smith om de economie van de jonge Amerikaanse natie te ondermijnen. Een wijs Washington begreep de noodzaak om Amerika's jonge industrieën te beschermen. Dit wijze beschermingsbeleid werd voortgezet door Lincoln, Garfield en McKinley. 125 jaar lang profiteerden de Amerikanen enorm van dit wijze beleid, totdat de socialistische sloopkogel van Wilson het gezicht van Amerika veranderde.

Zelfs tot de Tweede Wereldoorlog was slechts twee procent van de Amerikaanse economie afhankelijk van buitenlandse handel. Toch, om hem het nu te horen zeggen, zullen de Verenigde Staten ten onder gaan als ze niet de laatste overblijfselen van onze wijze tariefbarrières verwijderen. Wat Wilson deed was verraad en het Congres pleegde opruiing door zijn verwoestende aanval op de levensstandaard van het Amerikaanse volk te accepteren.

De regering Wilson ging grotendeels verkeerd om met de grondwet. Wilson was nog maar net gekozen door Fabiaanse socialisten of hij riep het Congres bijeen. Tegen 1900 had een Republikeinse meerderheidsregering bestaande handelsbelemmeringen gehandhaafd en nieuwe ingesteld om de Amerikaanse boeren, industrie en producenten van grondstoffen te beschermen. De agitatie tegen beschermende tariefmuren ontstond in Londen onder leden van de socialistische Fabian Society, die het Royal Institute for International Affairs (RIIA) controleerden. Ideeën voor het afbreken van tariefmuren werden via het opruiende Mandel House rechtstreeks vanuit Londen aan Wilson doorgegeven.

De anti-tarifaire propaganda die in een ononderbroken stroom uit Londen kwam, en die in 1897 serieus was begonnen, waarvan het volgende een voorbeeld is:

"De Amerikaanse fabrikant bereikte het hoogste niveau van inefficiëntie in 1907, na een opmerkelijke daling die begon in 1897, op verschillende belangrijke gebieden kunnen de Amerikaanse fabrikanten het niet opnemen tegen buitenlandse concurrenten op de thuismarkt. Dit feit moet onder de aandacht van het Amerikaanse volk worden gebracht, want door de tarieven betalen zij een hogere prijs voor goederen dan het geval zou zijn als de tariefbarrières die de handel belemmeren, zouden worden opgeheven. De uitdrukking 'moeder van alle trusts' zou een nuttige manier kunnen zijn om protectionisme te beschrijven, vooral als het wordt gekoppeld aan de hogere kosten van levensonderhoud die kunnen worden toegeschreven aan protectionistisch beleid."

Opmerking: De onderzoeksafdeling van de Fabian Society begon documenten te produceren die zij "traktaten" noemden, alsof zij verbonden waren met de inspanningen van christelijke missionarissen. Deze duizenden "traktaten" werden vervolgens verzameld in boeken en standpuntbepalingen. Het citaat hierboven komt uit een traktaat dat in 1914 werd gepubliceerd.

Wat deze misleidende propaganda niet zei, was dat er geen verband bestond tussen de stijging van de kosten van levensonderhoud tussen 1897 en 1902, omdat de tarieven geen effect hadden op de binnenlandse prijzen. Maar dit hield een gezamenlijke aanval van grote kranten in buitenlandse handen (met name de *New York Times*) niet tegen om tariefbescherming aan te klagen als oorzaak van de stijgende kosten van levensonderhoud. De London Economist en andere tijdschriften in handen van bankiers uit de Londense City sloten zich hierbij aan.

De opruiing bleef niet beperkt tot de Democraten. Veel zogenaamde "progressieve" Republikeinen ("progressief" en "gematigd" hebben altijd socialistisch betekend) sloten zich aan bij de aanval op beschermende tarieven. Hoe slaagden de socialisten erin het Congres te overtuigen mee te gaan in hun plannen om onze handel, waar de wereld jaloers op is, te ruïneren? Zij deden dat door sociologie te combineren met politiek, een techniek die socialisten naar hoge ambten leidt, waar zij de grootste ongepaste invloed kunnen uitoefenen op vitale nationale kwesties.

Neem bijvoorbeeld de kwestie van diplomatieke erkenning van de barbaarse bolsjewistische regering. Dankzij de goede diensten van Arthur Henderson erkenden de Britten in 1929 de bolsjewistische slagers als de legitieme regering van Rusland. Daarna richtten ze hun aandacht op de Verenigde Staten en dankzij de hooggeplaatste socialisten kregen ze de Verenigde Staten zover hetzelfde te doen. Deze acties van de leiders van de Engelssprekende wereld gaven de bolsjewieken een prestige en respect waar ze duidelijk geen recht op hadden, en openden deuren naar diplomatieke, commerciële en economische contacten die anders tientallen jaren, zo niet voor altijd, gesloten zouden zijn gebleven.

De Fabian Socialists, zowel in de Verenigde Staten als in Groot-Brittannië, leken zo goedaardig, en hun hoog gecultiveerde achtergrond en grote persoonlijke charme maakten het erg moeilijk om degenen te geloven die waarschuwden dat deze sympathieke sociale elite een subversieve groep was die van plan was eigendomsrechten te onderdrukken en dreigde de grondwet van de Verenigde Staten stukje bij beetje af te nemen. Het was simpelweg onmogelijk om deze elite te zien als revolutionairen en anarchisten, wat ze in werkelijkheid waren.

Kolonel Edward Mandel House, die niet alleen in elke zin van het woord passend conventioneel was, maar ook conservatief in zijn manier van doen en spreken - tenminste wanneer hij binnen gehoorsafstand van het publiek was - was een goed voorbeeld, maar hij bewoog zich in kringen die in de verste verte niet leken op wat men zich van een groep anarchisten zou kunnen voorstellen. Het was deze groep "minzame anarchisten" die Woodrow Wilson verkozen. Volgens House zijn Amerikaanse burgers weinig meer dan sukkels die zich door de schijn laten misleiden. Zo zeker dat de kiezers Wilson's nominatie niet zouden zien als een 'Made In England' kandidaat, voer House naar Europa op de dag dat Wilson werd genomineerd op de Democratische conventie van 1912 in Baltimore. "Ik voel niet de behoefte om de debatten te volgen," zei House tegen Walter Hines, die hem het jaar daarvoor aan Wilson had voorgesteld. Bij zijn aankomst in Engeland zei House tegen een bijeenkomst van Fabiaanse socialisten van de RIIA: "Ik was ervan overtuigd dat het Amerikaanse volk Wilson zonder meer zou accepteren." En dat deden ze.

Wilson werd vervolgens president en zijn belangrijkste taak was het ondermijnen van de Grondwet, zoals opgedragen door Ramsey McDonald, zonder dat het Amerikaanse volk dit ooit zou beseffen, in ware Fabiaanse socialistische stijl. House had zijn haat tegen de Grondwet vaak geuit in privégesprekken met zijn geheime Wall Street-achterban. Hij noemde de Amerikaanse grondwet "een creatie van 18e eeuwse geesten, niet alleen achterhaald, maar grotesk", en voegde eraan toe dat "ze onmiddellijk moet worden geschrapt". We keren terug naar de man die Wilson zijn grootste vriend noemde.

Zoals House zegt: "Wilson was gekozen om een socialistisch programma uit te voeren zonder het volk te alarmeren". Hoe dit moest gebeuren werd uiteengezet in een gefictionaliseerde versie van het masterplan van de Fabiaanse socialisten met langetermijndoelen. "Philip Dru, Administrator" was een opmerkelijke bekentenis van socialistische planning en strategieën die tegen het Amerikaanse volk zouden worden gebruikt, zeer onthullend over hoe de socialisten verwachtten dat het presidentschap van de Verenigde Staten zou worden ondermijnd.

Onder redactie van de Fabiaanse socialist B.W. Huebsch had het boek in heel Amerika alarmbellen moeten doen rinkelen, maar helaas slaagde het er niet in het Amerikaanse volk duidelijk te maken waar House voor stond. Het zette de agenda van Wilson's presidentschap zo duidelijk uiteen alsof het door House zelf aan het Congres was gepresenteerd. "Philip Dru" (eigenlijk House) stelde voor om Amerika's heerser te worden door middel van een reeks uitvoerende orders. Onder de taken die "Dru" zichzelf oplegde was de oprichting van een groep economen om te werken aan de vernietiging van de Tariefwet die uiteindelijk "zou leiden tot de afschaffing van de theorie van bescherming als overheidsbeleid". De groep moest ook een progressief inkomstenbelastingstelsel ontwikkelen en nieuwe bankwetten invoeren. Let op het sluwe gebruik van het woord 'theorie'. Beschermende tarieven waren niet zomaar een theorie: dankzij tarieven hadden de Verenigde Staten een levensstandaard bereikt waar de wereld jaloers op was. Handelsbescherming was een doctrine van George Washington, die 125 jaar lang was beproefd, en was niet zomaar een theorie.

Hoe kon "Dru" tariefbescherming een "theorie" noemen? Het was duidelijk een poging om het concept te denigreren en te vernederen en de weg vrij te maken voor het socialistische ideaal van "vrije handel" dat de daling van de levensstandaard van het Amerikaanse volk zou inzetten. Het was ook de bron van Wilsons idee van een inkomstenbelasting, die, eenmaal ingevoerd, de levensstandaard van de middenklasse verder zou uithollen.

Wilson schond minstens 50 keer zijn eed om de Amerikaanse grondwet te handhaven. In Wilson had het Comité van 300 de ideale man gevonden om de socialisatie van Amerika te beginnen, net zoals zij later in Bill Clinton een andere ideale kandidaat vonden voor hun anarchistische doelstellingen. Een tweede parallel tussen Wilson en Clinton ligt in het type adviseurs waarmee zij zich omringden.

Tot Wilson's kring behoorden prominente anarchisten, socialisten en communisten: Louis D. Brandeis, Felix Frankfurter, Walter Lippmann, Bernard Baruch, Sydney Hillman, Florence Kelley en natuurlijk Edward Mandel House. House, een goede vriend van Roosevelts moeder, woonde twee blokken van New Yorks gouverneur Franklin D. Roosevelt en ontmoetten elkaar vaak om hem te adviseren over de financiering van zijn toekomstige socialistische programma's.

De eerste aanval op de Grondwet was de verklaring van Ramsey McDonald dat de Grondwet gewijzigd moest worden. De tweede aanval werd geleid door House, wiens vader tijdens de Burgeroorlog miljoenen dollars had verdiend door voor de Rothschilds en Warburgs te werken. Na een ontmoeting met Wilson in 1911, via de goede diensten van Walter Hines, was House ervan overtuigd dat hij de juiste man had gevonden om het werk tot wijziging van de Amerikaanse grondwet, waartoe McDonald op 14 januari 1898 had opgeroepen, uit te voeren.

House begint Wilson te cultiveren, die gevleid is door de aandacht van een man die iedereen in Washington lijkt te kennen. Er is een duidelijke parallel tussen House en Pamela Harriman, die in Clinton de ideale man zag om allerlei socialistische hervormingen door te voeren zonder het volk te alarmeren. Harriman kende ook iedereen in Washington.

House wist dat Wilson de hulp nodig zou hebben van een fervente socialist. Dus regelde hij een ontmoeting met Harvard professor in de rechten Louis D. Brandeis. Deze ontmoeting zou onheilspellend blijken voor het toekomstige welzijn van de natie, want Brandeis beloofde de Grondwet via wetgeving buiten werking te stellen. Brandeis had zijn voorkeuren al in de wet opgenomen door de Grondwet zo te "interpreteren" dat deze buiten werking werd gesteld op basis van sociologische premissen in plaats van grondwettelijk recht.

De derde fabiaans-socialistische aanval op de Amerikaanse grondwet kwam met de oprichting van de American Civil Liberties Union (ACLU) in januari 1920 door de fabiaans-socialist Philip Lovett. Huebsch, de redacteur van "Philip Dru, Administrator" was een van de oprichters van deze socialistische organisatie die als hoofddoel had de Amerikaanse grondwet te wijzigen via wat Florence Kelley "de wetgevende weg" noemde.

Hoewel ontkend, heeft onderzoek uitgewezen dat er vier bekende communisten in het bestuur van de ACLU zaten. In de jaren twintig werkten Kelley en zijn medewerkers hard aan de vernietiging van de Amerikaanse grondwet via een reeks valse fronten zoals de National League of Women's Voters, waarover later meer. Dit was het begin van de "defeminisatie" van vrouwen door socialisten.

Verscheidene van de belangrijkste socialistische (en communistische) leiders in de Verenigde Staten waren nauw verbonden met de ACLU, sommigen zaten zelfs in het nationale comité. Een van hen was Robert Moss Lovett, een directeur en goede vriend van Norman Thomas en Paul Blanchard, die verbonden waren aan de "Protestants and Other Americans United for Separation of Church and State".

Thomas is een voormalig geestelijke die communist is geworden. Lovett's charmante manieren en aangename houding verhullen het feit dat onder zijn minzame houding een gevaarlijke anarchist-radicaal van de ergste soort schuilgaat. In een vlaag van woede ontplofte Lovett eens en onthulde zijn ware aard:

> "Ik haat de Verenigde Staten, ik zou de hele wereld willen zien ontploffen, als dat de Verenigde Staten zou vernietigen."

Lovett verpersoonlijkte de zeer gevaarlijke kant van de Fabiaanse socialist.

Bij het onderzoek naar verklaringen van communisten tegen de Verenigde Staten heb ik er nooit een kunnen vinden die zo venijnig is in zijn intentie als die van Lovett van de ACLU. Een korte geschiedenis van de ACLU kan nuttig zijn op dit punt in het boek:

De ACLU kwam voort uit het antimilitaristische Civil Liberties Bureau van 1914-1918. Een van de eerste directeuren was Roger Baldwin, die in de gevangenis had gezeten wegens ontduiking van de dienstplicht. In een onthullende informatiebrief aan ACLU leden, aangeslotenen en vrienden gebruikte Baldwin de traditionele misleidende tactieken van de Fabian Socialists om de ware bedoelingen en doelen van de ACLU te verhullen:

> "Vermijd de indruk dat dit een socialistisch bedrijf is. We willen ook patriottisch overkomen bij alles wat we doen. We willen een flink aantal vlaggen hebben, veel praten over de Grondwet en wat onze voorvaderen met het land wilden doen en laten zien dat we echt de mensen zijn die de geest van onze instellingen verdedigen."

Als er ooit een geschikt toekomstig embleem was voor de Britse Fabian Society, dan was dit het wel - de wolf in schaapskleren bij uitstek.

In 1923 vergat Baldwin zijn eigen advies en onthulde zijn ware gezicht:

"Ik geloof in revolutie - niet noodzakelijkerwijs de machtsgreep met geweld in een gewapend conflict, maar het proces van groeiende klassenbewegingen die vastbesloten zijn de kapitalistische klasse te onteigenen en de controle over alle sociale goederen over te nemen. Als pacifist - omdat ik geloof dat geweldloze middelen op de lange termijn het best berekend zijn om duurzame resultaten te bereiken - ben ik tegen revolutionair geweld. Maar ik zie liever een gewelddadige revolutie dan helemaal geen revolutie, ook al zou ik die persoonlijk niet steunen omdat ik andere middelen veel beter vind. Zelfs de verschrikkelijke kosten van een bloedige revolutie zijn voor de mensheid een goedkopere prijs dan de voortdurende uitbuiting en het ten onder gaan van mensenlevens onder het geïnstalleerde geweld van het huidige systeem."

In 1936 legde Baldwin enkele van de terminologie van Fabiaanse socialisten uit:

"Met progressief bedoel ik die krachten die werken aan de democratisering van de industrie door uitbreiding van publiek eigendom en controle, wat alleen de macht zal afschaffen van die, relatief weinigen, die de rijkdom bezitten.... Echte democratie betekent sterke vakbonden, overheidsregulering van het bedrijfsleven, eigendom van het volk van industrieën die het publiek dienen."

Je hoeft maar een willekeurige fabriek te bezoeken om te zien hoe ver de socialisten zijn gevorderd met het tot slaaf maken van de Verenigde Staten. Op de kantoormuren zie je een verbijsterende reeks "vergunningen" die het een en ander toestaan. OSHA, EPA en "gelijke kansen" inspecteurs hebben het "recht" om op elk moment onaangekondigd binnen te komen, de werkzaamheden te onderbreken en zelfs stil te leggen, terwijl ze een inspectie uitvoeren om te zien of de voorwaarden in hun "vergunningen" zijn overtreden.

De bedrieglijke taal die Baldwin gebruikte, betekende niet wat de gemiddelde Amerikaan dacht dat het betekende. Baldwin oefende Fabiaans socialistische technieken op een elite "achterhoede" groep die Amerika voorzichtig bij de hand zou leiden op weg naar slavernij. Dit is socialisme op zijn slechtst. Niemand had de doelen en methoden van het socialisme beter kunnen uitleggen dan de voorzitter van de ACLU, die vandaag de dag haar standpunten en methoden geen jota heeft veranderd. Hoewel de ACLU tussen 1920 en 1930 nooit meer dan 5.000 leden telde, slaagde zij er toch in elk aspect van het Amerikaanse leven te infiltreren en te doordringen, dat zij vervolgens op zijn kop zette.

De belangrijkste taak van de ACLU in de jaren twintig was het juridisch blokkeren van het grote aantal arrestaties en deportaties van communisten en anarchisten. Begin jaren twintig begonnen socialisten hun campagne om de Amerikaanse grondwet via de achterdeur te ondermijnen, door buitenlanders te gebruiken om te prediken - en opruiingsdaden te verrichten. De socialistische Harvard-professor Felix Frankfurter diende als juridische gids voor de ACLU, wiens Roger Baldwin anarchisten, communisten en opruiers omschreef als "slachtoffers van de wet, leden van arbeiders- en welzijnsbewegingen die geniepig worden aangevallen door gewetenloze mannen die werken onder het mom van patriottisme".

Frankfurter - geholpen door Harold Laski achter de schermen - hielp president Wilson bij het opzetten van een bemiddelingscommissie, welke commissie, op instigatie van Frankfurter, voortdurend de Grondwet gebruikte om opruiers, anarchisten, verklaarde vijanden van de Verenigde Staten in aanmerking te laten komen voor bescherming onder de Amerikaanse Grondwet. Het was een smerige tactiek die opmerkelijk goed werkte: Sinds 1920 is het misbruik van de Amerikaanse Grondwet om "rechten" en bescherming te verlenen aan iedere Dick, Tom en Harry die probeert de Confederale Republiek te ondermijnen, toegenomen tot een verschrikkelijk alarmerende mate.

Anderen, zoals professor Arthur M. Schlesinger Sr. en Harvard professor in de rechten Francis B. Sayre, de schoonzoon van Wilson, schaarden zich achter "vervolgde immigranten" en "slachtoffers van de wet", een categorie die alle links, brandstichters, socialistische opruiers, moordenaars en opruiers omvatte. Het was het begin van een enorme campagne om het werkelijke doel en de bedoeling van de Amerikaanse grondwet met voeten te treden, en het slaagde boven de stoutste dromen van de sappeurs van het socialisme in dit land.

Het was een tijd waarin de Verenigde Staten zich probeerden te ontdoen van een stroom communisten die oproer kwamen plegen om het land te communiseren en te socialiseren. De socialist Upton Sinclair schreef repen ter verdediging van de regelrechte opruiers en de Harvard Law School stuurde een aantal van haar beste socialisten de strijd in, waaronder haar decaan Roscoe Pound. De nieuwsmedia, waaronder tijdschriften als "The Nation" en de "New Republic", doen hun best om de juridische wateren te vertroebelen met voortdurende verwijzingen naar "de rode schrik".

In 1919 kwam de commissie-Overman van de Senaat van de Verenigde Staten na uitvoerig onderzoek tot de conclusie dat het Fabiaanse socialisme een ernstige bedreiging vormde voor de burgers van de Verenigde Staten, met name voor vrouwen en kinderen.

De ACLU heeft het voortouw genomen bij de "defeminisatie" van vrouwen onder het mom van "vrouwenrechten". De ACLU heeft met succes de hoofdrolspelers van het socialisme beschermd, door hen te verdedigen telkens wanneer zij vrezen dat de ware leiders en doelstellingen van het socialisme worden ontmaskerd. Dit is het primaire doel van de ACLU: Het afwenden van aanvallen op het socialistische intellectuele leiderschap, de "hervormers" met "goede bedoelingen" en de Harvard rechtenprofessoren in de rug.

Sinds 1920 is de modus operandi van de ACLU hetzelfde gebleven, en kan het best zelf worden beschreven:

> "Tegen ongedifferentieerde federale, staats- en lokale maatregelen die weliswaar gericht zijn op het communisme (let wel: met uitsluiting van het socialisme), maar die de burgerlijke vrijheden van alle Amerikanen bedreigen; om van een effectief burgerrechtenprogramma de wet van het land te maken; tegen censuur van films, boeken, toneelstukken, kranten, tijdschriften en radio door overheids- en particuliere pressiegroepen en tor bevordering van eerlijke procedures in processen, hoorzittingen van het congres en administratieve hoorzittingen."

De ACLU heeft geen twijfel laten bestaan over haar voornemen om de grondwet te herschrijven "door middel van wetgeving". Ook bestaat er geen twijfel over dat dit belangrijke socialistische apparaat het gezicht van Amerika heeft veranderd In een interview met Fareed Zakaria van "Foreign Affairs" werd Lee Kuan Yew, voormalig premier van Singapore, gevraagd:

"Wat denk je dat er mis is gegaan met het Amerikaanse systeem?"

"Het is niet mijn taak om mensen te vertellen wat er mis is met hun systeem. Mijn rol is om mensen te vertellen dat ze hun systeem niet op een discriminerende manier moeten opleggen aan samenlevingen waarin het niet zal werken", antwoordde Yew.

Zakaria vroeg toen: "Ziet u de Verenigde Staten niet als een model voor andere landen?", waarop Lee antwoordde:

"... Maar als globaal systeem vind ik delen ervan (de Verenigde Staten) totaal onaanvaardbaar. Zwerverij, onbehoorlijk gedrag in het openbaar, de uitbreiding van het recht van het individu om zich te gedragen zoals hij of zij wil, is ten koste gegaan van een geordende samenleving. In het Oosten wordt vooral gestreefd naar een geordende samenleving, zodat iedereen ten volle van zijn vrijheid kan genieten. Deze vrijheid bestaat alleen in een geordende staat en niet in een natuurlijke staat van twist en anarchie."

"... Het idee van de onschendbaarheid van het individu (in de Verenigde Staten) is veranderd in een dogma. En toch heeft niemand er bezwaar tegen dat het leger uitrukt en de president van een andere staat gevangen neemt, hem naar Florida brengt en in de gevangenis stopt (dit in verwijzing naar de bandietenactie van voormalig president George Bush bij de ontvoering van generaal Noriega van Panama)."

Zakaria vroeg toen:

"Zou het eerlijk zijn om te zeggen dat u Amerika meer bewondert dan 25 jaar geleden? Wat is er volgens u misgegaan?"

Lee antwoordde:

"Ja, de dingen zijn veranderd. Ik zou zeggen dat het veel te maken heeft met de erosie van de morele fundamenten van de samenleving en de vermindering van de persoonlijke verantwoordelijkheid. De liberale intellectuele traditie die zich na de Tweede Wereldoorlog ontwikkelde, beweerde dat de mens de perfecte staat had bereikt waarin iedereen beter af zou zijn als hij zijn eigen gang kon gaan en tot bloei kon komen. Het werkte niet en ik betwijfel of het zal werken. Bepaalde fundamentele elementen van de menselijke natuur veranderen niet. De mens heeft een zeker moreel besef van goed en kwaad nodig. Het kwaad bestaat en het is niet het resultaat van het slachtoffer zijn van de maatschappij..."

Het lijdt geen twijfel dat de ACLU een cruciale rol heeft gespeeld bij het oprekken van bestaande "rechten" en het uitvinden van rechten die niet bestaan in de Grondwet, in die mate dat de Verenigde Staten nu in een staat van virtuele anarchie verkeren. Neem bijvoorbeeld de Gay Pride parade in San Francisco op Vaderdag zondag 19 juni 1994.

De keuze van dag en datum was geen toeval, maar een bewuste en bestudeerde belediging van het christendom, de traditie van het huwelijk en het gezin. De parade bestond uit lesbiennes die naakt of halfnaakt op motorfietsen rondreden (bekend als "potten op de fiets"), mannen in obscene travestietenkostuums en hordes andere mannen die met volledig ontbloot bovenlijf heen en weer renden. Het was een walgelijke vertoning van vulgariteit in de straten van de stad die vroeger nooit getolereerd zou zijn en nu ook niet getolereerd zou moeten worden.

Maar laat iemand de walgelijke "parade" noemen en misschien passende maatregelen voorstellen om dergelijke lelijke en volstrekt abjecte demonstraties in de toekomst te beperken, en hij is er zeker van dat de ACLU de "burgerrechten" van het meest amorele deel van de bevolking beschermt. De betreurenswaardige "parade" werd geprezen door de *San Francisco Chronicle,* die ook een lovende recensie publiceerde van een film over twee lesbiennes die "verliefd worden". De krant beschreef het walgelijk amorele stuk als "geschikt voor hetero's". Dus we zijn als samenleving gezonken naar de bodem van de socialistische beerput. Fabiaanse socialisten zijn altijd grote bewonderaars geweest van Karl Marx. Zij geven deze "heldenverering" niet graag toe, opdat de door hen zo verachte schapen niet verontrust raken. Tijdens mijn vijf jaar durende intensieve studie in het British Museum in Londen heb ik de economische geschriften van Marx grondig bestudeerd. Ik kon dit doen omdat Karl Marx 30 jaar had gestudeerd in datzelfde British Museum, en enkele van mijn mentoren wisten welke boeken hij het liefst las en mij vertelde welke.

Wat ik ontdekte in zijn geschriften was dat er maar weinig originele gedachten in stonden. Dit geldt voor de meeste grote socialistische "denkers". Alle economische theorieën van Marx, ontdaan van de dichte woordenstroom eromheen, zijn terug te brengen tot zeven of acht wiskundige basisvergelijkingen die ik in de achtste klas kon maken.

De theorieën van Marx komen erop neer dat kapitalisten die bedrijven financieren uiteindelijk grote sommen geld stelen van de arbeiders. Dit gaat volledig voorbij aan de werkelijke premisse dat de investeerder, die alle risico's heeft genomen om een bedrijf te beginnen, recht heeft op zijn winst. Dat is in wezen de kern van Marx' theorieën en woordenschat.

De League for Industrial Democracy (LID) stond vlak achter de ACLU. Opgericht in 1905 als een uitloper van de Intercollegiate Socialist Society, zou de Liga een belangrijke rol spelen in de verstoring van onderwijs, industrie en arbeid. De LID werd haar hele leven gesteund door Eleanor Roosevelt, evenals Florence Kelley en Frances Perkins. Eleanor Roosevelt bevorderde de "sociale democratie" binnen en buiten de organisatie met Frances Perkins, de Labour Commissioner van haar man in de staat New York en een goede vriendin van de socialistische rechter Harlan Stevens.

Morris Hillquit was penningmeester van de LID van 1908 tot 1915. Lovett, zo lang leider van de ACLU, was altijd nauw verbonden met de League for Industrialized Democracy en noemde deze periode van zijn socialistische carrière ooit "de gelukkigste dagen van mijn leven". Morris Hillquit pleitte al vroeg in zijn socialistische carrière voor "industrieel socialisme".

Hillquit en Eugene V. Debbs volgde altijd het model van de Londense Fabian Society: geen programma's en platforms, maar onderwijsinstellingen gebruiken als geboeid publiek en studenten inspireren met socialistische ideeën en filosofieën, zodat ze later konden infiltreren in bestaande politieke partijen. Socialistische cursussen werden rustig ingevoerd, althans in het begin van de jaren 1900, maar in de jaren 1970 werd het proces, in ware Fabiaanse socialistische orthodoxie, in veel onderwijsinstellingen sterk versneld.

De League of Industrial Democracy zou het Amerikaanse socialisme, dat in 1900 in verval was geraakt, nieuw leven hebben ingeblazen. In die tijd bezochten veel prominente leden van de elite van de Amerikaanse samenleving de Fabiaanse socialisten in Engeland. Onder hen waren religieuze leiders, leraren en politici: Paul Douglas, die later senator Douglas werd; Arthur M. Schlesinger, wiens zoon in de regeringen van Kennedy en Johnson een prominente plaats innam; Melvyn Douglas, de acteur, en zijn vrouw, Helen Douglas; en Walter Raushenbusch, voormalig voorganger van de Second Baptist Church in New York. Raushenbusch was een toegewijd discipel van Giuseppe Mazzini, John Ruskin, Edward Bellamy en Marx. Mazzini was een wereldleider in de vrijmetselarij. Ruskin was een zelfverklaarde "oude school communist" en doceerde aan Oxford. Bellamy was de belangrijkste Amerikaanse socialist van die tijd.

Raushenbusch gaf de prediking van het christendom op om socialistische politiek te prediken, die hij bij zoveel mogelijk van zijn medebaptisten probeerde te indoctrineren. De LID werd door de inlichtingendienst van het Amerikaanse leger aangemerkt als een subversieve organisatie, maar zoals vele soortgelijke socialistische en communistische organisaties gaf Woodrow Wilson het leger opdracht de lijsten die het in zijn bezit had te vernietigen, een verlies dat nooit meer hersteld kon worden. Het feit dat Wilson volgens de grondwet niet bevoegd was een dergelijk bevel te geven, werd door de socialisten in zijn regering aan Harvard en Wall Street als onbelangrijk terzijde geschoven.

Maar het waren niet de Duitse agenten van de Eerste Wereldoorlog of de Russische agenten van de Koude Oorlog, maar de Britse Fabiaanse socialisten die elk aspect van de regering, haar instellingen en het presidentschap zelf binnendrongen en doordrongen. Aangezien onderwijs werd erkend als het middel om het socialisme te bevorderen, werden grote inspanningen geleverd om de "studentenmarkt" te veroveren. Toen de Lusk Commissie de Rand School in New York onderzocht, werd hiernaar verwezen:

> "We hebben de aandacht al gevestigd op de Fabian Society als
> een zeer interessante groep intellectuelen die een zeer briljante

propagandacampagne voeren."

Blijkbaar werd de Lusk-commissie enigszins misleid door de valse lucht van openhartigheid die de LID-publicaties overgaf en mochten geen gewelddadige revolutionaire types de ledenlijsten bezoedelen. De verstrooide, naar communisme strevende Lusk-commissie heeft - net als de VS tot in het oneindige hebben gedaan - de zeer subversieve en gevaarlijke LID volledig over het hoofd gezien. Waarnemers blijven zich verbazen over de vaardigheid waarmee de socialisten erin zijn geslaagd de aandacht van zichzelf af te leiden door herhaaldelijk te verwijzen naar "de rode schrik" en alle inspanningen om de binnenlandse veiligheid te waarborgen te denigreren als zijnde gebaseerd op een niet-bestaande "communistische dreiging". We worden in 1994 nog steeds grotendeels op dezelfde manier misleid als de commissie-Lusk in 1920.

Na de Eerste Wereldoorlog werd de LID geassocieerd met verschillende prominente socialistische organisaties in de Verenigde Staten, waaronder de ACLU, Federated Press en het Garland Fund, dat volgens de militaire inlichtingendienst welwillend was om communisten en enkele uitgesproken socialistische organisaties te financieren. Robert Moss Lovett van de ACLU was directeur van alle bovengenoemde organisaties, waaronder "Protestants and Other Americans United for Separation of Church and State".

De leden van de LID werden aangemoedigd om het socialisme in het openbaar te ontkennen en hun ouder, de Fabian Society, opgericht door Sydney en Beatrice Webb, te ontkennen. Dit was een standaard socialistische praktijk: ontkennen, ontkennen, ontkennen. Toen een van de meest geëerde leden van de Fabian Society werd gevraagd of hij een socialist was, antwoordde John Kenneth Galbraith "natuurlijk niet". Tijdens de Tweede Wereldoorlog, toen het duidelijk was dat Roosevelt er alles aan zou doen om de VS in de oorlog tegen Duitsland te krijgen, zag de LID aanleiding haar standpunt te wijzigen en gaf in 1943 een verklaring uit waarin stond dat het doel van de LID was het begrip van democratie te vergroten door onderwijs, niet om oorlog te voeren.

Wat de LID niet zei, was dat de "democratie" die zij in gedachten had, was wat Karl Marx "wetenschappelijke socialistische democratie" noemde. Het feit dat de Verenigde Staten een republiek is en geen democratie werd gewoon terzijde geschoven. Zo werd de LID met list en stiekemheid de belangrijkste socialistische organisatie in de Verenigde Staten, toegewijd aan de ondergang van de Republiek. De geschiedenis van de LID laat zien dat zij een sleutelrol speelde in het doordrukken van socialistische "hervormingen" door de regeringen Wilson en Roosevelt.

Toen Roosevelt gouverneur van New York was, benoemde hij Frances Perkins tot industrieel commissaris. (We geven de opmerkelijke prestaties van Perkins in de hoofdstukken over vrouwelijke socialisten). Perkins deed een beroep op de LID-econoom Paul H. Douglas om een programma ter bestrijding van de werkloosheid op te stellen, dat door gouverneur Roosevelt werd aangenomen. Een van zijn medewerkers was Dr. Isadore Lubin, een overtuigd socialist die samen met Perkins lobbyde voor een voorkeursbehandeling voor de Sovjet-Unie, een advies dat Roosevelt snel aanvaardde.

Perkins en Lubin begonnen het lange proces gebaseerd op de Britse Fabiaanse socialistische strategie om de Verenigde Staten te veranderen van een kapitalistische staat in een socialistische staat, via een verzorgingsstaat. Dit omvatte het "Nationale Ziekteverzekeringsplan", rechtstreeks uit de Sovjet-Unie. Er zij op gewezen dat de "hervorming van de gezondheidszorg", de nationale ouderdomspensioenen en de werkloosheidsverzekering allemaal deel uitmaakten van het plan om de structuur van de Verenigde Staten te veranderen.

In 1994 hebben we een andere vrouwelijke socialiste, Hillary Clinton, die de uitdrukking "gezondheidshervorming" gebruikte alsof het haar eigen uitvinding was, terwijl het in feite de uitdrukking was die werd gebruikt door Presotonia Martin Mann, een van de meest toegewijde vrouwelijke socialisten op het Amerikaanse toneel, die de uitdrukking zelf had geleend van de Britse Fabian socialistische leider Sydney Webb. De uitdrukking was een meesterwerk van toegepaste psychologie, samen met een ander stuk toegepaste psychologie, ontworpen om te misleiden, de "Social Security Act", uitgevonden in Engeland en naar dit land gebracht door Vader Ryan. Het Fabiaanse socialistische plan werd later aangepast aan de Amerikaanse omstandigheden door Prestonia

Martin, zoals we terugvinden in haar boek "Prohibiting Poverty", verdedigd door Eleanor Roosevelt.

De LID heeft nooit enig krediet opgeëist voor haar betrokkenheid achter de schermen bij Perkins en Martin, net zoals zij nooit heeft beweerd dat Felix Frankfurter een van haar leden was. De aanzienlijke schade die de LID in de VS heeft aangericht is opmerkelijk, gezien de relatieve kleinschaligheid van de groep. Dit is precies hoe Fabiaans socialisme werkt - naar de achtergrond verdwijnen, infiltreren in alle belangrijke regeringen en besluitvormingsorganen, en dan (weer vanuit de achtergrond) een opkomende politieke ster promoten om socialistisch ontworpen programma's te lanceren.

Zo werkte het socialisme in de jaren '20, en zo werkt het nog steeds in de VS, en zo kwamen socialisten en hun marxistische/communistische bondgenoten in de jaren '20 en begin jaren '30 gevaarlijk dicht bij de overname van de VS. Wilson, Roosevelt, Johnson, Bush en vandaag president Clinton en zijn vrouw, Hillary Clinton, zijn bijna perfecte voorbeelden van het socialisme in werking via opkomende politici. Clinton werd geselecteerd door de Britse Fabian Society, maar de taak om hem "op te pompen" werd in het geheim gegeven aan de socialiste Pamela Harriman.

President Clinton, een president met één termijn, is belast met het doordrukken van socialistische programma's met verwoestende en verstrekkende gevolgen. Zijn successen medio 1994 omvatten 's werelds grootste verhoging van de inkomstenbelasting, handelsovereenkomsten met een éénwereldregering en mogelijk een "nationale hervorming van de gezondheidszorg". Al drie keer heeft het Britse Fabiaanse socialisme het gezicht van Amerika veranderd door groepen leiders en "adviseurs" van de president te gebruiken, en via de rechtbanken, om socialistische doelen te bereiken. Het was de LID die het personeel leverde dat Perkins en Roosevelt nodig hadden om de New Deal uit te voeren. Interessant is dat de New Deal een kopie was van een Brits Fabiaans socialistisch boek. De vierde beweging om Amerika te socialiseren kwam met het presidentschap van Clinton.

Een van de "groten" van de LID was Walter Reuther. Maar op typisch socialistische wijze verkoos Reuther te ontkennen dat hij een socialist was. In een interview met "Face the Nation" in 1953 werd Reuther gevraagd naar zijn socialistische afkomst. Hij kwam met het standaard socialistische excuus:

"... ik was toen ik heel jong en heel dom was, en ik ben er heel snel uitgekomen, waarvoor ik heel dankbaar ben".

Maar dit was verre van de waarheid. Reuther had in feite deel uitgemaakt van een LID-commissie waarvan hij sinds het begin van de jaren veertig lid was. In 1949 was hij de eregast op een Fabian Socialist diner in Londen.

LID-leden speelden een leidende rol in het doordrukken van socialistische agenda's door de Senaat, en hun effect op scholen kende geen grenzen. Theodore "Ted" Sorenson, die een belangrijke speler werd in de Kennedy administratie, was een levenslange socialist die zijn nominatie won dankzij LID Senator Paul Douglas. Andere US Senatoren die als socialisten bij de LID in aanmerking kwamen, waren Senatoren Lehman, Humphrey, Neuberger en Morse (van "conservatief Oregon".) Senatoren Jacob Javitts, en Philip Hart kunnen aan de lijst worden toegevoegd. Hoewel zij dit ten stelligste ontkenden, werden zij in 1950 door voormalig procureur-generaal Francis Biddle (een voormalig voorzitter van Americans For Democratic Action (ADA) opvolger van de LID) genoemd als bekende leden van de LID en haar opvolger, de ADA.

Uit Javitts stemgedrag in de Senaat blijkt dat hij de LID en ADA steunde in 82 van de 87 socialistische maatregelen waarover hij stemde. Javitts, van Oost-Europese ouders die zich aan de Lower East Side van New York in het kledingdistrict vestigden, sloot zich in zijn vroege volwassenheid aan bij de LID en werd een van de populairste sprekers van de LID, terwijl hij in zijn persoonlijke overtuigingen en zijn banden met socialistische groeperingen zoals de LID categorisch elk verband met het socialisme ontkende. Niettemin was Javitts de hoofdspreker op het door de LID gesponsorde seminar van 1952, getiteld "Needed, A Moral Awakening In America". Walter Reuther, een "niet-socialist", woonde het evenement ook bij, waarbij corruptie op de werkplek zorgvuldig werd vermeden, terwijl werkgeversgilden en het bedrijfsleven in het algemeen krachtig werden aangevallen.

De Congressional Record Senaat van oktober 1962, bevatte een lange lijst van prominente socialisten in de regering, gezondheidszorg, onderwijs, de vrouwenrechtenbeweging, religie, vakbonden. De lijst bevatte de namen van meer dan 100 professoren en docenten aan enkele van de meest prestigieuze hogescholen en universiteiten van het land. De lijst bevatte de namen van meer dan 300 huidige en voormalige LID-leden die zich hadden verspreid en geïnfiltreerd in elke tak van de regering, de wet, het onderwijs, adviseurs op het gebied van buitenlands beleid, kerken en zogenaamde vrouwenrechtenorganisaties. Toen de LID haar naam veranderde in Americans For Democratic Action (ADA), kwamen veel voormalige LID-leden op de ledenlijst van ADA terecht.

De Inter-Collegiate Socialist Society (ISS), die aan de LID voorafging, opende de deuren van de universiteiten en bood de gelegenheid socialistische programma's te verspreiden onder beïnvloedbare studenten. Dit was de verborgen socialistische agenda die het gezicht van het onderwijs in de Verenigde Staten zou veranderen.

Niets van dit alles was zichtbaar bij de geboorte van deze Fabiaanse socialistische onderneming. De eerste bijeenkomst van de SSI werd gehouden in Peck's Restaurant in New York op 12 september 1905. Onder de aanwezigen waren kolonel Thomas Wentworth, Clarence Darrow, Morris Hillquit en twee jonge socialistische auteurs, Upton Sinclair en Jack London. Beide auteurs waren enthousiaste socialisten die door het land reisden om het Fabiaanse socialistische evangelie te verkondigen in universiteiten en socialistische clubs.

Een andere notabele met een iets ruwer temperament die het diner in Peck's Restaurant bijwoonde was William Z. Foster, die een leidende rol ging spelen in de Communistische Partij van de Verenigde Staten. Foster's liefde voor Karl Marx was al een aantal jaren ruimschoots aangetoond. Het ware doel van het diner werd pas 25 jaar later onthuld: het was in feite de eerste bijeenkomst van de Amerikaanse Fabian Society.

Hillquit wordt het best herinnerd als de drijvende kracht achter de Socialist Party of America, opgericht in 1902. Twee jaar later won de Socialist Party 400.000 kiesmannen - voornamelijk van kledingarbeiders die begin jaren 1890 vanuit Rusland naar de VS waren gekomen en een assortiment revolutionairen en anarchisten meebrachten. Ondanks het weinig revolutionaire gezicht trok de

Socialist Party of America verrassend veel leden van de sociale elite van New York aan. Maar de Britse Fabiaanse socialisten adviseerden voorzichtigheid - zo snel meedoen zou rampzalig zijn, en dus werd de "partij" stilletjes ontbonden.

Zoals Edward R. Pease, secretaris van de Fabian Society in Londen, het formuleerde:

> "De Europese landen met hun grote hoofdsteden hebben nationale hersenen ontwikkeld. Amerika heeft, net als de lagere organismen, ganglia voor verschillende doeleinden in verschillende delen van zijn gigantische frame."

Pease behoorde tot de elite van de Fabian Society die Amerika niet kon uitstaan, omdat ze de kolonisten nooit had vergeven dat ze de legers van koning George III zo'n zware nederlaag hadden toegebracht. Ondanks deze bestudeerde belediging ging een aantal prominente Amerikanen naar Londen en meldde zich aan bij de Fabian Socialists.

De langetermijndoelstellingen van de Britse Fabian Society met betrekking tot de Verenigde Staten moesten nog worden gedefinieerd en ontwikkeld. Er moest een president worden gevonden en benoemd die zeer open zou staan voor socialistische ideeën, zodat de goed verborgen socialistische technieken om heimelijk aan de macht te komen konden worden toegepast. Zoals Ramsey McDonald had gezegd, zouden de VS zeer moeilijk te socialiseren zijn - maar niet onmogelijk.

Het belangrijkste struikelblok was natuurlijk de Grondwet. Daarbij kwamen nog de uitgestrektheid van het land en de zes verschillende rassen met zeer uiteenlopende geloofsovertuigingen. Onderwijs en goed betaalde banen, zo vond men, waren twee andere obstakels die overwonnen moesten worden. Zoals Webb het uitdrukte, waren "moederschap en appeltaart" obstakels voor de ambitieuze promotors van het socialisme. Londen beval de Socialistische Partij te ontbinden en naar de achtergrond te verdwijnen, om zich onder een andere naam te hergroeperen op een gunstiger moment voor haar methoden om succes te garanderen.

De oprichting van een politieke partij stond niet op de agenda van de socialisten. Zij moesten het model volgen van de "liga's" en "genootschappen" van de ISS. Ze hoopten bestaande politieke partijen door middel van trucs te coöpteren, maar ze zouden nooit meer proberen een eigen partij op te richten. Dus werden in 1921 de League of Industrial Democracy (LID) en de ISS opgericht als het socialistische hoofdkwartier van de Britse Fabian Society in de Verenigde Staten.

Een van de meest subtiele manieren die Amerikaanse socialisten hebben bedacht om hun intenties en hun sporen te verbergen is om socialistische professoren te benoemen die verantwoordelijk zijn voor het presidentiële beleid. Deze techniek begon met Wilson en is sindsdien doorgegaan. De besluitvormers kondigden zelden hun programma aan, maar schreven position papers en ondertekenden die. Deze documenten hadden een strikt beperkte oplage, wat het grote publiek op afstand hield.

Buiten de kring van professoren speelden andere notabelen een belangrijke rol in Wilsons presidentschap. Onder hen stak Walter Lippmann met kop en schouders boven de rest uit. Deze in Groot-Brittannië opgeleide Fabiaanse socialist werd beschouwd als hun apostel nummer 1 in de Verenigde Staten, die samen met Mandel House de "14 punten" had opgesteld, de eerste poging van een Amerikaanse president om een "nieuwe wereldorde" vorm te geven. Algemeen wordt aangenomen dat Wilsons oorlogstoespraak voor het Amerikaanse Congres op 6 april 1917 het doek van de oude orde deed vallen en de VS dwong de eerste stappen te zetten op de lange socialistische weg naar slavernij.

Wilson legde de basis voor de leugens waarop het Amerikaanse socialisme zou worden gebouwd. Amerikanen zijn de meest liegende mensen op aarde. Sinds Wilson het politieke toneel betrad, en natuurlijk zelfs daarvoor, bestond de hele socialistische structuur uit leugens op leugens met andere leugens erbij. Een van de grootste leugens is dat we lid zijn van de Verenigde Naties. Andere leugens zijn dat abortus legaal is, dat schoolbusvervoer en zogenaamde "wapencontrole" legaal zijn; GATT, NAFTA, de Golfoorlog, Waco, FEMA, de inval van "koning" George Bush in Panama en de ontvoering van het staatshoofd, en Mandela's bewind over Zuid-Afrika zijn slechts het topje van een enorme ijsberg van meerdere lagen socialistische leugens.

Een van de meest merkwaardige van de grote leugens is misschien wel dat het socialisme streeft naar verbetering van het lot van de gewone mensen en dat socialisten, in tegenstelling tot het kapitalisme, niet geïnteresseerd zijn in persoonlijke rijkdom. Socialisten prediken altijd over het kwaad van het kapitalisme. Maar een snelle blik op enkele van de leidende socialisten laat al snel zien dat hun leiders afkomstig zijn uit de meest elitaire elementen van onze samenleving, mensen die socialistische doelen gebruiken om hun eigen zakken te vullen.

Niets was te laag en geen beerput te diep om te onderzoeken voor Franklin D. Roosevelt en zijn familie in hun zoektocht naar geld. De Delanos (Roosevelt trouwde met Sara Delano) verdienden hun fortuin met de opiumhandel. Een van Roosevelts naaste "adviseurs", Bernard Baruch, en zijn partner hadden een monopolie op de koperindustrie, waardoor Baruch miljoenen en miljoenen dollars kon verdienen aan de Eerste Wereldoorlog, terwijl de "gewone man" met miljoenen stierf in de modder en het bloed van de loopgraven in Frankrijk.

Roosevelt zat in het bestuur van de International Bankers Association totdat hij gouverneur van New York werd. Tijdens zijn periode als bankier, verzekerde hij miljarden dollars aan leningen voor Europese landen, in een tijd dat de Amerikaanse arbeider worstelde om zijn hypotheken te betalen, en later, tijdens de Depressie, om werk te vinden. Roosevelt was een uitstekende socialistische leugenaar, zoals de besten. Hij vertelde het Amerikaanse volk niet dat het geld naar bankiers zou gaan wiens fabrieken goederen zouden produceren om op de Amerikaanse markten te verkopen, dankzij de afschaffing van tariefmuren door zijn voorganger Wilson. Naar schatting 12 miljoen mensen verloren hun baan als gevolg van de aanval van Wilson-Roosevelt op onze handelsbarrières die bedoeld waren om Amerikaanse banen te beschermen.

Een flagrant voorbeeld van Roosevelts duizenden grote leugens is te vinden op pagina's 9832-9840, Congressional Record, Senaat, 25 mei 1935:

> "... en aangezien hij op de conventie had aangekondigd dat hij voor 100% voor het Democratische platform was, was het nauwelijks voorstelbaar dat het volk het zou begrijpen als hij en zijn onderdanige Congres onmiddellijk de tarieven (heffingen op ingevoerde landbouwproducten en hulpproducten) zouden

verlagen terwijl 12 miljoen mannen zonder werk zaten. Dus
vatten hij, zijn bankiersvrienden en het grootkapitaal (d.w.z. de
bedrijven van het Comité van 300) onmiddellijk het idee op om
de N.R.A te lanceren - de zogenaamde National Recovery Act,
vandaag beter bekend als de 'National Ruin Act'".

"Er is gemeld dat Bernard Baruch en zijn vrienden 1.800
fabrieken in het buitenland hebben gevestigd en dat de
Republikeinse tarieven een beetje te hoog waren voor hen om
onze markt te maken met goedkope buitenlandse arbeid om hun
ideeën van het grote geld te bevredigen. Dus waarom niet, onder
het mom van een oorlog tegen de depressie de National
Racketeer Association overdragen aan het volk en Barney
Baruch's partner, Brigadier 'Crackup' Johnson de leiding geven
om ervoor te zorgen dat de prijzen werden verhoogd tot het
niveau van 1928, terwijl ze de prijzen van de landbouw tussen
1911 en 1914 vaststelden."

"De boeren zouden het verschil niet merken en als ze dat wel
deden - aangezien hij in deze omstandigheden kranten, radio,
films en alle informatiekanalen naar het volk met belastinggeld
kon controleren, hun oren vullen met wat voor propaganda hij
maar wilde..."

Roosevelt, de Amerikaanse socialistische leider, en zijn
internationale bankiersvrienden, geholpen door de opruiing door de
Federal Reserve, gokten met de levens van het volk van de natie en
brachten doelbewust de recessie van 1922, de Wall Street crash van
1929, de Tweede Wereldoorlog en daarna teweeg. Roosevelt wilde
als president meer macht dan zijn machtswellustige voorganger
Wilson had gehad.

Hoewel het Amerikaanse volk het niet weet - en miljoenen weten
het nog steeds niet - leidde Wilson de VS de Eerste Wereldoorlog in
en zijn ongekozen adviseur, Mandel House, zette de toon voor de
Tweede Wereldoorlog. Roosevelt zorgde ervoor dat het proces van
internationale banken die miljarden leenden aan Europese
mogendheden om oorlogen te beginnen, doorging. Volgens
documenten die mij in het British Museum ter beschikking zijn
gesteld, gebruikte Lord Beaverbrook, de grote Britse Fabian
socialist, het Witte Huis praktisch als zijn kantoor in Washington en
liet Roosevelt zien hoe hij miljarden en miljarden dollars in
Duitsland kon pompen om Hitlers opkomst te financieren.

Wilson deinsde er niet voor terug om uitgesproken socialisten op sleutelposities in zijn regering te plaatsen, van waaruit zij hun uiterste best konden doen om de zaak van het socialisme in de Verenigde Staten te bevorderen. Fred C. Howe, een van Wilsons socialistische aangestelden, werd benoemd tot commissaris voor immigratie in New York. Zijn favoriete bezigheid was het bevrijden van opruiers en anarchisten in de haven van New York in afwachting van hun deportatie.

Een andere "ambtshalve" benoeming van het Huis was Walter Lippmann als secretaris van een "brainstormgroep" die was opgericht om plausibele oorlogsdoelen en redenen te bedenken waarom de Verenigde Staten aan de Eerste Wereldoorlog zouden moeten deelnemen. Het was Lippmann die de slogan "vrede zonder overwinning" bedacht, die de basis werd voor de oorlogen in Korea en Vietnam. De benoeming van de schandalige Ray Stannard Baker als Wilson's vertrouwelijke correspondent tijdens de onderhandelingen over het Verdrag van Versailles was nog zo'n "cruciale benoeming".

Er is gezegd dat Baker in de eerste plaats verantwoordelijk was voor Wilsons afhankelijkheid van de Britse Fabian Society, in die mate zelfs dat hij op de vredesconferentie van Parijs geen eigen beslissingen kon nemen zonder eerst Sydney Webb, oprichter van de Fabian Society, Graham Wallas, Bertrand Russell en George Lansbury te raadplegen. Het was deze groep die Wilson's regering voortdurend "democratisch" noemde. Bakers brieven aan Wilson in Washington verwezen bewust naar "uw democratische regering".

De Parijse Vredesconferentie faalde wat betreft de Grondwet. Ongeveer 59 verlichte senatoren, zich volledig bewust van de bedoelingen van de socialisten, weigerden het verdrag van de Volkenbond goed te keuren, omdat ze het erkenden als een document van één wereldregering dat de Volkenbond boven de Amerikaanse grondwet wilde plaatsen. In die tijd zei House naar verluidt tegen Sydney Webb dat de enige manier om de Amerikaanse grondwet te omzeilen was om alle toekomstige Amerikaanse regeringen te doordrenken met belangrijke socialisten die een "bipartisanistische aanpak van zaken van groot belang" zouden hanteren. Sinds die woorden werden uitgesproken, is "bipartisan approach" een eufemisme geworden voor een socialistische benadering van zaken die van vitaal belang zijn voor het Amerikaanse volk.

Om het nieuwe "bipartisan"-idee leven in te blazen, organiseerde House op 19 mei 1919 in Hotel Majestic in Parijs een diner voor een keur van Amerikaanse Fabianisten en Socialisten. Onder de gasten waren de professoren James Shotwell, Roger Lansing (Wilson's Secretary of State), John Foster en Allen Dulles, Tasker Bliss en Christian Herter, die later Mao tse Tung in China aan de macht zou brengen. Aan Britse zijde waren ook aanwezig John Maynard Keynes, Arnold Toynbee en R.W. Tawney, allen grote beoefenaars van het Fabiaanse socialisme en de vaandeldragers daarvan.

De groep zei dat het, om de Amerikaanse grondwet te omzeilen, nodig zou zijn in de Verenigde Staten een organisatie op te richten onder leiding van het Royal Institute of International Affairs (RIIA). De Amerikaanse tak zou het Institute of International Affairs gaan heten. Het mandaat van de Londense moedermaatschappij was om "de wetenschappelijke studie van internationale vraagstukken te vergemakkelijken". Het Fabian International Bureau zou optreden als adviseur van het RIIA en zijn Amerikaanse neef, die in 1921 zijn naam veranderde in de Council on Foreign Relations (CFR).

Deze drie instellingen zijn opgericht met vier hoofddoelstellingen voor ogen:

1. Het creëren van verwarring rond de Amerikaanse grondwet.

2. Gebruik deze organisaties om het Amerikaanse Congres en het publiek te beïnvloeden en te misleiden.

3. Verdeel de oppositie tegen socialistische doelen in het Huis en de Senaat via de uitvlucht van "bipartisan studiecommissies".

4. Vernietig de scheiding der machten tussen de wetgevende, uitvoerende en rechterlijke macht, zoals aanbevolen door professor Harold Laski.

Mandel House was de bedenker van de "fireside chat", een essentieel propagandamiddel dat door Roosevelt op grote schaal werd gebruikt, en hij "stelde" de meeste benoemingen in het socialistische kabinet voor. In veel gevallen raadpleegde hij professor Charles W. Elliot van Harvard - dat broeinest van socialisme dat zo'n cruciale, zij het geheime, rol heeft gespeeld in onze geschiedenis. Dit is niet verwonderlijk, aangezien Harvard volledig werd gedomineerd door de Fabiaanse socialist Harold Laski, wiens veelvuldige lezingen op Harvard de toon zetten voor sterk socialistische onderwijsmethoden.

De meeste opvattingen van House werden gepubliceerd in de New Republic, een tijdschrift dat populair was bij Amerikaanse socialisten, waaronder Wilson zelf. House had veel socialistische intimi in het Socialist Register. Een van hen, Joseph Fels, werd door House overgehaald om 500 pond te lenen aan Lenin en Trotski toen zij in Londen waren gestrand voor hun ontmoeting met Lord Alfred Milner. Baruch zei ooit, "House heeft een hand in elke kabinetsbenoeming en elke andere belangrijke benoeming." Dat was inderdaad een understatement.

Aangenomen wordt dat Wilson goed op de hoogte was van de activiteiten van de socialiste Nina Nitze, die de belangrijkste penningmeester was van Duitse spionnen die in de Verenigde Staten actief waren. Dit stoorde Wilson of House blijkbaar niet, en het beïnvloedde later ook niet het oordeel van de presidenten Kennedy en Johnson, die Nina's broer, Paul Nitze, benoemden tot minister van Marine in beide regeringen en hoofdwoordvoerder op verschillende ontwapeningsconferenties. Van Nitze is bekend dat hij op elke ontwapeningsconferentie waar hij de Verenigde Staten vertegenwoordigde de machtsbalans in het voordeel van Rusland deed doorslaan.

Nogmaals volgens de documenten van het British Museum werd Hitlers financiering geregeld via de familie Warburg aan beide zijden van de Atlantische Oceaan; in Europa met name via de socialistische Mendelssohn Bank in Amsterdam, Nederland, de Schroeder Bank in Londen en Frankfurt, Duitsland, terwijl dezelfde bank Hitlers financieringsplan afhandelde via haar filiaal in New York. De transacties werden gecontroleerd door het advocatenkantoor van het Comité van 300, Sullivan en Cromwell, waarvan de belangrijkste partner Allen Dulles was, van de beroemde familie Dulles. De gebroeders Dulles namen de controle over van de Senaat en het ministerie van Buitenlandse Zaken om ervoor te zorgen dat de afwijkende stemmen van degenen die mogelijk op de regeling waren gestuit, tot zwijgen zouden worden gebracht voordat zij de natie konden waarschuwen.

Dergelijke financiële regelingen waren ook gebruikelijk in de aanloop naar de Tweede Wereldoorlog. Tijdens mijn vijf jaar als student ontdekte ik in het British Museum in Londen documenten over de manier waarop socialisten aan beide zijden van het hek werkten. Uit telegrammen van de Duitse ambassadeur in Washington aan zijn superieuren op het ministerie van Buitenlandse Zaken in Berlijn bleek dat vanaf 1915 J. William Byrd Hale een van hen was, in dienst van het Duitse ministerie van Buitenlandse Zaken met een salaris van 15.000 dollar per jaar.

Hale, een van de leden van de inner circle van Turtle Bay, een exclusieve zomerkolonie waar de socialistische elite van Amerika verbleef. Onder hen was professor Robert Lovett en een groot aantal andere professoren van de Harvard Law School. House woonde niet ver weg in Manchester. Allen werden door een aanbiddende pers uit die tijd beschreven als "gepolijste producten van Harvard en Groton", maar de pers was zo verblind door deze glamoureuze mensen dat ze verzuimde erop te wijzen dat ze ook socialisten waren uit de bovenste la van de Fabian-Amerikaanse Society. Lovett hield van het werk van John Ruskin, die een zelfverklaarde "old-school communist" was, en William Morris.

Hale, een toegewijde "christelijke" socialist, drukte zijn stempel op Wilson in Mexico door de diefstal van Mexicaanse olie voor zijn leidende socialistische collega's te orkestreren. (Zie "Diplomatie door bedrog" voor een volledig verslag van deze schandelijke diefstal van het Mexicaanse volk). Het bleek dat Hale in feite het Duitse ministerie van Buitenlandse Zaken vertegenwoordigde tot 23 juni 1918, op een moment dat duizenden Amerikaanse burgersoldaten stierven "voor de vrijheid". Daarna ging deze 'christelijke' socialist naar Duitsland als correspondent voor de American Press Service. Zijn pro-socialistische, sterk bevooroordeelde berichtgeving stond prominent in de kranten van die tijd, die te vinden zijn in de archieven van het British Museum.

Dankzij deze transacties werd de elite van de socialistische wereld rijk. Niet dat er iets nieuws was in deze walgelijke regelingen. In de aanloop naar de Burgeroorlog, en gedurende de hele duur ervan, maakten communisme en socialisme enorme vorderingen in

Amerika, een feit dat niet vermeld wordt in onze geschiedenisboeken en goed verborgen blijft voor het publiek in de enorme Hollywood extravaganza's over deze meest tragische van alle oorlogen.

Een rode draad loopt door de Fabiaanse socialistische beweging: een hartstochtelijk verlangen om alles af te breken en te vernietigen. Dit wordt bevestigd op pagina 45944595, Congressional Record, 23 februari 1927, onder de titel "General Deficiency Bill". Deze pagina van onze geschiedenis beschrijft de socialisten en communisten en hun pogingen om de Geconfedereerde Republiek van de Verenigde Staten van Amerika te vernietigen. U vindt veel informatie over hoe de socialisten samenwerkten met hun communistische broeders in het boekje "Key Men of America".

Het socialisme is een veel globalere revolutie dan het communisme was, maar in een langzamer tempo en op een meer sedentair niveau. Maar de revolutie die de socialisten willen is dezelfde: geestelijke anarchie, de vernietiging van negentien eeuwen westerse beschaving, de verspreiding van tradities en het einde van het christendom. Als de lezer hieraan twijfelt, zal het lezen van Franklin D. Roosevelts "On Our Way" de sceptici ervan overtuigen dat het socialisme alleen in methode verschilt van het communisme.

Het bolsjewisme was het gewelddadige en radicale experiment dat Rusland probeerde te ontdoen van het christendom: In de Verenigde Staten worden andere, subtielere middelen gebruikt, zoals het verbieden van het gebed op scholen, de zogenaamde "scheiding van kerk en staat", en in de klaslokalen, waar talloze socialistische leraren de leerlingen hersenspoelen om de stille revolutie te bevorderen die de socialisten leiden. Bolsjewisme, Marxisme. Socialisme, hebben allemaal hetzelfde doel, en ze gaan hand in hand met "liberalisme", "pacifisme", "tolerantie", "progressivisme", "gematigdheid", "vrede", "democratie", "het volk" en de uitvluchten die gebruikt worden om de ware doelen van het socialisme te verbergen en te verhullen.

Deze termen zijn bedoeld om de onwetenden te misleiden, zodat socialisme niet wordt geassocieerd met revolutie. Maar het doel van het socialisme en het bolsjewisme is hetzelfde: de vernietiging van de beschaving die is gebouwd op negentien eeuwen traditie en christendom. De doelen van het socialisme zijn:

1. De afschaffing van de overheid.
2. De afschaffing van patriottisme.
3. De afschaffing van eigendomsrechten. (Terwijl de communisten die regelrecht zouden verbieden, kiezen de socialisten voor de sluipende en slinkse weg van het belasten van particuliere eigendomsrechten om ze te laten verdwijnen.
4. De afschaffing van successie. (Ook hier zouden de communisten het volledig verbieden, de socialisten door middel van successiebelastingwetten).
5. Afschaffing van het huwelijk en het gezin.
6. Afschaffing van religie, met name het christendom.
7. Vernietiging van nationale soevereiniteit en nationaal patriottisme.

Woodrow Wilson kende deze doelstellingen, maar hij deinsde er niet voor terug en aarzelde niet om een instrument van de internationale socialisten te worden, waarbij hij enthousiast de Amerikaanse socialistische programma's omarmde, waarvoor hij bevoegdheden nodig had die de Amerikaanse grondwet hem niet toekende. Wilson aarzelde niet de slinkse methoden van de socialisten te gebruiken om zijn doelen te bereiken. Hij slaagde er bijvoorbeeld in de Verenigde Staten in de Eerste Wereldoorlog te krijgen door het als een "patriottische plicht" te omschrijven Amerika te verdedigen, dat op geen enkel moment door Duitsland werd bedreigd!

Wilson was niet de eerste op macht beluste president, hoewel hij wel de eerste openlijke socialist was. De dubieuze onderscheiding van machtsmisbruik gaat naar president Lincoln, die als eerste proclamaties uitvaardigde, nu executive orders genoemd. President George Bush trad in de voetsporen van Roosevelt en gebruikte dezelfde ongrondwettelijke methoden om zijn nest te vullen, waarbij hij in elke beerput dook waar geld te verdienen viel ten koste van het Amerikaanse volk.

Als zogenaamde "Republikein" heeft Bush het "gewone volk" van de Verenigde Staten evenveel schade berokkend als Roosevelt en Wilson voor hem. Pas op voor partijlabels. George Washington noemde politieke partijen "onbehoorlijk en nutteloos" en de moderne geschiedenis toont aan dat ze verdeeldheid zaaien. Tirannen zijn geslaagd dankzij politieke partijen en hun "verdeel en heers" mentaliteit. De Amerikaanse grondwet voorziet in de afzetting van mannen als Wilson, Roosevelt en Bush. In feite diende het patriottische congreslid Henry Gonzalez tijdens de Golfoorlog zes aanklachten in tegen Bush, maar partijpolitiek verhinderde dat artikel 2, sectie 4 en artikel 1, sectie 3 werden gebruikt om George Bush voor het gerecht te brengen.

Er was een veelheid aan redenen om Bush af te zetten, waarvan niet de minste was dat hij de Grondwet niet respecteerde en geen behoorlijk opgestelde oorlogsverklaring kreeg. Ten tweede, zijn ongrondwettelijke kwijtschelding van de Egyptische schuld van 7 miljard dollar, zijn omkoping van Syrië en andere landen die zich aansloten bij zijn "Desert Storm" tegen het land Irak: zijn voortdurende misbruik van de drie takken van de diensten in strijd met de Grondwet, en zijn zelfbenoeming als opperbevelhebber van de strijdkrachten, wat hij niet was, zijn ook strafbaar.

Het is de moeite waard te herhalen dat de Golfoorlog illegaal was. Hij werd gevoerd zonder oorlogsverklaring, in strijd met de grondwet. Het Congres, grotendeels beïnvloed door partijgevoel, probeerde een soort resolutie op te stellen - geen oorlogsverklaring - die de schijn van wettigheid van Bush' actie moest wekken. Maar het Congres deed het Amerikaanse volk nog een schepje bovenop door de fout te maken zijn versie van een oorlogsverklaring op te stellen in overeenstemming met het VN-mandaat dat Bush had gekregen, en niet in overeenstemming met de Amerikaanse grondwet.

Dit was absoluut niet waar: de Verenigde Staten zijn nooit grondwettelijk toegetreden tot de Verenigde Naties en een oorlogsverklaring van dit orgaan van één wereldregering KAN NIET op dezelfde akte staan of zelfs maar in verband worden gebracht met een oorlogsverklaring van het Congres. Artikel 1, Sectie 9 van de Amerikaanse Grondwet ontkent en of beperkt de wetgevende macht van het Congres. Het Congres heeft geen absolute macht om wetten te maken en kan dat alleen doen in overeenstemming met de Grondwet.

De door het Congres aangenomen "halfbakken" resolutie, waarmee

Bush een schijn van wettigheid probeerde te verkrijgen voor zijn illegale oorlog, viel buiten het kader en de geest van de Amerikaanse grondwet en vormde geen oorlogsverklaring. Een analyse van het stemgedrag van het Congres laat op dramatische wijze zien dat de honderden socialisten die het Huis en de Senaat bevolken, bijna allemaal voor Bush stemden om hem toe te staan de Grondwet te blijven schenden. Bush had moeten worden aangeklaagd en berecht. Als de Grondwet bij een dergelijke procedure was gevolgd, zou hij ongetwijfeld gevangen zijn gezet, zoals hij terecht verdient.

De bevoegdheden van de President staan in Sectie II van de Amerikaanse Grondwet. Handelingen die niet zijn opgenomen in Sectie II zijn uitoefening van willekeurige macht. Socialisten, te beginnen met House, Frankfurter en Brandeis, gevolgd door Katzenbach en co, beweren dat de drie takken van de regering gelijk zijn. Dit is een leugen - nog een van de leugens die de enorme ijsberg vormen waarop deze natie zal zinken als we niet van koers veranderen. Professor Harold Laski is de belangrijkste aanstichter van deze leugen, die wordt gezien als de eerste stap naar het verzwakken van de scheiding der machten zoals die is vastgelegd in de Amerikaanse grondwet.

De drie takken van de regering zijn niet gelijk en zijn dat ook nooit geweest. Het Huis en de Senaat creëerden de rechterlijke macht, en het Huis en de Senaat waren nooit van plan hen gelijke bevoegdheden te geven. Natuurlijk, als dit bekend werd, zou de socialistische kaping van de grondwet "door wetgeving" uit het raam worden gegooid. Misschien wordt het Amerikaanse volk wakker voordat het te laat is, voor de manier waarop rechters de Grondwet bekladden.

Het Congres heeft superieure bevoegdheden - een daarvan is de uitgavenbevoegdheid. Een andere eenvoudige manier om van socialistische rechters af te komen is het toepassen van artikel III, sectie I, waarin staat dat rechters "voor hun diensten geen vergoeding mogen ontvangen die tijdens hun ambtstermijn niet mag worden verminderd".

Dit betekent dat de rechters van het Amerikaanse Hooggerechtshof volgens de wet niet betaald kunnen worden in gedevalueerde valuta, en er is geen beter voorbeeld van gedevalueerde "valuta" dan Federal Reserve biljetten, die gewoonlijk (en ten onrechte) "dollars" worden genoemd. Wat een klap zou het zijn voor de erfgenamen van de Kelley-doctrine als wij, het volk, het Hooggerechtshof zouden sluiten wegens gebrek aan geld dat niet wordt afgeschreven. Wilson had ook aangeklaagd moeten worden. Zijn krankzinnige machtsgreep werd in gang gezet door Mandel House, de aartsvijand van het volk van de Verenigde Staten, die in de schaduw werkte aan zijn sinistere, scabreuze en kwaadaardige plannen om de Geconfedereerde Republiek van de Verenigde Staten van Amerika omver te werpen en te vernietigen. Daartoe liet House Wilson allerlei elitaire socialisten op sleutelposities benoemen.

De doelstellingen van het Amerikaanse socialisme zijn in het verleden goed verhuld, met name in de periode voorafgaand aan de Tweede Wereldoorlog. Het is duidelijk dat het socialisme veel van zijn doelen heeft bereikt. Het heeft dit gedaan door bewegingen te vormen die ontworpen zijn om de moraal van Amerika te breken, zoals blijkt uit de verbazingwekkende groei van "vrije liefde" (liefde zonder verantwoordelijkheid), die tot nu toe het leven heeft gekost aan meer dan 26 miljoen vermoorde baby's, bekrachtigd door pro-abortus beslissingen van het Hooggerechtshof, die allemaal 100% ongrondwettelijk zijn, omdat de Grondwet zwijgt over abortus. Wanneer de Grondwet zwijgt over een bevoegdheid, is het een verbod op die bevoegdheid.

President Clinton gelooft heilig in kindermoord en, goede socialist die hij is, steunt abortus met elk grammetje van zijn regering. Het is interessant op te merken dat er voor het eerst aan abortusklinieken werd gedacht toen mevrouw Laski, echtgenote van professor Laski van de Fabian Society, in Engeland geboortebeperkingsklinieken begon op te zetten. De tactiek van mevrouw Laski maakte gebruik van de methoden van de beruchte communistische commissaris, kameraad Alexandra Kollontay.

Wanneer socialisten worden geconfronteerd en ontmaskerd door de zaak van het communisme met andere tactieken te bevorderen, protesteren zij luidkeels. Maar het oude gezegde: "Verwond een communist en een socialist bloedt" is nog nooit zo waar geweest als nu. Wat we in de Verenigde Staten hebben is een geheime, parallelle socialistische regering op hoog niveau, bekend als de Council on Foreign Relations, opgericht in 1919 door de aartssocialisten Mandel House en Walter Lippmann, onder leiding en controle van de RIIA in Londen.

Vaak zien we in de pers verhalen over openlijke onenigheid tussen communisten en socialisten. Dit wordt gedaan om de onwetenden voor de gek te houden en degenen in het gareel te houden die gedupeerd zijn om te geloven dat "progressief", "liberaal", "gematigd" echt iets anders betekent dan wat socialisten bedoelen. Op deze manier kunnen ze grote aantallen mensen online houden die anders geschokt zouden terugdeinzen als ze wisten dat ze de doelstellingen van een revolutionaire wereldregering promoten. Het is een triomf voor de methoden van het Fabiaanse socialisme dat onze nieuwe president, beschuldigd van een rokkenjager, een libertijn zonder moraal, aanvaardbaar is voor miljoenen Amerikanen die geen socialist zijn.

Hun methoden zijn zo subtiel dat hun doelstellingen niet altijd op het eerste gezicht worden herkend. Recentelijk is er veel discussie geweest (veel discussie van een laag niveau waaruit het gebrek aan begrip van de Amerikaanse grondwet bij de meerderheid van de senatoren blijkt) over het vetorecht dat de president zou hebben. Dit is pure ongrondwettelijke socialistische propaganda, en een voortzetting van het proces waarmee de socialisten onder president Wilson zijn begonnen om de rechten die normaal aan de wetgevende macht toebehoren aan de president over te dragen. Het doel van de socialisten is de president bevoegdheden te geven die hij niet heeft en waarop hij geen recht heeft, zodat zij de grondwet uit de weg kunnen ruimen voor hun plannen voor de Nieuwe Wereldorde.

De socialisten willen dat de president als onderdeel van een "versterkte beëindiging" vetorechten krijgt die de grondwet niet toekent. In de socialistische traditie zeggen zij niet direct "wij willen dat de president zijn veto kan uitspreken over elk onderdeel van een wetsvoorstel dat door het Huis en de Senaat is aangenomen". Dit is wat bedoeld wordt met een "clausule-per-clausule veto".

Deze uitvlucht volgt op de richtlijn van Florence Kelley dat veranderingen vooraf, "door wetgeving", moeten worden doorgevoerd als ze niet met grondwettelijke middelen kunnen worden bereikt. Zoals we elders in dit boek zien, besteedde professor Harold Laski veel van zijn tijd aan het bespreken met Felix Frankfurter en president Roosevelt hoe de grondwettelijke bepaling dat de grondwettelijk toegekende bevoegdheden van elke tak van de regering niet kunnen worden overgedragen, kon worden ondermijnd. Laski viel vaak dit struikelblok aan voor de bevordering van het socialisme via "de wetgevende weg". De schokkende hypocrisie van de socialisten blijkt uit hun aandringen op strikte handhaving van het idee van de zogenaamde "scheiding van kerk en staat". Blijkbaar is wat saus voor de gans is, niet saus voor de gans.

Het overdragen van dat soort macht aan de president is een daad van zelfmoord - en mogelijk verraad. Waar het hier werkelijk om gaat is de macht, en de manier waarop de socialisten steeds meer macht naar zich toe kunnen trekken door een van hun dienaren in het Witte Huis te plaatsen. Niets is gevaarlijker dan de wens van de socialisten om bevoegdheden die zijn voorbehouden aan het Huis en de Senaat over te dragen aan de president, wat super-Wilsons, Roosevelts, Bushes en Clintons zou opleveren en de Verenigde Staten in een socialistische dictatuur zou storten - wat al praktisch het geval is.

Het veto zou een partijpolitiek gekrakeel worden, dat de wetgevers intimideert die de mensen van de staten naar Washington hebben teruggestuurd om te doen wat de mensen van de staten - niet de federale regering - willen dat ze doen. Het opgeven van het vetorecht aan het Congres garandeert de opkomst van toekomstige tirannen die nog erger zijn dan George Bush, wiens privé-oorlog voor en namens de Britse kroon honderden Amerikaanse levens en 200 miljard dollar heeft gekost. Een presidentieel veto zou een grote overwinning zijn voor Florence Kelley.

De president een vetorecht geven over een bepaalde clausule zou het Huis en de Senaat in verwarring brengen, hun inspanningen verlammen en in het algemeen de ineenstorting van de regering in dit land bespoedigen - allemaal verklaarde doelstellingen van de socialisten. Spanningen en passies tussen de wetgevende takken zouden op hol slaan, waardoor het Congres volledig ondergeschikt zou worden aan een oorlogszuchtige president die de socialistische agenda nastreeft. De Amerikaanse grondwet zou een blanco vel papier worden, met checks and balances gereduceerd tot een rokende ruïne.

Deze natie heeft al veel te veel geleden onder de excessen van de socialistische presidenten die zij hebben geïnstalleerd (Wilson, Roosevelt, Kennedy, Johnson, Carter, Eisenhower, Bush en Clinton). Deze presidenten hebben de natie in moorddadige oorlogen gestort, waar we nooit in terecht hadden mogen komen, ten koste van miljoenen en miljoenen levens, om nog maar te zwijgen van de miljarden dollars die deze oorlogen opleverden, miljarden die naar de bankiers van Wall Street en de City of London, de Bank of International Settlements, de Wereldbank, enz. gingen.

Vetorechten en zogenaamde illegale uitvoeringsbevelen zullen van een toekomstige tiran-president van het kaliber van Roosevelt en Bush een koning maken, net zo zeker als wanneer die titel aan hen zou zijn toegekend. Om de president de grondwettelijke bevoegdheid te geven een veto uit te spreken over wetsvoorstellen van het Congres, is een wijziging van de Amerikaanse grondwet nodig. De drie departementen mogen geen wetten maken of anderszins functies of bevoegdheden overdragen aan een andere tak van de regering. De Founding Fathers stelden deze bepaling op om te voorkomen dat tirannen op deze manier de macht zouden grijpen.

Als we een voorbeeld van tirannie willen, hoeven we niet verder te kijken dan de aanval op een christelijke kerk in Waco door de federale regering, in totale schending van de Amerikaanse grondwet. 87 mensen werden vermoord in Waco. Bij het "bloedbad" op het Tiananmenplein (de beschrijving van de socialistische media van de gebeurtenis) kwamen 74 Chinezen om het leven. Toch was Clinton bereid de degens te kruisen met China vanwege de schendingen van de "mensenrechten" tijdens de opstand op het Tiananmenplein tegen de regering in Peking, maar heeft hij tot nu toe niets gedaan om de daders van Waco te berechten. Dit is typerend voor de schaamteloze hypocrisie van een echte socialist.

Waar in de Amerikaanse grondwet staat dat de federale regering het recht heeft om in te grijpen in de staten en een religieuze groepering te vervolgen? Nergens! De federale regering mag zich niet bemoeien met de zaken van de staten, vooral niet als het gaat om politiebevoegdheden. Het 10e Amendement is volkomen duidelijk op dit punt: politiebevoegdheden op het gebied van gezondheid, onderwijs en politiebescherming behoren uitsluitend toe aan de staten. Als de Filiaal Davidiërs toevallig een misdaad hadden begaan die een politieoptreden tegen hen rechtvaardigde, had dat optreden door de plaatselijke politie moeten worden gedaan en door niemand anders. De Sheriff van Waco heeft jammerlijk gefaald in zijn taak om de Davidianen in hun kerk naar behoren te beschermen.

De federale regering heeft opnieuw haar arrogante houding ten opzichte van de Amerikaanse grondwet getoond door artikel 1 van de Bill of Rights van de Amerikaanse grondwet te schenden, waarin staat dat:

> "Het Congres zal geen wet maken die een godsdienst instelt, of de vrije uitoefening daarvan verbiedt; of die de vrijheid van meningsuiting of de persvrijheid beperkt; of het recht van het volk om vreedzaam bijeen te komen en de regering te verzoeken om herstel van zijn grieven."

Wat in Waco gebeurde, is dat de federale regering bevoegdheden nam die zij niet heeft en naar Waco ging met de uitdrukkelijke bedoeling de vrije uitoefening van religieuze overtuigingen en de vrijheid van meningsuiting te verbieden. Dit is seculier humanisme in actie en hoort niet thuis in onze grondwet. Socialisten zijn erg gesteld op de "scheiding van kerk en staat" - als het hun uitkomt. Wat gebeurde er met de "scheiding van kerk en staat" in Waco? Die was er niet!

De federale regering besloot dat zij religie kon vereenvoudigen, wat een complex onderwerp is dat vereenvoudiging tart. Op pagina E7151, Congressional Record, House, 31 juli 1968, verwoordde rechter Douglas de zaak als volgt;

> "... Het is onmogelijk voor de overheid om een grens te trekken tussen goed en kwaad (het nostrum van het seculiere humanisme) en om trouw te blijven aan de Grondwet is het het beste om dergelijke ideeën met rust te laten."

In plaats van te luisteren naar haar eigen socialistische rechters, besloot de federale regering dat zij het recht had om te beslissen tussen een "goede" religie en een "slechte". Overheidsagenten ter plaatse in Waco namen het op zich om de complexiteit van religie te simplificeren. De ervaring door de eeuwen heen heeft geleerd dat religie niet vereenvoudigd kan worden. Sterker nog, het ligt buiten politieke kwesties en was nooit bedoeld om vereenvoudigd te worden.

De eerste 10 amendementen van de Amerikaanse grondwet vormen een beperking voor de federale regering. Bovendien ontzegt artikel 1, sectie 9 van de Amerikaanse grondwet de federale regering het recht om wetten te maken over religieuze aangelegenheden. De primaire bevoegdheden van het Huis en de Senaat zijn te vinden in Artikel 1, Sectie 8, Clausule 1-18. Vergeet niet dat de federale regering geen absolute macht heeft. De federale regering heeft niet het recht om te bepalen wat een kerk en wat een sekte is. Blijkbaar hebben de regeringsagenten in Waco dit bepaald met behulp van een of andere "sekte-deprogrammeur". Het idee alleen al van zo'n actie is weerzinwekkend, zo niet ronduit illegaal.

Als de federale regering deze macht had - en dat heeft ze niet - zou ze de macht hebben om alle religies te vernietigen - een element van het socialistische programma en een van de doelen van de wereldrevolutie. Deze macht is niet opgenomen in het Eerste Amendement van de Amerikaanse Grondwet, noch in de gedelegeerde bevoegdheden van het Congres of in de primaire bevoegdheden van het Congres in artikel 1, sectie 8, clausules 1-18. Waar de Amerikaanse grondwet zwijgt over een bevoegdheid, is dat een verbod op die bevoegdheid.

Waar halen de FBI en de ATF hun macht vandaan om een christelijke kerk aan te vallen? Blijkbaar van de president en de procureur-generaal, die geen van beiden die macht hebben, en aangezien ze beiden de verantwoordelijkheid voor de afschuwelijke daad in Waco toegeven, zouden ze aangeklaagd moeten worden. Er stierven meer Amerikanen in Waco dan Chinese studenten op het Tiananmenplein. Beschreef de Amerikaanse roddelpers de Chinese studenten als een "sekte"? Natuurlijk niet. Noch heeft de federale regering het recht om een christelijke beweging een "sekte" te noemen.

De grondwet van de Verenigde Staten is gecompromitteerd door de acties van de federale regering in Waco. De grondwet van de Verenigde Staten kan niet gecompromitteerd worden. Geen enkele overheidsinstantie staat boven de grondwet, en de federale overheidsinstanties die betrokken waren bij de aanval in Waco overtraden de wet. Zij hadden geen grondwettelijk recht om in te grijpen in een zaak die onder de jurisdictie van de staat Texas viel, maar niet van de federale regering. De federale regering beschreef de Branch Davidians als "terroristen", maar had niets te zeggen mogen hebben over hun afbakening. Het was aan de staat Texas om dat te doen.

Nergens in de Bill of Rights heeft de federale regering de

bevoegdheid om een christelijke kerk als "terroristische" organisatie te bestempelen. De bevoegdheid voor de Waco aanval is niet te vinden in Artikel 1, Sectie 8, Clausules 1-18. Er zou een CONSTITUTIONELE WIJZIGING nodig zijn geweest om de federale regering te machtigen tot een gewapende aanval op de Branch Davidian Church in Waco. Om de gruwel van Waco volledig te begrijpen, moet men de Onafhankelijkheidsverklaring lezen, waarin de wreedheden van Koning George III tegen de kolonisten worden samengevat. Waco is Koning George III herleefd - alleen erger.

Het Congres (het Huis en de Senaat) heeft de macht om deze fout te herstellen. Het kan een volledige hoorzitting organiseren. Het Congres kan ook de financiering stopzetten van federale agentschappen die deelnamen aan deze moderne aanval van Koning George III op de burgers van de Verenigde Staten. Er zijn dringend aanklachten nodig. Het Congres moet de meeste verantwoordelijkheid dragen. De federale agenten die deelnamen aan de aanval op de Branch Davidian Church dachten waarschijnlijk dat ze handelden onder het gezag van de wet, terwijl dat niet zo was. Het Congres wordt geacht dit te weten, en het Congres wordt geacht de situatie te corrigeren, opdat deze niet elders voortduurt. Birch Bayh, voormalig socialistisch senator uit Indiana, werd door de Fabian Society gebruikt om de Amerikaanse grondwet te ondermijnen, en deed dat bij elke gelegenheid, zoals een lezing van de pagina's S16610-S16614, Congressional Record, Senaat, duidelijk maakt.

Waar staat in artikel 1, sectie 8 of in de aan het Congres gedelegeerde bevoegdheden dat de federale regering de bevoegdheid heeft om met militaire voertuigen een kerk aan te vallen? Waar staat dat federale agenten de bevoegdheid hebben een kerk als "sekte" te bestempelen? Deze aanval op de Branch Davidian Christian Church is een schending van het 1e, 4e en 5e Amendement en vormt een aanklacht tegen de burgers van de Verenigde Staten in Waco. Noch de wetgevende, noch de uitvoerende, noch de rechterlijke macht van de federale regering heeft het recht een christelijke kerk - of welke kerk dan ook - een "sekte" te noemen. Sinds wanneer heeft de federale regering de macht om te beslissen over deze complexe religieuze kwesties? Sinds wanneer kan de federale regering een strafwet uitoefenen?

Wat de federale regering in Waco deed, was een complexe religieuze kwestie veranderen in een eenvoudige "sekte"-kwestie die haar niet aanstond. Volgens artikel II van de Amerikaanse grondwet heeft de uitvoerende macht niet de bevoegdheid om aan te vallen wat de president en zijn procureur-generaal "een sekte" hebben genoemd. Dit is niet de eerste keer dat de federale regering een aanval doet op een religieuze groep die haar niet aanstaat. Dit is geen excuus om simpelweg te zeggen dat de president en zijn procureur-generaal de verantwoordelijkheid nemen voor het overtreden van de wet.

Op blz. 1195-1209, Congressional Record, Senate 16 februari 1882, zien we dat de Senaat probeerde te handelen als God door een vijfkoppige commissie te benoemen om te voorkomen dat mormonen zouden gaan stemmen, alleen omdat ze mormonen waren. Dit was een flagrante schending van een wet van strafbaarstelling. Het enige positieve aan deze afschuwelijke episode in de geschiedenis is dat er een debat in de Senaat plaatsvond. De slachtoffers van de federale overheid in Waco hadden dat recht niet. Op pagina 1197 - en dit is zeer relevant voor de aanval op Waco - lezen we: "Dit recht behoorde tot de Amerikaanse beschaving en wetgeving lang voor de goedkeuring van de Grondwet."

Dit recht bestond al in de koloniale tijd, evenals het recht om wapens te dragen, en deze rechten werden in de Grondwet opgenomen door middel van een reeks amendementen, naast die welke in het oorspronkelijke instrument waren opgenomen. Deze amendementen waren bedoeld om de rechten te beschermen. Zij garandeerden slechts rechten die al bestonden vóór de Grondwet, die niet de schepper van rechten zelf was. Wat de federale regering in Waco deed, verschilde niet veel van het soort actie dat de internationale socialist Karl Marx voorstond - wat de Chinese regering op het Tiananmen-plein waarnam. De burgers die stierven bij de brand in Waco werden hun grondwettelijke rechten op een eerlijk proces en een behoorlijke rechtsgang ontzegd, zoals vastgelegd in het 5e Amendement.

Ik lees verder voor uit het Congressional Record, Senaat, 16 februari 1882, op pagina 1200:

"Zo zal niemand, naar wij aannemen, beweren dat het Congres

in een gebied een wet kan maken betreffende de instelling van een godsdienst of de vrije uitoefening van een godsdienst, of de vrijheid van meningsuiting of van de pers kan beperken, of het recht van het volk van het gebied om vreedzaam bijeen te komen en een verzoekschrift in te dienen bij de regering om genoegdoening. Evenmin kan het Congres het volk het recht ontzeggen om wapens te houden en te dragen, of het recht op juryrechtspraak, of iemand dwingen tegen zichzelf te getuigen in een strafzaak. Deze bevoegdheden, met betrekking tot de rechten van het individu, die hier niet hoeven te worden opgesomd, worden in uitdrukkelijke en positieve bewoordingen ontzegd aan de regering; en het recht op privé-eigendom moet met dezelfde zorg worden bewaard."

Wat er in Waco gebeurde was ongebreideld socialisme in actie, waarbij de grondwet van de Verenigde Staten op grove wijze werd geschonden. Aangezien het duidelijk is dat noch het Congres (Huis en Senaat), noch de rechterlijke macht, noch de uitvoerende macht (de president) het grondwettelijke recht hadden om opdracht te geven tot een gewapende aanval op de Branch Davidian Church in Waco, is de vraag: wat doet het Congres om deze flagrante schending van de grondwet te verhelpen, en wat doet het om de schuldigen binnen de federale regering voor het gerecht te brengen?

In een socialistische, marxistische staat zou Waco slechts een uitoefening van overheidsmacht zijn geweest. Maar de Verenigde Staten zijn dankzij hun grondwet geen socialistische of marxistische staat; het blijft een confederale republiek, ondanks de afschuwelijke aanvallen daarop door socialistische Fabians als Harold Laski, Felix Frankfurter, Hugo Black, Franklin Roosevelt, Dwight Eisenhower, George Bush en, nu, president William Jefferson Clinton. Waco was een cynische uitoefening van bevoegdheden die niet zijn toegekend aan de rechterlijke of uitvoerende macht en staat op één lijn met vroegere uitwassen van religieuze intolerantie.

Om terug te komen op de pogingen van de socialisten om bevoegdheden van de ene naar de andere tak van de regering te verplaatsen. Zelfs zonder het vetorecht hadden we al een koning in plaats van een president. Ik heb het over "Koning" George Bush, wiens zucht naar macht meer en meer macht opleverde, totdat de natie werd meegesleurd door de vloed van zijn waanzinnige machtsgreep en belandde in een oorlog die even ongrondwettelijk was als enige in de Amerikaanse geschiedenis.

Wat volledig verloren is gegaan in het debat in het Huis en de Senaat over het "geven" van een dergelijke bevoegdheid aan de President, is dat dit, aangezien het 100% ongrondwettelijk is, een wijziging van de Amerikaanse Grondwet zou vereisen. Het Congres (het Huis en de Senaat) heeft niet de bevoegdheid om de president een veto over een bepaald artikel te verlenen: dit kan niet door het Congres worden gedaan, maar alleen via een grondwetswijziging.

De Founding Fathers wilden ervoor zorgen dat de Grondwet niet werd omzeild doordat de drie departementen bevoegdheden heen en weer zouden schuiven. Artikel 1, Sectie 9 van de grondwet van de Verenigde Staten ontkent de wetgevende macht van het Congres of beperkt deze ernstig. Het Congres kan zijn functies niet overdragen aan het Hooggerechtshof of de president zonder een grondwetswijziging. Deze bepaling was bedoeld om machtsgeile socialisten als Wilson, Roosevelt en Bush ervan te weerhouden het land in de ene oorlog na de andere te storten, maar Wilson, Roosevelt en Bush werden daar niet van weerhouden.

Clinton wacht op zijn kans om een nieuwe oorlog te beginnen. Hij miste die ternauwernood tegen Noord-Korea, maar het kan zijn dat hij nog voor het einde van zijn ambtstermijn aan de beurt is. Het vetorecht per artikel is een nieuwe stap in de richting van het socialistische doel om "de grondwet van de Verenigde Staten van Amerika buiten werking te stellen". De grondwettelijke macht van de president staat in Sectie II van de Amerikaanse Grondwet. Hij heeft geen andere macht.

De Fabian Society zette de oorlog voort die de legers van Koning George III hadden verloren. Zij lokten de Burgeroorlog en elke oorlog sindsdien uit, in de hoop de Geconfedereerde Republiek van de Verenigde Staten omver te werpen. De Annalen van het Congres, de Congressional Globes en het Congressional Record bieden een schat aan informatie en details om deze visie te ondersteunen. Op pagina 326, Congressional Globe, House, 12 juli 1862, vinden we een toespraak van de geachte F.W. Kellogg, getiteld "Origin of the Rebellion": "...

> "De nationale trots is bevredigd, ook de toename van de macht,
> en de zekerheid dat in nog een halve eeuw de Verenigde Staten

verreweg de machtigste natie op aarde zal zijn. Maar de grote machten van Europa hebben deze snelle groei met angst gadegeslagen; en verdedigen Amerika, dat nog nooit door de Duitsers is bedreigd!" De wandaden van hedendaagse Amerikaanse socialisten zijn enorm. Jacob Javitts zag wat hij noemde "burgerrechtenzaken" als een gouden kans om rassenkwesties aan te wakkeren door socialisten te infiltreren in belangrijke overheidsinstellingen zoals de Equal Opportunity Commission. Op het internationale toneel was Javitts, met de intimidatietactiek waar socialisten zo goed in zijn, verantwoordelijk voor het oprichten van de zogenaamde "internationale banken" en het vervolgens door het Congres laten financieren ervan op een volkomen ongrondwettelijke manier.

Een andere grote promotor van het socialisme in dit land was rechter Abe "Fixer" Fortas, die, meer dan enige andere socialist, verantwoordelijk was voor de "legalisering" van een vloedgolf aan obscene literatuur en pornografie. Deze maatregel was bedoeld om de moraal van de natie verder te verzwakken. Fortas gaf de beslissende stem bij de totaal verkeerde beslissing van het Amerikaanse Hooggerechtshof om pornografie toe te staan onder het mom van "vrijheid van meningsuiting". Psychologen en psychiaters vertellen ons dat dit direct heeft geleid tot een enorme toename van criminaliteit, omdat dit soort "vermaak" de lagere hersencentra prikkelt.

De leden van het Huis en de Senaat moeten hun deel van de verantwoordelijkheid dragen voor deze situatie en voor de schokkende stijging van de werkloosheid en de criminaliteit samen. Het Huis en de Senaat kunnen met een tweederde meerderheid elke beslissing van het Hooggerechtshof ongedaan maken, en dat hadden ze tien jaar geleden al moeten doen, zonder te wachten tot de situatie uit de hand liep en vervolgens de socialisten in hun midden het probleem op "wapens" te laten afschuiven. Er zijn een aantal echt hete socialisten in het Huis en de Senaat. Vertegenwoordiger Bill Richardson is een opmerkelijk voorbeeld. Op pagina E2700 E2790, Congressional Record, woensdag 31 juli 1991, begon Richardson met een lofrede op een van 's werelds ergste socialisten: toenmalig vertegenwoordiger Stephen Solarz, die zich bemoeide met de zaken van Rhodesië, Zuid-Afrika, de Filippijnen, Zuid-Korea en elk nietlinks land onder de zon. Alsof dat nog niet genoeg was, ontdekten onderzoekers die het bankschandaal van het Huis van Afgevaardigden onderzochten, dat Solarz het grootste aantal ongedekte cheques had uitgeschreven.

Andere socialistische "heiligen" die dit land onbeperkte schade hebben berokkend en niet alleen onze economische, politieke en gerechtelijke systemen hebben doen instorten, maar die actief hebben getracht de socialistische agenda te bevorderen ten nadele van het Amerikaanse volk zijn: Harry Dexter White, John Kenneth Galbraith, Arthur Schlesinger, Telford Taylor, Robert Strange Mc Namara, David C. Williams, George Ball, Felix Frankfurter, Bernard Baruch, Arthur Goldberg, Alger Hiss, rechter Gesell, Ralph Bunche, Nicholas Katzenbach, Cora Weiss, Louis Brandeis, McGeorge Bundy, Henry Kissinger, Allen en John Foster Dulles, Sam Newhouse en Walt Whitman Rostow. Sommige van deze en andere socialistische "strijders" komen aan bod in de hoofdstukken "The Stars of the Socialist Firmament", met een verslag van hun daden.

Hun plannen en doelstellingen waren om de Verenigde Staten langzaam en sluipend in de richting van het socialisme te bewegen, in gemakkelijke stappen die door het volk niet zouden worden opgemerkt. Het programma werd opgesteld door de Fabian Society in Londen, zoals uitgewerkt door de hoofdrolspelers, professor Laski, Graham Wallas en Kenneth Galbraith. Deze plannen werden opgesteld om samen te vallen of overeen te komen met wat de "liberalen" in Amerika deden, met name op het gebied van onderwijs, de afzwakking van de Amerikaanse grondwet, het Amerikaanse systeem van politieke economie gebaseerd op gezond geld en beschermende handelstarieven.

Deze vielen grotendeels samen met de plannen van de internationale socialisten voor de vorming van één wereldregering - de Nieuwe Wereldorde. Voor de Fabians in Engeland was het aanpassen van hun plannen aan een Amerikaans tijdschema een grote onderneming. Hun succes kan worden afgemeten aan het feit dat zij er tussen de jaren twintig en dertig bijna in slaagden de Verenigde Staten volledig te socialiseren.

Hoofdstuk 3

ONDERWIJS GECONTROLEERD DOOR SOCIALISTEN: DE WEG NAAR SLAVERNIJ

Het enige gebied van het leven in de Verenigde Staten dat volledig is overgenomen door het fabiaans socialisme is het onderwijs. Op geen enkel ander gebied van hun pogingen om Amerika te socialiseren is hun indirecte, stiekeme, heimelijke methode succesvoller geweest dan in de lange mars van het Fabiaans Socialisme om de controle over het onderwijssysteem van dit land te verkrijgen. De socialisten kregen de controle over Yale, Harvard, Columbia en vele andere universiteiten, die geacht werden in dienst te staan van het socialisme. Zij moesten de toekomstige onderwijscentra en "finishing schools" worden van de socialisten in Amerika, zoals Oxford en Cambridge dat zijn voor de Fabian Society in Engeland.

Aan deze universiteiten ontwikkelde zich een laag van elite-opleiders met sterke banden met het Britse Fabianisme. Tot de meest prominente leden van deze elitegroep behoorden Walter Lippmann en John Reed, die begraven ligt binnen de muren van het Kremlin in Moskou. De socialistische druk op het onderwijs breidde zich uit met linkse/socialistische professoren die dreigden conservatieve studenten slechte cijfers te geven voor het geven van foute antwoorden - fout als ze in strijd waren met de Fabiaanse socialistische ideeën. Het gevolg was dat de traditionele Amerikaanse christelijke conservatieve opvattingen een verschrikkelijke erosie ondergingen. Uit een tweejarig onderzoek (1962-1964) van een Californisch schooldistrict bleek dat in klaslokalen met socialistische docenten dezelfde druk werd uitgeoefend als op universiteiten in het hele land. Ouders waren terughoudend om te klagen, want in gevallen waarin klachten werden ingediend bij het schoolbestuur, kregen hun kinderen slechte cijfers en verloren ze studiepunten.

Vanaf het bezoek van Ramsay McDonald aan de Verenigde Staten wisten de Londense Fabiaanse socialisten dat een frontale aanval op het onderwijs in de Verenigde Staten uitgesloten was. Op een van de meest gedenkwaardige van de vele socialistische bijeenkomsten die in 1905 in New York werden gehouden, in het restaurant van Peck, werd de Intercollegiate Socialist Society (ISS) opgericht. Het was het bruggenhoofd dat de Fabiaanse socialisten in Amerika een snelweg zou geven naar hun overname van het onderwijssysteem.

De man die de Fabian Society uitkoos om het onderwijs in Amerika te socialiseren was John Dewey, hoogleraar filosofie aan de Columbia University in New York. Dewey staat bekend als de vader van het progressieve (socialistische) onderwijs, die zich identificeerde met marxistische organisaties als de League of Industrial Democracy (LID), waarvan hij voorzitter was. Dewey kwam voor het eerst onder de aandacht van de socialistische hiërarchie toen hij les gaf aan de Lincoln School of Teachers College, een broeinest van marxistisch-liberalistisch onderwijs, gesteund door de General Education Board.

Daar ontmoette Dewey Nelson Aldrich en David Rockefeller. Van de twee wordt Dewey geciteerd als zou David volledig gesocialiseerd zijn en zijn filosofieën van harte aanhangen. Het Un-American Committee noemt Dewey lid van 15 marxistische frontorganisaties. Een paar jaar later beloonde Rockefeller Dewey door hem te benoemen tot gouverneur van New York en lid van de Council on Foreign Relations (CFR). Hoewel Dewey de meeste politieke functies ging bekleden, was het de indoctrinatie van Nelson en David Rockefeller in het socialisme en marxisme die de meeste schade aanrichtte, want miljoenen en miljoenen dollars werden vervolgens gedoneerd om de "religieuze clausule" schoolzaken voor het Hooggerechtshof te bestrijden, het onderwijs te ondermijnen en het Amerikaanse schoolsysteem te besmetten met het socialistische virus.

Het 10e Amendement van de grondwet van de VS behoudt de staten politiebevoegdheden over onderwijs, gezondheid en politiebescherming. De bevoegdheden van de federale regering zijn door de staten gedelegeerde bevoegdheden. De eerste 10 amendementen op de Amerikaanse grondwet zijn een verbod op bevoegdheden, waarvan een van de strengste is dat onderwijs een verantwoordelijkheid van de staat is.

Totdat zij in staat waren vooruitgang te boeken op wetgevend gebied, zoals Florence Kelley (echte naam Weschnewetsky) had verklaard, zouden de Amerikaanse Fabiaanse socialisten op typisch Fabiaanse wijze werken aan de ondermijning van het onderwijs in de Verenigde Staten. De bijeenkomst van de Intercollegiate Socialist Society (ISS) in Peck's Restaurant was de eerste langzame stap in het binnendringen en doordringen van het onderwijs zonder de richting aan te geven. Als we terugdenken aan de schijnbaar trage en bijna aarzelende oprichting van de ISS, is het moeilijk te geloven dat dezelfde Amerikaanse Fabiaans-socialistische beweging die haar in het leven riep, ons onderwijssysteem nu aan haar haren meesleept.

Anderen dachten zoals Justice Douglas, Felix Frankfurter, Frank Murphy, William J. Brennan, Arthur Goldberg, Justice Hugo Black en Abe Fortas. Douglas, Murphy en Brennan waren niet alleen fervente socialisten, maar ook hooggeplaatste vrijmetselaars. In de periode 1910-1930 begon het Hooggerechtshof zich intensief bezig te houden met de schoolonderwijszaken, bekend als de "religieuze clausules", waarvan het zich minstens twee decennia lang had gedistantieerd. Het was in deze periode dat het Amerikaanse onderwijssysteem de meeste schade opliep, waardoor het socialisme een enorme inval kon doen die voorheen uitgesloten leek.

Terwijl het Hooggerechtshof religieus onderwijs had verboden - met name gebeden op scholen - waren hun vrijmetselaarsbroeders zeer succesvol geweest in het binnendringen en doordrenken van scholen met socialistische vrijmetselaarsliteratuur. In 1959 haalde Franklin W. Patterson het hoofd van een middelbare school in Baker, Oregon, over om socialistisch georiënteerde schoolboeken te gebruiken. Hetzelfde gebeurde in North Carolina, waar socialistische vrijmetselaarsliteratuur werd verspreid in elk klaslokaal van elke school in Charlotte.

Zoals de voorzitter van het House Banking Committee, Louis T. McFadden, het uitdrukte:

"Op het gebied van onderwijs volgden de Fabian Illuminati een theorie die niemand minder was dan die welke de promotor van het Beierse Illuminisme, Nicolai, in de achttiende eeuw voorstelde. Nadat zij posities hadden verworven in de schoolbesturen van het land, werd het voor de Fabiaanse socialisten heel gemakkelijk om hun educatieve en ontkerstende principes in het schoolcurriculum in te voeren. Hun aanval op religieus onderwijs was subtiel maar dodelijk, zoals blijkt uit de onderwijswet van 1902." .

Ze gingen er openlijk prat op dat ze verschillende bisschoppen en theologen in hun gelederen hadden, met aan het hoofd bisschop Headlam, een van de eerste Fabians... Een van de onderwijsprojecten van de Fabians was de vorming van "kleutergroepen", die bedoeld waren als een soort opleidingsschool voor zeer jonge potentiële socialisten. (Gouverneur Clinton van Arkansas modelleerde zijn socialistische "Governor's School" naar dit model)... Maar verreweg de belangrijkste maatregel van de Fabians op onderwijsgebied was de oprichting, op bestaande universiteiten, van "socialistische universiteitsverenigingen". Het hoogtepunt van de Fabiaanse triomf in het onderwijs was de oprichting van de London School of Economics and Political Science aan de London University, waar een van de belangrijkste docenten nu de socialist Harold Laski is...".

Men kan zeggen dat de socialistische plannen het onderwijsveld hebben besmet met een virus waarvan zij hoopten dat het zich zou verspreiden en onze maatschappelijke orde radicaal zou veranderen. Dit "virus" moest het ruggenmerg van "sociale studies" en "sociale wetenschappen" binnendringen en alle studies naar links draaien. Dit was het uitgangspunt van de National Education Association, vermeld in haar 14e jaarboek in 1936, een standpunt waarvan socialistische opvoeders nooit zijn afgeweken: "Wij zijn voor de socialisatie van het individu."

Met dit in gedachten wilden de socialisten die in de jaren twintig als een wolk sprinkhanen over de Verenigde Staten trokken, zoveel mogelijk van de ideeën uit het Communistisch Manifest van 1848 in de onderwijswetgeving implementeren. Ze hoopten de grondwet te omzeilen door wat Florence Kelley "wetgevende actie" noemt. Op pagina's 4583-4604, Congressional Record, 23 februari 1927, onder de titel "General Deficiency Appropriation Bill", vinden we hun methoden beschreven.

"... Communistische groepen moeten kinderen laten zien hoe ze geheime haat en onderdrukte woede kunnen omzetten in bewuste strijd....". Het belangrijkste is de strijd tegen de tirannie van de schooldiscipline."

John Dewey en zijn volgelingen probeerden het leren van woordenschat op school te beperken, wetende dat de diepgang van het onderwijs evenredig is met iemands woordenschat. Woordenschat moet aan kinderen worden geleerd, ook al wordt het alleen uit een woordenboek geleerd. Alle kandidaten voor een overheidsbaan zouden een Engelse woordenschattoets moeten afleggen, en dit zou kunnen worden uitgebreid tot kandidaten voor een overheidsbaan. Zelfs aanvragers van een uitkering zouden een Engelse woordenschattoets moeten afleggen. Dit zou het effect van het socialisme in het onderwijs tenietdoen en het doel van het socialisme om een meerderheid van middelmatige kinderen voort te brengen, die zullen opgroeien tot middelmatige volwassenen, "bijstandtrekkers" om een regime van socialisme te ondersteunen, verijdelen.

Een andere gespecialiseerde tactiek is het verspillen van de middelen van naties door onverantwoorde uitgaven, zodat "destructief" aan de orde van de dag wordt. Dit heeft tot gevolg dat de kosten van het hoger onderwijs gestaag stijgen. We zien het cumulatieve effect van het beleid van John Maynard Keynes in het aantal studenten dat niet naar de universiteit gaat, en degenen die afhaken omdat het collegegeld te hoog voor hen wordt. Op deze manier wordt het aantal studenten met toekomstige leiderschapskwaliteiten verminderd, opzettelijk en met opzet.

Het hele idee van socialistisch "onderwijs" is om intelligentie zoveel mogelijk tot een minimum te beperken en tegelijkertijd middelmatigheid te bevorderen. Dit geldt natuurlijk niet voor de toekomstige leiders die zij zelf hebben gekozen uit de beste en slimste socialisten en die als Rhodes geleerden naar de Oxford "flulshlng school" worden gestuurd. Een uitstekende verwijzing naar onderwijs als middel om communisme en socialisme te verwarren is te vinden in het Congressional Record, House, 26 juni 1884, pagina 336, bijlage:

"Ik geloof dat intelligentie het anker is van onze regeringsvorm en daarom ben ik een groot voorstander van volksonderwijs.

Daniel Webster verwoordde dit sentiment, waarvan de waarheid door de geschiedenis is aangetoond, toen hij zei: "Het is intelligentie die de statige zuilen van onze nationale glorie heeft verheven, en het is intelligentie die hen kan behoeden voor een val in de as. De verspreiding van intelligentie moet de regering zijn - het zal niet alleen een bescherming zijn tegen de centralisatie van politieke en financiële macht aan de ene kant, maar onze veilige en zekere verdediging tegen communisme, nihilisme en revolutionaire tendensen aan de andere kant."

"Maar met een dichte bevolking, opgehoopte rijkdom en een zeker feminisme duiken nieuwe gevaren op, en we moeten vertrouwen op onderwijs en intelligentie om ze zoveel mogelijk tegen te gaan, want 'wat je zaait, zul je oogsten' geldt evenzeer voor staten als voor mannen. Na de christelijke godsdienst is de school de grootste beschaver van de mensheid. Openbare scholen worden, zoals alles, bekritiseerd, maar totdat er iets beters is bedacht, ben ik voor het behoud en de uitbreiding ervan...".

Deze grote toespraak werd gehouden door de geachte James K. Jones van Arkansas. Jones, van Arkansas, en laat zien hoeveel geavanceerder onze vertegenwoordigers waren in de jaren 1800 dan degenen die nu in het Congres zitten. Het laat ook op de duidelijkst mogelijke manier zien waarom socialisten zich genoodzaakt voelen het onderwijs over te nemen voor hun eigen sinistere doeleinden, en waarom zij het ook nodig vinden het christendom te ontkennen. Het is duidelijk dat moraal, onderwijs en religie hand in hand gaan, en de socialisten weten dat.

De socialisten slaagden erin een van hun belangrijkste protagonisten, Hugo Lafayette Black, benoemd te krijgen tot rechter bij het Hooggerechtshof. Black, een lid van de Unitarische (Goddeloze) Kerk en een vrijmetselaar, had nooit bevestigd mogen worden omdat hij elke regel van de Senaat overtrad. De ernstige situatie die de benoeming van Black met zich meebracht werd aangekaart door de senatoren William Borah (R.ID) en Warren Austin (R.NH). Zij wezen erop dat Black grondwettelijk niet in aanmerking kwam omdat hij lid was van het Congres toen dat een wet uitvaardigde die het salaris van de rechters van het

Hooggerechtshof verhoogde en daarom niet kon worden bevorderd tot een positie die meer betaalde dan hij als lid van het Congres ontving.

De Grondwet is volkomen duidelijk op dit punt:

> "Geen Senator of Vertegenwoordiger zal, gedurende de periode waarvoor hij is verkozen, worden benoemd tot enig burgerlijk ambt onder het gezag van de Verenigde Staten, dat is ingesteld of waarvan de emolumenten gedurende die periode zijn verhoogd."

Ten tijde van Blacks benoeming kreeg hij als lid van het Congres 109.000 dollar betaald, terwijl de salarissen van rechters werden verhoogd tot 20.000 dollar per jaar. Ondanks deze duidelijke overtreding van de wet, oordeelde Roosevelt's procureur-generaal, Homer Cummings, dat Black's benoeming tot het Hooggerechtshof legaal was!

De alliantie tussen de socialisten en de vrijmetselaars had Black nodig in het Hooggerechtshof omdat ze wisten dat hij sympathiek stond tegenover hun zaak en altijd in hun voordeel zou beslissen in onderwijszaken op grond van de "religieuze clausule", en hun vertrouwen in Black werd ruimschoots beloond. Black heulde met Samuel Untermeyer, Schofield, Gunnar Myrdal, de rechters Earl Warren en Louis D. Brandeis, Roosevelt en Florence Kelley, die er allemaal naar streefden het onderwijs onder socialistische controle te brengen.

De hoogste en organische wet van het land is de wet gebaseerd op de leer van de Christelijke Bijbel. Door deze niet te gehoorzamen is het Hooggerechtshof van de Verenigde Staten in overtreding. Het moderne onderwijs, gebaseerd op de beslissingen van het Hooggerechtshof, heeft de bijbelse wet geschonden. Scholen en hogescholen zijn de gevaarlijkste plaatsen geworden om onze jongeren zonder toezicht en zonder controle achter te laten. Een van de manieren waarop socialisten de overhand hebben gekregen is het niet erkennen van religieuze scholen en vooral katholieke scholen.

In dit geval waren de diensten van de illegaal benoemde rechter Hugo Black van onschatbare waarde bij het beslissen over zaken die door vijanden van de Amerikaanse grondwet waren aangespannen op grond van de zogenaamde "religieuze clausule". Black, bekend om zijn militante anti-katholicisme en zijn verzet tegen schoolonderwijs in het algemeen, volgde slaafs de vrijmetselaars-"principes" in zijn uitspraken; de meeste waren zelfs rechtstreeks afkomstig uit de vrijmetselaarsliteratuur. De meest opvallende "principes" waarop Black zijn uitspraken baseerde waren:

> Beginsel nr. 1: "Openbaar onderwijs voor alle kinderen van alle mensen."

> Beginsel nr. 5: "Volledige scheiding van kerk en staat en verzet tegen elke poging om openbare middelen, direct of indirect, aan te wenden ter ondersteuning van sektarische of particuliere instellingen".

Zoals we zullen zien in de hoofdstukken over de corruptie van de Grondwet, maakte het Hooggerechtshof binnen twee jaar na de benoeming van Black een enorme bocht naar links en verklaarde de overheidsfinanciering van religieuze scholen ongrondwettig, op basis van de totaal verkeerde premisse van Jefferson's Bill for Religious Freedom, die niet in de Grondwet stond, maar was voorbehouden aan Virginia. Zo ontstond de totaal ongrondwettelijke "muur van scheiding van kerk en staat", gebaseerd op misleiding en regelrechte fraude.

De kwestie van "federale" steun aan religieuze scholen werd opnieuw aan de orde gesteld door afgevaardigde Graham Barden in 1940. Barden was een socialistische vrijmetselaar, en gaandeweg zullen we zien hoe vrijmetselarij en socialisme hebben samengewerkt om het onderwijs in Amerika te vernietigen. De bedoeling van de Barden Bill was om de scholen te controleren, zodat het socialisme vrijelijk onderwezen kon worden. Dit werd bevestigd door Dr. Cloyd H. Marvin, president van de George Washington Universiteit, in een brief van 11 mei 1944, aan het House Committee on World War Veterans. Wat Burden probeerde te doen was het recht van veteranen om theologische seminaries te bezoeken, in het bijzonder katholieke seminaries, als ze dat wilden, te elimineren. Barden had in 1941 deelgenomen aan de Fabian Conference of Representatives of Educational Associations, een instrument van de vrijmetselarij en het socialisme.

Volgens Dr. Marvin zouden er geen openbare scholen moeten zijn, want in zijn woorden: "we kunnen geen twee systemen in stand houden die het beleid van het reguliere onderwijs verstoren." Dit was een van de duidelijkste gevallen in het archief van de vrijmetselarij als drijvende kracht achter de Conferentie van Vertegenwoordigers van de Onderwijsvereniging. Hoewel het besproken wetsvoorstel ogenschijnlijk in de eerste plaats over de G.I. ging, waren de vertakkingen ervan niettemin zeer breed, want Rep. Barden probeerde via het G.I. wetsvoorstel particuliere religieuze scholen uit de handen te houden van veteranen die naar de universiteit gingen.

Dr. Marvin was geen gewone opvoeder. Hij was een levenslange socialist en een 33e graad Vrijmetselaar. Op de George Washington Universiteit kon hij grote invloed uitoefenen dankzij een beurs van 100.000 dollar die hij ontving van de Schotse Rite der Vrijmetselarij. Marvin vond een vriend in rechter Hugo Black, die zijn positie in het Hooggerechtshof te danken had aan de Vrijmetselaars. Na zijn vertrek uit de Senaat kregen de socialisten Blacks Senaatszetel bezet door Lister Hill uit Alabama, een vaste socialistische kruisvaarder en overtuigd vrijmetselaar. Jarenlang kon Hill de federale financiering van openbare scholen blokkeren, vooral van religieuze scholen. Hill staat vermeld in de Congressional Directory, 79e Congres, 1e Zitting, augustus 1985, pagina 18, als een 32e graad vrijmetselaar.

Nergens heeft de socialistische druk op het onderwijs zich sterker gemanifesteerd dan via de National Education Association (NEA). Met de passage van de GI Bill was er een nieuwe poging om de federale financiering van openbare scholen zonder voorwaarden af te schaffen, waarbij de voorwaarden nog steeds in handen waren van de NEA. Op 10 januari 1945 sponsorde de NEA nieuwe wetgeving die geen federale financiering van openbare scholen zou toestaan. De wetgeving was opgesteld door rechter Hugo Black. Het doel van de maatregel was om, eerder door weglating dan door directe uitsluiting, de gewenste doelen van de NEA te bereiken. Het is een vakkundig opgesteld stuk wetgeving. Dezelfde vaardigheid werd getoond in 1940 toen de zogenaamde "scheiding van kerk en staat" wetgeving werd opgesteld.

De beslissingen van de socialistisch-unitaire rechters die van 1935 tot 1965 het Hooggerechtshof domineerden, verboden in feite christelijke onderwijsprogramma's op openbare scholen. In de sfeer van oorlogshysterie van de jaren veertig vond niemand het nodig erop te wijzen dat elke inmenging van de federale overheid in het onderwijs een flagrante schending was van het 10e Amendement. De verregaande uitspraak van het Hof over de zogenaamde "scheiding van kerk en staat" was volkomen onwettig en staat niet in de Grondwet. Er is geen grondwettelijke basis voor de "scheiding van kerk en staat" die werd gebruikt om de basis voor religieus onderwijs op scholen te vernietigen.

De aanvaarding van dit bevooroordeelde stuk wetgeving, een sterke aanval op de grondwettelijke rechten van Wij het Volk, had een directe impact op de kwaliteit van het Amerikaanse onderwijs, dat onmiddellijk na deze frauduleuze en ongrondwettelijke beslissing instortte. Het Amerikaanse onderwijs werd vervolgens overspoeld door het onderwijzen van allerlei "rechten" die niet bestonden, "vrouwenrechten", "burgerrechten" en "homorechten". Het verbieden van religieus onderwijs op scholen en de invoering van het "humanisme" door John Dewey werden vrijwel onmiddellijk gevolgd door een enorme toename van geweldsmisdrijven.

Amerika, gebaseerd op het christendom, is ontvoerd, losgekocht, verkracht, het slachtoffer geworden van socialistische barbarij, geslagen en gekneusd, en nauwelijks in staat om op de knieën te kruipen in de jaren '90, ongeveer zo ver weg van het land als de Founding Fathers het wilden maken. In deze woeste aanval op de deugdzame Republiek van de Verenigde Staten speelde de socialistische vrijmetselaarscontrole van het onderwijs, vanaf de eerste klas, de hoofdrol.

Het is keer op keer bewezen dat kinderen beginnen te leren in de lagere klassen, 1e, 2e, 3e. In gezinnen uit de middenklasse, waar meer belang wordt gehecht aan leren, helpen ouders hun kinderen met lezen, maar in gezinnen uit de lagere klasse helpen ouders hun kinderen steevast niet, met als gevolg dat kinderen die slecht lezen naar criminele activiteiten neigen. Er zijn altijd uitzonderingen, maar opvoeders die niet verblind zijn door oogkleppen van "minderheden" erkennen dat het bovenstaande over het algemeen waar is.

In een rotte samenzwering tussen de socialist en president Harry Truman werd Plessy v. Ferguson, de doctrine van "gescheiden maar gelijk" onderwijs, ondermijnd door president Truman, terwijl hij heimelijk deed alsof hij die doctrine steunde. De echte kwestie was dat noch Truman noch iemand anders in de federale regering het recht had zich te mengen in onderwijszaken, omdat, zoals we elders hebben gezegd, het 10e Amendement van de Amerikaanse Grondwet de onderwijsbevoegdheden voorbehoudt aan de staten. Het is de federale regering verboden zich te bemoeien met onderwijs, dat uitsluitend aan de staten toebehoort.

Een van de belangrijkste oorzaken van de afschuwelijke achteruitgang van het onderwijs in ons land is te vinden in de historische zaak Everson v. Board of Education, die op 5 oktober 1943 voor het Hooggerechtshof van New Jersey werd gebracht. De zaak kwam voort uit vragen die vertegenwoordiger Graham Barden in 1940 stelde over religieuze scholen die overheidssubsidies ontvingen. De Everson zaak was een reprise van Barden's verworpen wetsvoorstel. Zoals ik al eerder opmerkte, zijn socialisten hardnekkig in hun pogingen om de Amerikaanse grondwet omver te werpen, die zij zien als het belangrijkste struikelblok voor hun vurige wens om de mensen van deze natie te socialiseren.

In de zaak Everson stond de staat New Jersey toe dat de stad Ewing betaalde voor de kosten van het vervoer van (vrijwillige, niet verplichte) schoolkinderen naar alle scholen, met inbegrip van religieuze scholen. De aanklager, Arch Everson, was tegen de financiering van vervoer voor kinderen die naar religieuze scholen gingen. Hij werd gesteund door de Vrijmetselaars en de American Civil Liberties Union (ACLU), hoewel de ACLU zich buiten de rechtszaak hield. Ogenschijnlijk kwam het bezwaar alleen van de heer Everson in die procedure. De socialisten moesten de zaak winnen om deze als hoeksteen te kunnen gebruiken om een precedent te scheppen voor toekomstige geplande aanvallen op de "religieuze clausule" zaken in het onderwijs die zij van plan waren aan te spannen als Everson zou winnen.

De zaak werd behandeld door het Hooggerechtshof van New Jersey, dat de stad Ewing toestond het vervoer van kinderen naar alle scholen te blijven financieren. Gesteund door de uitgesproken ACLU en de Vrijmetselaars bracht Everson zijn zaak voor het Hooggerechtshof. Het was de kans van zijn leven voor Black om zijn onwetendheid over de grondwet en zijn vooroordelen tegen het christendom te demonstreren en tegelijkertijd een slag te slaan voor het socialisme. Het Hooggerechtshof oordeelde tegen de staat New Jersey, waarbij de ACLU zich openlijk uitsprak als "vriend van het hof". De brief van de ACLU was praktisch een kopie van een citaat van Mason, gemaakt door Elmer Rogers enkele jaren eerder. Gesuperponeerd op het Mason citaat, paste de ACLU brief bijna perfect.

Het meerderheidsbesluit van het Hof werd geschreven door Mr. Justice Hugo Black. Gevuld met socialisten en vrijmetselaars had het Hof nauwelijks kunnen oordelen tegen de vooroordelen van zijn leden, haters die zich heftig verzetten tegen het onderwijzen van het christelijk geloof in scholen die zogenaamde "federale" steun ontvangen.

Vóór 1946 was de "muur tussen kerk en staat" bijna nooit gebruikt in een juridisch argument. Het waren immers slechts de woorden van Thomas Jefferson, een eenvoudige uitdrukking die niet in de Grondwet stond. Maar na de zaak Everson, waarin rechter Hugo Black speciaal tot het Hooggerechtshof werd verheven om de eiser Everson in het gelijk te stellen, ontketende de rechter een stortvloed van beledigingen tegen het christendom in het bijzonder, en tegen godsdienstonderwijs op scholen in het algemeen.

De rechtbanken hebben gebeden op scholen verboden, mondelinge voorlezingen uit de Bijbel verboden, atheïsme en seculier humanisme tot godsdiensten verklaard die beschermd worden door het Eerste Amendement, en de gewoonte om kinderen toe te staan gebedsdiensten bij te wonen op schoolterreinen vernietigd, dit alles tegen aloude tradities en gebruiken zoals het zingen van kerstliederen, hebben godsdienstonderricht door leraren verboden, en zijn, zoals we zullen zien in de hoofdstukken over wetgeving, buiten de reikwijdte van de Grondwet getreden. Het Hooggerechtshof heeft een uitdrukking van Jefferson, "de muur van scheiding tussen kerk en staat", die geen grondwettelijke waarde heeft, in de grondwet opgenomen en zo de Verenigde Staten van Amerika veranderd in een samenleving waarin de christelijke godsdienst geen enkele rol mag spelen in de staatszaken, wat zeker niet de bedoeling was van de Founding Fathers.

Black was zo schaamteloos bevooroordeeld dat zijn collega-rechters de gelegenheid hadden om in weinig vleiende bewoordingen over hem te schrijven. In een dagboekaantekening van 9 maart 1948 schreef Frankfurter dat rechter Harold O. Burton "geen idee heeft van de kwaadaardigheid van mannen als Black en Douglas die niet alleen pervers kunnen zijn, maar dat ook zijn". Dit werd duidelijk in de zaak Everson, waar Black zijn bevooroordeelde, Christus hatende vastberadenheid demonstreerde dat religie geen rol mag spelen in het leven van onze natie. Het verval begon met Everson, zette zich voort met Brown vs. Board of Education en, onvermijdelijk, Roe vs. Wade, dat tot op de dag van vandaag de grootste overwinning en triomf op de Amerikaanse grondwet en het Amerikaanse volk is die ooit door Fabiaanse socialisten is behaald. Het Hooggerechtshof werd corrupt met de komst van Black en is dat sindsdien gebleven.

Er is nog nooit een duidelijker geval van schending van het Negende Amendement geweest dan het Everson besluit. Het Negende Amendement verbiedt rechters om hun eigen ideeën op te nemen in rechtszaken die niet in de Grondwet staan. Dit heet preemption, en dat is precies wat Black en zijn collega-rechters deden in Everson. Ze verdraaiden en comprimeerden de Grondwet om hun eigen stinkende vooroordelen te passen en kozen de kant van de socialistische vrijmetselarij, waardoor de Grondwet volledig werd bezoedeld.

De socialisten staan op het punt Brown v School Board, Topeka, Kansas, voor het Hooggerechtshof te brengen. Rechter Vinson had Truman verteld dat Brown v. School Board geregeld zou worden en dat "gescheiden maar gelijk" onderwijs zou blijven bestaan. Vinson deed dit terwijl hij wist dat dit niet waar was. Dus toen opperrechter Earl Warren, een socialist en 33e-graads vrijmetselaar, de beslissing over Brown v. School Board voorlas, riep het publiek verbaasd, sommigen van hen goed geïnformeerd, omdat ze gekomen waren om het Hof Plessey v. Ferguson te horen bevestigen.

Weinig mensen die op die noodlottige dag in de rechtbank aanwezig waren, konden zich de enorme klap realiseren die zojuist was toegebracht aan het "gestandaardiseerde", "gesocialiseerde" onderwijs, in de meest flagrante schending van de Grondwet tot nu toe. Het is waar dat in het verleden verschillende pogingen waren ondernomen om de Grondwet te omzeilen door "wetgevende maatregelen", zoals voorgesteld door de socialiste Florence Kelley (Weschnewetsky). In 1924 werd een wetsvoorstel ingediend met de bedoeling en het doel om het 10e Amendement van de Amerikaanse Grondwet te schenden, voor zover het wetsvoorstel streefde naar de oprichting van een ministerie van Onderwijs, dat zijn titel ontleende aan het communistische ministerie van Onderwijs in bolsjewistisch Rusland. Het idee was om het onderwijs in de Verenigde Staten te "nationaliseren", "standaardiseren" en "federaliseren" zoals in de USSR.

Het wetsvoorstel had tot doel alle Amerikaanse kinderen te dwingen dezelfde "gestandaardiseerde" schoolboeken te lezen, met daarin een gezonde dosis marxistische, socialistische en leninistische schoolboeken, zodat de kinderen uit het schoolsysteem zouden komen als brave socialistjes, klaar om naar één wereldregering toe te marcheren - de nieuwe wereldorde. De leidende socialisten van de Fabian Society hebben altijd gezegd dat standaardisering van het onderwijs de snelste manier is om de natuurlijke barrières voor het socialisme in Amerika af te breken, door omvang, geografie, klimaat, plaatselijke gewoonten, plaatselijke schoolbesturen. Webb had gemerkt dat diversiteit een probleem was voor het socialisme, en diversiteit bestond in Amerika in overvloed, waardoor het land moeilijk te penetreren was met marxisme, communisme, socialisme.

Daarom zorgden onze Founding Fathers er met hun vooruitziende blik en wijsheid voor dat de bevoegdheden op het gebied van onderwijs in handen van de staten bleven en niet in handen van de federale overheid kwamen. Dit systeem van staatsonderwijs was een bescherming tegen anarchie en nihilisme in de natie. Hoewel ze in dit geval faalden, gaven de socialisten hun poging om de controle over het onderwijs over te nemen nooit op, en hun kans kwam met het verraderlijke gedrag van president Jimmy Carter en het opruiende Huis en de Senaat, die een wetsvoorstel doordrukten om het onderwijs te federaliseren, in strijd met het 10e Amendement. Als resultaat werd het illegale Amerikaanse Ministerie van Onderwijs opgericht.

Carter zal de geschiedenis ingaan als een president die op grote schaal verraad en opruiing pleegde. "Ik zal niet tegen jullie liegen," zei Carter, en vervolgens begon hij socialistische wetgeving in te voeren, waardoor staten niet langer hun eigen beslissingen over onderwijs konden nemen en de bevolking het Panamakanaal werd ontzegd. De 13e, 14e en 15e Amendementen op de Amerikaanse

Grondwet werden nooit geratificeerd, dus alle wetgeving die door het Congres onder deze amendementen wordt aangenomen, valt buiten de controle en de reikwijdte van de Grondwet. Dr. William H. Owen zou van Carter gehouden hebben. Owen was president van Chicago Normal College, Chicago, Illinois en voorzitter van de NEA, die gekozen was om de NEA te vertegenwoordigen op de wereldconferentie over onderwijs op 23 juni 1923 in San Francisco. In zijn toespraak zei hij:

> "... Ondanks wat wij schrijven en zeggen, gelooft de wereld niet dat onderwijs, als vorm van sociale controle, vergelijkbaar is met legers, marines en staatsmanschap.... Wij zouden onze tijd en inspanning moeten wijden aan het delen van een constructief onderwijsprogramma dat zal aantonen wat onderwijs kan doen als een vorm van sociale controle die vergelijkbaar is met legers...".

Het bovenstaande laat zien waarom het zo gevaarlijk is om het onderwijs over te laten aan de federale overheid, vooral met de komst van de socialist Woodrow Wilson, wiens regering met grote sprongen socialisten verzamelde, tot we vandaag de dag de regering-Clinton hebben die vol zit met socialisten, die in feite weinig verschillen van de socialistische Labor Party-regeringen in Engeland. Onze Founding Fathers waren wijs genoeg om te voorzien wanneer socialistische agenten als Wilson, Kennedy, Johnson, Carter, Bush en Clinton, en socialisten als Owen, vermomd als "opvoeders", zouden proberen onze natie naar links te sturen via hun opruiende "onderwijs"-programma's, en dus zorgden zij ervoor dat de bevoegdheden van het onderwijs verboden terrein waren voor de federale regering.

Maar het Hooggerechtshof gebruiken om de Grondwet te omzeilen was een gevaarlijke ontwikkeling die de Founding Fathers niet konden voorzien. Ze wisten dat er in hun tijd verraders bestonden, maar ze konden niet weten dat een man als opperrechter Earl Warren de spot zou drijven met de grondwet. Warren zou het 14e Amendement op de Amerikaanse Grondwet "van alles en nog wat" hebben laten betekenen. Het was door deze afschuwelijke uitvlucht, niet geratificeerde amendementen en een Hooggerechtshof dat werd gesmoord door rechters met opruiende gedachten, dat de verfoeilijke Brown v Board of Education beslissing "wet" werd, wat het niet is, maar waaraan de staten niettemin verplicht zijn te gehoorzamen.

Een andere vreselijke uitvlucht en regelrechte misleiding was Warren's gebruik van totaal bevooroordeelde sociologische gegevens opgedoken door Dr. Gunnar Myrdal, een socialistische schoft wiens economische theorieën Zweden miljarden hebben gekost.

Het Ministerie van Onderwijs werd opgericht om de controle over het onderwijs weg te nemen van de staten en het Amerikaanse onderwijs te vervangen door een systeem dat ervoor zou zorgen dat kinderen opgroeiden in de socialistische vorm en politieke leiders werden, op de socialistische manier om een nieuwe politieke orde te bevorderen, gebaseerd op het Sovjetsysteem, die zal leiden tot één wereldregering - de Nieuwe Wereldorde.

Wat het Warren Court probeerde te doen in Brown v. Board of Education, en wat andere rechters van het Hooggerechtshof ook hebben geprobeerd, is het eerste deel van het 14e Amendement los te koppelen van de Grondwet als geheel, zodat het kon betekenen wat ze er maar in wilden lezen - een klassieke voorliefde die verboden is door het 9e Amendement. Elk deel van de Grondwet MOET worden geïnterpreteerd in het licht van de gehele Grondwet, die niet kan worden gefragmenteerd. De Slaughterhouse decisions maakten Warren's Brown v Board of Education belachelijk, die, als hij die had waargenomen, Warren de fout van zijn wegen zou hebben getoond.

Aangezien rechter Warren besloot de slachthuisbeslissing niet te lezen, besliste hij Brown v Board of Education op basis van de Civil Rights Act van 1964. We bespreken dit in meer detail in de hoofdstukken over de Grondwet. In Brown v. Board of Education hebben we te maken met de communautarisering van het onderwijs in de Verenigde Staten. Wat is het verschil tussen de gedwongen verwijdering van kinderen uit hun gemeenschap en de verwijdering van politieke gevangenen naar de goelags van Siberië, of de verwijdering van kolonisten naar Engeland voor berechting, waartegen Thomas tekeer ging?

Er is geen verschil! Kinderen, zwart en blank, worden tegen hun wil vervoerd naar andere plaatsen. Dit is een schending van leven, vrijheid en eigendom, evenals van een eerlijk proces, dat Brown vs. Board of Education kinderen en ouders ontnam. Alleen al daarom is Brown vs. Board of Education 100% ongrondwettelijk. Waarom moeten ouders en kinderen lijden onder een schending van hun 5e Amendement rechten om de socialistische ontwerpen van socialistische opvoeders en hun vrienden in de rechtbank te verwezenlijken? Onze kinderen lijden onder "wrede en ongewone straffen" doordat ze vanwege hun ras uit hun gebied worden vervoerd naar magneetscholen, paringscholen en dergelijke. Ze krijgen geen juryrechtspraak, geen eerlijk proces, maar worden gewoon in bussen gedreven onder totalitaire, communistische "wetten".

Kinderen en hun ouders zijn burgers van de Staten, EERSTE: Artikel IV sectie 2, deel 1. Burgers van elke staat hebben recht op alle voorrechten en immuniteiten van burgers van de verschillende staten en van Amerikaanse burgers, ten tweede. Het 14e Amendement was nog steeds een beperking voor de federale regering, ook al was het niet geratificeerd, dus de staten behielden hun soevereiniteit en konden niet door de federale regering aan het onderwijs worden opgelegd.

Er is enorme druk op rechters om in het voordeel van de American Civil Liberties Union (ACLU) te beslissen in zaken betreffende religie op scholen. De ACLU diende 23 van dergelijke brieven in en in zaken die door rechter Felix Frankfurter werden behandeld, oordeelde hij altijd in het voordeel van de ACLU. Een van de bondgenoten van de ACLU is dominee Davies van de Unitarische Kerk waarvan rechter Hugo Black lid is. Dit is wat Davies te zeggen had over de "religieuze clausule" schoolzaken:

> "Zoals de vrijheid van Sint Paulus, moet godsdienstvrijheid gekocht worden tegen een hoge prijs. En voor hen die er het meest gebruik van maken en aandringen op religieus onderwijs voor hun kinderen, gemengd met secularisme onder de voorwaarden van onze Grondwet, is de prijs groter dan andere..... Geloofsovertuigingen zijn verouderd, de basis van hun aanspraken is met gisteren vervallen."

Justice Hugo Black was 100% voorstander van het vullen van het US Supreme Court met socialistische rechters, wat Roosevelt en Truman zeker deden.

Rechter Hugo Black was een overtuigd vrijmetselaar, en men moet aannemen dat hij de vrijmetselaarstenten in het onderwijs een warm hart toedroeg:

> "Daarnaast is de vorm van de geleerde literaire vereniging het meest geschikt voor onze doeleinden en als de vrijmetselarij niet had bestaan, zou deze dekmantel zijn gebruikt en het kan veel meer zijn dan een dekmantel, het kan een krachtige motor in onze handen zijn. Door leesgezelschappen en abonnementsbibliotheken op te richten, ze onder onze leiding te nemen en ze door ons werk te voeden, kunnen we de publieke opinie in de door ons gewenste richting sturen. We moeten het gewone volk overal voor ons winnen. Wij zullen dit voornamelijk bereiken door middel van de scholen, en door open en warm gedrag, populariteit en tolerantie voor hun vooroordelen, die ze op hun gemak uitroeien en verdrijven... Wij moeten de leiding van het onderwijs en het beheer van de kerk - van de beroepspreekstoel en het altaar - verwerven."

Wat werkelijk verbazingwekkend is, is dat als we de geschriften van Beatrice en Sydney Webb nemen en ze leggen naast de vrijmetselaarsopvattingen over onderwijs, we ontdekken dat ze bijna altijd identiek zijn! De aanval op het Amerikaanse onderwijs werd geleid door het Tavistock Institute of Human Relations, 's werelds voornaamste hersenspoelingsinstituut, en zijn "opvoeders", Kurt Lewin, Margaret Meade, H.V. Dicks, Richard Crossman en W.R. Bion. Deze vijanden van de Amerikaanse Republiek werden losgelaten op een onschuldig en nietsvermoedend publiek, met rampzalige gevolgen voor het onderwijs.

Hun "nieuwe wetenschappelijke" projecten voor Amerikaanse scholen omvatten de studie van masturbatie, homoseksualiteit, travestie, lesbianisme, prostitutie, exotische religies, sektes en religieus fundamentalisme.

De zogenaamde "Civil Rights Act" van 1870, die bedoeld was om het 15e Amendement af te dwingen, dat nooit goed bekrachtigd werd, was specifiek van toepassing op Chinezen die door opiumsmokkelaars en spoorwegmagnaten als de Harimans werden overgebracht, en zou vandaag de dag geen invloed mogen hebben, omdat het 15e Amendement nooit goed bekrachtigd werd. Te suggereren dat "gelijke bescherming van de wetten" in Sectie 1 van het 14e Amendement betekent dat iedereen hetzelfde intelligentieniveau heeft - dat is meer dan zelfs de ergste liberaal met sterrenogen voor waar kan houden! Maar dat is precies wat Brown vs. Board of Education probeerde te doen - alle geesten op een gemiddeld niveau brengen. Dit is de kern van Brown vs. Board of Education en het is egalitarisme in actie.

Opruiing in het onderwijs is net zo'n realiteit als "wapenbeheersing", net als de opruiing door senator Meztenbaum en vertegenwoordiger Schumer. Door het onderwijs te verdraaien, eerst door de oprichting van een federaal ministerie van Onderwijs en vervolgens door het optreden van het Hooggerechtshof in het kader van Brown vs. Board of Education, is er sprake van verraad en opruiing. Het vernietigen van het Amerikaanse onderwijssysteem en het vervangen door een marxistisch/leninistisch/socialistisch systeem zal de natie van binnenuit doen rotten. Rechter Warren, een seculiere humanist, maakte zich schuldig aan verraad toen hij toestond dat Brown vs Board of Education "wet" werd.

De National Education Association (NEA) is een 100% socialistisch-marxistische organisatie. Haar eerste taak was om het juiste onderwijs in geschiedenis, aardrijkskunde en maatschappijleer uit de scholen te verwijderen en te vervangen door communistisch-vriendelijke maatschappijleer. De NEA is een socialistische organisatie die al sinds de jaren 20 actief bezig is met het ondermijnen van het onderwijs in de VS. Zij bevonden zich ongetwijfeld in de voorhoede van degenen die in 1954 de Brown v Board Education zaak aanhangig maakten, "geregeld" door rechter Earl Warren, op de manier van Abe Fortas.

Met de socialistische overname van de Amerikaanse scholen werden nieuwe lesprogramma's ingevoerd, waarbij kinderen vakken kregen als soap opera's en onzinnige "milieukwesties". "In totaal rekruteerde het Tavistock Instituut 4.000 nieuwe sociale wetenschappers om te werken aan het afkeren van het Amerikaanse onderwijs van traditionele waarden. De resultaten van hun inspanningen zijn zichtbaar in de enorme toename van geweldsmisdrijven onder tieners, schoolovertredingen en verkrachtingen. Deze statistieken weerspiegelen het succes van de methoden van het Tavistock Instituut.

Onder de door de socialisten gerekruteerde "opvoeders" bevonden zich de socialist Gunnar Myrdal en zijn vrouw, oorspronkelijk uit Zweden. De Myrdals hadden een lange geschiedenis van trouw aan socialistische/Marxistische ideeën. Dr. Myrdal had gewerkt als assistent van de uitgesproken socialist Walt Whitman Rostow bij de Economische Commissie voor Europa van de Verenigde Naties in Genève. Rostow's verraderlijke activiteiten worden beschreven in andere hoofdstukken van dit boek. Voordat Myrdal bij Rostow ging werken, had hij in Zweden gewerkt als minister van Handel, een functie waarin hij bijna onherstelbare schade toebracht aan de Zweedse economie in ware socialistische uitgavenstijl.

Myrdal werd door de socialistische Carnegie-stichting uitgekozen om een studie te maken van de rassenverhoudingen in de Verenigde Staten, dankzij een subsidie van 250.000 dollar. Men dacht dat, aangezien Myrdal geen ervaring had met zwarten, aangezien die er in Zweden niet waren, zijn studie onpartijdig zou zijn. Wat men zich toen niet realiseerde, was dat de hele zaak een opzet was: Myrdal zou een reeks bevindingen produceren die zouden worden gebruikt in de beroemde Brown v. Board of Education-zaak. Myrdal produceerde een rapport vol volledig frauduleuze sociaal-politieke bevindingen waarin in wezen werd beweerd dat zwarte mensen in het onderwijs tekort werden gedaan. Myrdal's conclusies zaten vol gaten.

Bovendien was Myrdal, verre van een belangeloze wetenschapper, een verklaarde vijand van de Amerikaanse grondwet, die hij beschreef als een

> "een bijna fetisjistische cultus... een 150 jaar oude Grondwet (die) in veel opzichten onpraktisch en ongeschikt is voor de moderne omstandigheden....". Moderne historische studies onthullen dat de grondwettelijke Conventie een complot was tegen het volk... Tot voor kort werd de Grondwet gebruikt om de volkswil te blokkeren."

Myrdal en zijn vrouw maakten een reis door de Verenigde Staten onder auspiciën van de socialist Benjamin Malzberger. Onder de vele denigrerende opmerkingen van Myrdal was er een waarin hij het Amerikaanse volk beschreef als "bekrompen blanken, gedomineerd door de evangelische religie", en zuidelijke blanken als "arm, ongeschoold, grof en vuil". Het was deze man die het "onpartijdige" sociologische rapport schreef dat Chief Justice Earl

Warren in staat zou hebben gesteld de zaak Brown v. Board of Education te beslissen.

Wat zat er achter de grote socialistische campagne van de jaren twintig en vijftig om het Amerikaanse onderwijssysteem te vernietigen? Het kan in een paar woorden worden samengevat: Het centrale idee was om "nieuwe geesten te produceren", want alleen door nieuwe geesten kon de mensheid zichzelf opnieuw vormen - dit volgens een van de hogepriesters van het socialistische onderwijs, Eric Trist, die eraan toevoegde dat de nieuwe geest het geloof in de christelijke godsdienst zou uitsluiten. En zoals Myrdal zei: "Waar kunnen we beter beginnen dan op school?

Om Brown v. School Board voor het Hooggerechtshof te brengen, ontving de NAACP 10 miljoen dollar van verschillende bronnen, waaronder de Political Action Group, een socialistische frontorganisatie, en de Vrijmetselarij. De advocaten van de NAACP kregen gedetailleerde instructies van Florence Kelley en Mary White Ovington. Kelley was de bedenker van de "Brandeis Briefs", die bestonden uit honderden sociologische adviezen en vaak niet meer dan twee pagina's juridische verwijzingen bevatten. De Brandeis Briefs methode was de manier waarop het Hooggerechtshof in de toekomst over alle zaken met betrekking tot grondwettelijke kwesties zou beslissen.

In de door de maatschappij gecorrumpeerde Amerikaanse schoolprogramma's wordt de grondwet niet onderwezen, want als kinderen die wel zouden krijgen, zou hun moeten worden geleerd dat de grondwet er is als eerste verdediging tegen de federale regering en presidenten als George Bush en Bill Clinton, die tirannen zouden willen worden als ze niet aan de beperkingen ervan waren onderworpen. Het doel van socialistische opvoeders is om geleidelijk de grondwettelijke waarborgen die het leven, de vrijheid en het eigendom van alle burgers garanderen, uit te hollen en te vervangen door totalitair socialisme.

Alleen een onderwijssysteem gebaseerd op de Bijbel is goed. Alle andere systemen zijn door mensen bedacht en moeten daarom noodzakelijkerwijs onvolmaakt zijn. Onze scholen zijn in handen gevallen van zeer invloedrijke mensen die er in de eerste plaats op uit zijn om er een socialistisch bolwerk van te maken. Zij worden hierin gesteund door de rechterlijke macht. Het doel is om langzaam, in ware socialistische stijl, naar een socialistische/Marxistische regering toe te werken, door de focus en richting van wat op scholen wordt onderwezen te veranderen. Als de socialisten doorgaan zoals ze de afgelopen drie decennia hebben gedaan, zullen we tegen 2010 een natie hebben van jonge volwassenen en burgers van middelbare leeftijd die geen ruzie hebben met de geheime agenda van gecentraliseerde macht in een socialistische dictatuur, gesteund door een nationale politiemacht.

Het is duidelijk dat een van de doelstellingen die de socialisten al bereikt hebben, het gebrek aan belangstelling voor lezen is. Amerikaanse kinderen zouden totaal verloren zijn als ze in bijvoorbeeld de bibliotheek van het British Museum in Londen of het Louvre in Parijs werden geplaatst. De grote schrijvers en kunstenaars zouden hen weinig te zeggen hebben. Boeken zijn niet de vrienden van kinderen die ze in het begin van onze geschiedenis waren. Daar heeft ons onderwijssysteem voor gezorgd. Zelfs Dickens is een onbekende voor de meeste Amerikaanse studenten.

Het gebrek aan goed onderwijs leidt ertoe dat kinderen en jongvolwassenen hun inspiratie zoeken in films en rockmuziek, terwijl dat nu juist de bedoeling is. De enige manier om deze verraderlijke, sluipende verlamming te bestrijden is regelmatig en krachtig ingrijpen. De zogenaamde "strijd tegen raciale vooroordelen" in de jaren zestig heeft de geest en de houding van onze jongeren sterk beïnvloed. De zogenaamde democratisering van onze scholen en universiteiten in de afgelopen drie decennia was een rechtstreekse aanval op hun interne structuren, met als gevolg een verlies aan focus en richting.

De zogenaamde "feministische" beweging is een direct product van het Communistisch Manifest van 1848 en het verwrongen denken van Gunnar Myrdal en de New Science wetenschappers van het Tavistock Instituut. Het resultaat is dat studenten de door God gegeven biologische sekse in twijfel trekken. Ook de verdraaiing van de "geschiedenis" is in de jaren negentig sterk aanwezig. Een groep scholieren werd gevraagd wie de slechtste man ter wereld was; zonder aarzelen antwoordden zij: "Hitler". Dezelfde groep wist helemaal niets over Stalin, zeker niet dat hij de grootste slachter aller tijden van de mensheid was, die tien keer zoveel mensen vermoordde als Hitler. Een dergelijke uitspraak bracht verbaasde blikken op hun gezichten.

De helden van scholieren en studenten zijn niet de grote figuren uit de geschiedenis; hun "idolen" zijn de decadente, slechte, vuile, aan drugs verslaafde "popsterren". Beethoven en Brahms betekenen niets voor hen, maar ze tonen onmiddellijk een echte belangstelling wanneer de afschuwelijke klanken van "rock"-muziek de lucht vullen. Marx daarentegen is bij de meeste leerlingen wel bekend, maar ze weten niet echt waar hij voor staat. We hebben een punt bereikt in het onderwijs op onze scholen waar "hervorming" boven leren wordt geplaatst. In de jaren negentig worden vrijwel alle onderwijskwesties gekoppeld aan het woord "hervorming".

Nergens was er een grotere verandering als gevolg van de "hervormingen" dan in de seksuele voorlichting. De communisten waren vastbesloten om zelfs de jongste leerlingen te verplichten om over seks te leren. Madame Zinoviev was verantwoordelijk voor het project in bolsjewistisch Rusland, dat zij probeerde over te brengen naar de Verenigde Staten, maar dat in de jaren twintig werd geblokkeerd door een Hooggerechtshof dat nog niet vol zat met socialistische rechters, en door de waakzaamheid van de Amerikaanse Dochters van de Revolutie. De producten van de "feministische rechtbanken" beschouwen het huwelijk nu slechts als een contract. Seks is niet langer mystiek, dus de hedendaagse student wil niet de tijd nemen om een emotionele relatie te vormen voordat hij zich overgeeft aan de "vrije liefde". We weten dat deze ideeën zijn ontwikkeld in bolsjewistisch Rusland door Madame Kollontay en vervolgens zijn getransplanteerd naar de Verenigde Staten.

Ons gebrekkige onderwijssysteem brengt meisjes voort die ongeschikt zijn voor de maatschappij, en misdaadstatistieken over tienermeisjes bevestigen de waarheid van deze stelling. De drugscultuur is diep geworteld in de jeugd van de jaren '90. Spirituele onderwerpen zijn uit onze scholen verdreven. Vandaag staan onze jonge studenten aan de vooravond van het "socialistische tijdperk van verlichting", waar alles mag als het maar goed voelt.

Van alle wetenschappen is de politieke wetenschap de oudste, die teruggaat tot het oude Griekenland. Politieke wetenschap omvat de liefde voor rechtvaardigheid, en verklaart waarom mensen willen regeren. Maar politieke wetenschap wordt niet goed onderwezen in onze onderwijsinstellingen, die nu een perverse vorm ervan onderwijzen, bekend als socialisme. Als politicologie goed was onderwezen op onze scholen en universiteiten, had rechter Warren het niet zo gemakkelijk gehad om ons Brown v Board of Education door de strot te duwen. En zo baanden de socialisten zich door sluwheid, heimelijkheid en bedrog een weg naar het noodlottige Brown vs. Board Education besluit, dat het onderwijs in de Verenigde Staten in socialistische/Marxistische/Communistische banen leidde.

De Rockefeller en Carnegie Foundations financierden een studiegroep bestaande uit de nieuwe wetenschapsantropologe Margaret Meade en Rensis Likert om een herziening voor te stellen van al het onderwijsbeleid dat onder de bijbelse wet valt. Mevrouw Meade gebruikte de techniek van omgekeerde psychologie van het Tavistock Instituut om wat in het rapport omschreven wordt als een "onderwijsprobleem" te ondervangen. Het rapport, dat een verwoestende invloed heeft gehad op het onderwijs in de VS, blijft tot op de dag van vandaag geheim. Een van de resultaten van de MeadeLikert studie was de opkomst van de National Training Laboratories (NTL), die meer dan vier miljoen leden hebben. Een van de aangesloten organisaties was de National Education Association (NEA), de grootste lerarenorganisatie ter wereld.

Dankzij de inspanningen van deze organisatie en honderdduizenden socialistische leraren is de cirkel van het seculiere en humanistische onderwijs na het trage begin in 1940 rond. In de jaren negentig behaalden de socialisten zoveel indrukwekkende overwinningen bij het Hooggerechtshof dat zij hun voornemen om het onderwijs volledig te seculariseren niet langer verbergen. Dit nieuwe project, hoewel niet echt nieuw behalve de keuze van de titel, zal het Amerikaanse onderwijs in het stof doen bijten en onze kinderen tot de meest ongeschoolde ter wereld laten behoren.

We noemden eerder het Tavistock Institute for Human Relations van de Universiteit van Sussex, Engeland, en de cruciale rol die het speelde in het economische, politieke, religieuze en educatieve leven van de natie. Deze organisatie was onbekend in de Verenigde Staten tot ik mijn werk erover publiceerde in de jaren 1970. Tavistock staat onder directe controle van de machtigste socialistische figuren in Groot-Brittannië en is nauw verbonden met de Britse vrijmetselarij. Het heeft de nauwste contacten met de National Education Association, waarvan het hogere personeel is opgeleid in de National Training Laboratories. Het was op dit niveau dat "geopolitiek" zijn intrede deed in het onderwijs op lerarenniveau.

Het "nieuwe" systeem heet Outcome Based Education (OBE). Wat OBE zal doen is onze kinderen leren dat het niet nodig is om goed te leren lezen en schrijven, dat het niet nodig is om uit te blinken in het onderwijs; waar het om gaat is hoe ze zich gedragen met elkaar en met kinderen van andere rassen.

Wat is de OBE? Het is een systeem dat uitmuntendheid bestraft en middelmatigheid beloont. De OBE wil van onze kinderen studenten van één niveau maken, waar de dominante norm middelmatigheid is. Waarom zou dit zo wenselijk zijn? Het voor de hand liggende antwoord is dat een natie waarin de overgrote meerderheid van de bevolking is opgeleid tot het niveau van de kleinste gemene deler, gemakkelijk in de richting van een socialistische dictatuur te sturen is. De basis voor de OBE werd gelegd met Brown v Board of Education, dat in zeer reële zin het onderwijsniveau "vastlegde" op de laagste gemene deler.

Wat de OBE zal doen is christelijke Amerikaanse kinderen veranderen in heidenen, zonder respect voor hun ouders en zonder liefde voor hun land, kinderen die de nationale identiteit en het patriottisme zullen verachten. Liefde voor het land wordt veranderd in iets lelijks, dat ten koste van alles vermeden moet worden. De OBE leert het marxistische concept dat het traditionele gezinsleven achterhaald is. Dit is precies wat Madame Kollontay in de jaren twintig aan Amerika probeerde op te leggen; dit is wat de socialisten Bebel en Engels probeerden in te voeren in het traditionele onderwijs in Amerika. Vandaag worden hun stoutste verwachtingen vervuld dankzij de OBE.

Het is vreemd, zelfs verontrustend, hoe de OBE de geschriften van Bebel, Engels, Kollontay en Marx reproduceert - bijna een doorslag van de vijanden van het gezinsleven en de heiligheid van het huwelijk. Het is verontrustend dat het door de OBE voorgestelde systeem bijna woordelijk terug te vinden is in het Communistisch Manifest van 1848. We kunnen alleen maar zeggen dat na de verbluffende successen van Evers en Brown vs. Board Education, de socialisering van het onderwijs in Amerika als een orkaan is losgebarsten, en vandaag de dag blijkbaar door niets meer wordt tegengehouden.

De rechters Black en Douglas zouden blij zijn geweest als ze er nog waren, net als Brandeis, Frankfurter en Earl Warren. De OBE heeft de scholen overgenomen. In plaats van leraren hebben we nu veranderaars die de acceptatie van groepsvisies afdwingen, die zij, de facilitators, uit de hoofden van de leerlingen wassen. De "hervormingen" die de begeleiders doorvoeren keren de kinderen tegen hun ouders en hun familiewaarden. De groepsleider in de klas neemt de plaats in van de ouder. Er is altijd het begrip "innerlijke hervorming" of "innerlijke behoeften" waaraan moet worden voldaan, en deze "behoeften" betekenen wat de groepsleider zegt dat ze betekenen.

De oude socialistische techniek van "seksuele voorlichting" wordt veel verder doorgevoerd dan ooit tevoren. In OBE zijn er groepsparen met expliciete sensualiteitstraining en promiscuïteit wordt actief aangemoedigd. Er is geen poging om een gevoel voor geschiedenis aan te moedigen. Er wordt niets onderwezen over de grote leiders uit het verleden die de wereld beschaving hebben gebracht. De nadruk ligt op het heden, "doe het nu" en "doe het als het goed voelt". De OBE is verantwoordelijk voor de enorme stijging van de jeugdcriminaliteit. De huidige en toekomstige generatie jongeren die OBE-methoden aangeleerd krijgen, zullen de straatmobielen van de huidige "Franse Revolutie" worden, die in de niet al te verre toekomst voor hetzelfde doel zullen worden gebruikt.

Het lijdt geen twijfel dat het OBE-project is voortgekomen uit het World Curriculum van 1986 en Aldous Huxley's Brave New World, waarin hij betoogde dat een perfecte wereld er een zou zijn zonder gezinnen, zonder kinderen zonder ouders, waarin de woorden "vader" en "moeder" zouden worden verafschuwd en verafschuwd, en waarin kinderen zouden worden verzorgd door sociale staatsinstellingen, kinderen die uitsluitend trouw zouden zijn aan de staat. Het streven naar zo'n samenleving gaat ver terug, vóór het Wereldleerplan en Huxley. De communist Bebel schreef zijn versie van hoe kinderen moeten worden beschouwd - als bewakers van de staat. Marx, Engels en in het bijzonder Madame Kollontay, wiens "Communisme en het gezin" de bron was van veel van Huxley's

"Brave New World".

De kinderen zouden uit de reageerbuis komen, en de laboratoria zouden de spermatozoa aanpassen om een hogere mentaliteit, een gemiddelde intelligentie en een lagere intelligentie te verkrijgen. In hun volwassen leven zouden deze wezens verschillende rollen krijgen toebedeeld in een wereld van slaven, zoals ik heb beschreven in mijn boek "Het Comité van 300".[6] Als dit voor de lezer te moeilijk te accepteren lijkt, bedenk dan dat reageerbuisbaby's al onder ons zijn. Ze zijn geaccepteerd door de maatschappij, zonder het sinistere doel achter deze onzalige ontwikkeling te beseffen. Het socialisme heeft een massa idioten nodig en een klein aantal mensen met een superieure intelligentie. De massa's idioten zullen het werk doen in de socialistische slavenwereld, omdat de intelligente klasse de macht in handen heeft. In zo'n wereld zullen we een zodanige apartheid hebben dat de Zuid-Afrikaanse versie zou lijken op een gouden eeuw van goede wil.

De reactie van de lezers op deze informatie zal, zoals te verwachten, er een van scepsis zijn. We moeten echter naar de werkelijkheid kijken, dus laten we eens kijken hoe ver OBE is gegaan om Huxley, Kollontay, Engels en Bebel te evenaren. House Bill HR 485 is onderdeel van de socialistische onderwijs "hervormings" agenda. President Clinton is gekozen om een enorme batterij hervormingen door te voeren - en hij doet dat met grote snelheid en efficiëntie, wetende dat hij maar één termijn president zal zijn. Het socialistische Parents as Teachers (PAT) plan is al in actie in 40 staten. Het zogenaamde "co-ouderschap programma" (COP) begon met een proefprogramma in St Louis, Missouri, in 1981. De werkelijke bedoeling van COP is om het ouderlijk gezag te vervangen door COP maatschappelijk werkers, bij voorkeur tijdens de prenatale periode.

Geïnspireerd door Aldous Huxley heeft Laura Rogers een boek geschreven met de titel "The Brave New Family in Missouri", waarin zij beweert dat het slechts vier jaar duurde voordat PAT werd

---

[6] Zie *The Hierarchy of Conspirators - A History of the Committee of 300*, John Coleman, Omnia Veritas Ltd, www.omnia-veritas.com.

aanvaard door de wetgevende macht van de staat Missouri en dat het PAT-concept zich heeft verspreid naar Europa en wordt toegepast in 40 Amerikaanse staten. Is dit de realiteit? Is het vergelijkbaar met wat wij in dit hoofdstuk over onderwijs "hervormingen" hebben geschetst? Socialisten zijn van plan het onderwijs zodanig te "hervormen" dat het precies het klimaat oplevert dat in Huxley's Brave New World werd voorspeld. En ze doen het nu, voor onze ogen!

Onder TAP zal een zogenaamde "opvoeder" zich aan een gezin hechten - letterlijk - en beginnen met het proces om de houding van de ouders en het kind of de kinderen te veranderen om zich te conformeren aan socialistische idealen. Hoe dit in zijn werk gaat, legt Rogers uit in zijn artikel "The Brave New Family in Missouri".

Eerste fase. De "ouder-opvoeder" gaat naar scholen en huizen om een "band" met het gezin op te bouwen, onder het voorwendsel de opvoeding van het kind te bevorderen.

Tweede fase. Het kind of de kinderen krijgen een permanent computeridentificatienummer.

Derde fase. De "agent van verandering" zal werken aan het veranderen van de relatie tussen het kind en zijn ouders door middel van een "mentorprogramma", zoals wordt gedaan aan de Socialistische Universiteit van Oxford.

Vierde fase. Ouderopvoeders" moeten alles wat zij als "vijandig gedrag" of misbruik beschouwen, melden via een speciaal daarvoor opgerichte "hotline".

Fase 5. Rechters beslissen over "rechtstreekse gevallen" en als het kind of de kinderen geacht worden in gevaar te zijn, kunnen het kind of de kinderen aan het ouderlijk gezag worden onttrokken.

Stap 6. Indien de aanbevelingen van de "ouderlijke opvoeder" voor geestelijke gezondheidszorg door de ouders worden geweigerd, bijvoorbeeld met betrekking tot de voor te schrijven medicatie, kan de staat het kind of de kinderen uit het ouderlijk gezag verwijderen. Het kind of de kinderen kunnen in een residentieel behandelingscentrum worden geplaatst en de ouders kunnen door de rechter worden veroordeeld tot het ondergaan van "psychologische begeleiding" zolang de "ouderlijke opvoeder" dat nodig acht.

Wat het PAT-programma doet is zichzelf opwerpen als rechter en jury om te beslissen wie wel en wie niet geschikte ouders zijn! Daartoe gebruikt TAP wat Rogers de "risicofactor-definities" noemt, die de standaard zijn geworden voor het meten van de geschiktheid of ongeschiktheid van ouders om kinderen op te voeden, en vergeet niet dat deze criteria momenteel in 40 staten worden gebruikt:

> "Onvermogen van de ouder om om te gaan met (wat niet gedefinieerd is) ongepast gedrag van het kind (bijv. ernstig bijten, destructief gedrag, apathie)".

> "Slecht functionerende ouders. Deze worden beschouwd als potentieel mishandelende ouders. In deze categorie heeft de ouder-leraar een groot aantal opties. Vrijwel alle ouders kunnen in de categorie "laagfunctionerende ouders" vallen.

> "Overmatige stress die de gezinsfuncties negatief beïnvloedt." Dit geeft de ouder-leerkracht een vrijwel onbeperkt aantal mogelijkheden om "schadelijke" gevaarsignalen aan te voeren, waaronder een laag inkomen.

> "Andere... Dit kunnen allerlei aandoeningen zijn zoals allergieën, zwaar roken in huis (weet R.J. Reynolds hiervan?), familiegeschiedenis van gehoorverlies..."

Uit het voorgaande blijkt duidelijk dat het socialisme in het onderwijs in Amerika volwassen is geworden. Wat Madame Kollontay, Engels, Bebel en Huxley het meest wenselijk achtten, is nu werkelijkheid geworden. Onderwijs is het middel waarmee het socialisme kan worden verslagen, zoals zo veel van onze staatslieden in de jaren 1800 duidelijk maakten, maar in de verkeerde handen is het een machtig wapen dat het socialisme meedogenloos zal hanteren om de slavenstaat van de verlangde Nieuwe Wereldorde tot stand te brengen. Niets van dit alles zou mogelijk zijn geweest zonder het verraad en de perfusie van het Hooggerechtshof en vooral de giftige houding van de rechters Douglas en Black, die de geschiedenis in zouden moeten gaan als twee van de meest verachtelijke verraders in de geschiedenis van deze natie.

Hoofdstuk 4

DE TRANSFORMATIE VAN VROUWEN

Doorheen de geschiedenis hebben vrouwen een beslissende rol gespeeld. Vóór de 20e eeuw stonden zij meestal op de achtergrond, observerend, adviserend en aanmoedigend, nooit opzichtig en zelden of nooit in het openbaar. Maar dat veranderde aan het eind van de negentiende eeuw, en het voertuig voor verandering was de Fabian Society en het internationale socialisme.

Wanneer Sydney Webb met een bril en de statueske Martha Beatrice Potter ontmoeten, slaan de vonken over. (Beiden herkennen in de ander een bijzonder genie voor organisatie en beheer van dagelijkse zaken. Antonius en Cleopatra waren glamoureuzer, de koningin van Sheba en Salomo majestueuzer, Hitler en Eva Braun dramatischer, maar vergeleken met de Webbs was hun impact op de wereld minder groot. De schade die de Webbs hebben aangericht weerklinkt nog steeds in de wereld, lang nadat de andere twee louter historische figuren zijn geworden.

Sydney Webb ontmoette Beatrice Potter in 1890. Zij was goed bedeeld, zowel fysiek als financieel. Hij daarentegen was klein, klein van stuk en had geen geld. Beatrice kwam uit een familie van Canadese spoorwegmagnaten en had een eigen inkomen dankzij haar vader. Wat Sydney en Beatrice misschien samenbracht was hun ijdelheid, die ze nooit moeite deed om te verbergen. De afwijzing van haar liefdesaanbod aan de upper-class Joseph Chamberlain had Beatrice boos en bitter gemaakt, wat de brandstof lijkt te zijn voor haar 'klassenhaat'. Webb werkte als klerk bij het Britse Colonial Office, wat in het Victoriaanse Engelse leven als een tamelijk lage positie werd beschouwd.

In 1898 richtten Beatrice en haar man hun aandacht op de Verenigde

Staten en begonnen aan een drie weken durende "grand tour". In deze periode ontmoetten de Webbs niet de gewone vakbondsleden of de hardwerkende dames in het kledingdistrict van New York. In plaats daarvan zochten ze de elite van het New Yorkse socialisme op, waaronder Miss Jane Addams en Prestonia Martin, beiden van het Social Register.

Het was een model dat in de komende jaren door alle socialistische/Bolsjewistische leiders zou worden gevolgd. In 1900 besloot de Koninklijke Commissie van de Universiteit van Londen, grotendeels dankzij Beatrice's werk, dat economie voortaan tot wetenschap zou worden verheven. Beatrice verspilde geen tijd om Granville Barker, een bekende theaterfiguur, en de persoonlijke vertegenwoordiger van president Wilson, Ray Stannard Baker, te imponeren met deze grote prestatie tijdens een lunch die Beatrice en haar man organiseerden.

Het partnerschap Webb-Potter veranderde in een huwelijk en bracht de mode op gang van een echtpaar dat zich privé meer inzette voor het socialisme dan voor elkaar, maar aan de oppervlakte een zeer toegewijd echtpaar was. Dit bleek een belangrijke troef te zijn bij het aantrekken van vrouwen in de gelederen van de sociale doelen en de politiek, en kan worden beschouwd als de geboorte van het radicale feminisme. Vanuit Clements Inn, de thuisbasis van de Fabian Society, verscheen in 1891 voor het eerst de Fabian News. Beatrice was co-auteur en haar geld betaalde de drukkosten.

Voor Beatrice was het vanzelfsprekend dat de elite van het land de beste manier was om hun ideaal te promoten. Als gewone mensen goed zijn in Billy Graham-achtige 'rally's', dan is het de elite die dingen voor elkaar kan krijgen. In dit opzicht heeft Beatrice nooit haar snobisme verloren. Wat haar betreft moest de elite eerst bekeerd worden, en zou de rest volgen. Dit was het patroon dat de bolsjewistische leiders later zouden overnemen. Tijdens zijn bezoeken aan Engeland en andere West-Europese landen verbleef Chroesjtsjov nooit in een dokwerkershuisje of ontmoette hij nooit de arbeidersklasse. Chroesjtsjov besteedde altijd veel aandacht aan de elite - Agnelli in Italië, Rockefeller in de Verenigde Staten - en hetzelfde gold voor alle socialistische leiders.

Niet verrassend begon Beatrice zich te richten op de zonen van de rijken en beroemden aan de universiteit van Oxford. De kwaliteit van haar werk kan worden afgemeten aan het aantal verraders uit de high society, producten van Oxford en Cambridge, die het Westen vrijwillig verraadden om hun doel van een socialistische wereldrevolutie te bevorderen, waarvan Burgess, Mclean, Philby, Anthony Blunt en Roger Hollis de bekendste zijn, maar zeker niet de enige. Onder de mantel van sociale "hervorming" schuilde een dodelijke en gevaarlijke kanker die de idealen van het Christelijke Westen aantastte, bekend als het Fabiaans socialisme. Een van de eerste bekende bekeerlingen was Walter Lippmann, die door Beatrice Webb werd 'overgehaald' om lid te worden van de Fabian Society.

Tegen 1910 hadden Beatrice en haar geld verschillende centra opgericht van waaruit Fabiaanse propaganda werd verspreid. Schrijvers, theatermensen en politici uit die tijd begonnen naar haar kring toe te trekken. Volgens de New Statesman was de algemene opinie dat Beatrice een liberale en sympathieke culturele beweging leidde. De miljonair Charlotte Payne-Townshend werd een vriendin van Beatrice, die gevraagd werd haar voor te stellen aan George Bernard Shaw, waarna Charlotte een eerlijke man van hem maakte. De twee mannelijke leiders konden het zich nu veroorloven al hun tijd te besteden aan het promoten van het socialisme, dankzij het geld van hun respectievelijke echtgenoten.

Wat vaak over het hoofd wordt gezien, is dat beide vrouwen hun leven lang het systeem hebben aangevallen dat het geld voor hun activiteiten verschafte. Beatrice Webb was de drijvende kracht achter de overname van de Labour Party, net zoals later een andere socialiste, Pamela Harriman, de Democratische Partij in de Verenigde Staten in handen kreeg en een president aan de macht bracht wiens socialistische agenda erin bestond het land in een socialistische éénwereldregering - de Nieuwe Wereldorde - onder te brengen.

Beatrice Webb werkte zeker onvermoeibaar aan de vernietiging van het economisch beleid en de ontmanteling van de sociale en economische orde van een ordelijk Engeland. Wat mij verbaast is dat de Webbs niet zijn gearresteerd wegens opruiing en verraad, zoals 'rode' professor Harold Laski. Als dat was gebeurd, had dat de Verenigde Staten kunnen redden van de socialistisch georiënteerde stuiptrekkingen die tot op de dag van vandaag voortduren. Tot Beatrice's vrienden behoorden destijds een gravin en vele beroemde dames uit de Londense society, waaronder de vrouw van Sir Stafford Cripps. Deze aanhangers van het radicale feminisme stelden hun huizen open voor theekransjes en weekendretraites voor socialistische doelen.

Tijdens haar lange bewind aarzelde Beatrice Webb nooit om de bolsjewieken te steunen, wat haar lange lijst van contacten in de high society niet leek te storen, waaronder Sir William Beveridge, die een enorme invloed zou hebben op de politiek in Engeland en de VS (het Beveridge-plan werd het model voor sociale zekerheid in de VS). Toen Beatrice in 1943 overleed, werden haar diensten aan het socialisme op een vreemde manier erkend - de as van Martha Beatrice Webb werd begraven in de Westminster Cathedral - een vreemde plaats voor een verklaard atheïst!

De tijgerin van de radicale, anti-huwelijks, anti-gezins feministische beweging, die door de Fabiaanse socialisten in de wereld werd geïntroduceerd, was Madame Alexandra Kollontay. Het is niet bekend of Beatrice Webb Kollontay heeft ontmoet tijdens haar frequente reizen naar Moskou. Wie was Madame Kollontay? Op pagina 9962-9977, Congressional Record, Senaat van 31 mei 1924, vinden we het volgende:

> "Madame Kollontay is nu een Sovjet-minister in Noorwegen, na een bewogen carrière met acht echtgenoten, twee posten als volkscommissaris, de eerste als welzijnscommissaris, twee bezoeken aan de Verenigde Staten (1915 en 1916), een Duitse socialistische agitator, nadat ze in 1914 uit drie Europese landen was gedeporteerd als een gevaarlijke revolutionair..."

Dan is er nog een ontmaskering door deze hard-line communistische wereldrevolutionaire radicale feministe, op pagina 4599 van de pagina's 4582-4604:

> "... Onlangs kwam de ambassadeur van de Sovjet-Unie, Alexandra Kollontay, naar Mexico. Er wordt gezegd dat zij 28 jaar lang een leidster is geweest van de revolutionaire wereldbeweging; dat zij in 1916 in drie verschillende landen is gearresteerd vanwege haar inspanningen en dat zij in 1917 de Verenigde Staten heeft bezocht en van het ene eind van het land naar het andere heeft gesproken. Zij stond onder leiding van Ludwig Lore, nu een prominent communist in de Verenigde

Staten. Het doel van Kollontay's bezoek aan de Verenigde Staten in 1916 en 1917 was om de socialisten in dat land op te hitsen en onze activiteiten te belemmeren als de Verenigde Staten door wat er gebeurde in een systeem van verzet terecht zouden komen. Alexandra Kollontay is 's werelds grootste exponent van de "vrije liefde" en de nationalisatie van kinderen. Zij is voor dit doel in Mexico en voorspelt niet veel goeds voor het volk van de Verenigde Staten."

Kollontay's "Communisme en het gezin" is de meest gewelddadige en wrede aanval op het huwelijk en het gezin ooit geschreven, en overtreft het decadente kwaad van Fredric Engels' "Oorsprong van het gezin". Kollontay's radicale volgelingen van de "vrije liefde" noemden zichzelf vroeger de "Internationale Liga voor Vrede en Vrijheid". Maar ze hebben een aantal naamsveranderingen ondergaan om te verhullen dat hun agenda nog steeds dezelfde is als die van Alexandra Kollontay: tegenwoordig noemen ze zichzelf de "National League of Women Voters" en de "National Abortion Rights League" (NARL). Ze hebben ook het lef zich "voorstanders van keuze" te noemen, wat betekent dat ze de keuze hebben om ongeboren kinderen al dan niet te vermoorden.

De doelstellingen van marxistische/socialistische "liberale feministen" - beter bekend als radicale feministen - werden in de jaren twintig en dertig van de vorige eeuw gedefinieerd en zijn niet veranderd. De eis van "vrouwenrechten" is synoniem met liefde zonder verantwoordelijkheid, d.w.z. abortus op verzoek. Zij en hun opruiende socialisten in het Huis en de Senaat vormen een onzalige alliantie met de media jakhalzen die begon in de dagen van Florence Kelley.

Kollontay was de vaandeldrager van de radicale feministen waar dit land tegenwoordig mee vervloekt is. Het Overman Comité voor Bolsjewisme in de Verenigde Staten rapporteerde:

> Het kennelijke doel van de bolsjewistische regering in Rusland is de Russische burgers, vooral vrouwen en kinderen, afhankelijk te maken van die regering.... Hij heeft de natuurlijke ambitie vernietigd en het onmogelijk gemaakt de morele verplichting na te komen om voor kinderen te zorgen en hen adequaat te beschermen tegen de ellende van wees- en weduwschap... Hij vaardigde decreten uit met betrekking tot

huwelijk en echtscheiding die de 'vrije liefde' praktisch vastlegden." Senaatsdocument blz. 61, 1e zitting, blz. 36-37 Congressional Record.

Het bovenstaande komt perfect overeen met de doelstellingen van het Fabiaans socialisme. Radicaal feminisme, dat tegenwoordig in de Verenigde Staten welig tiert, is een socialistische leer. Het socialistische model van de Fabian Society stond radicaal feminisme toe, moedigde het zelfs aan, terwijl het werd gehuld in een sluier van huiselijkheid. Als Beatrice Webb en haar medewerkers er niet in slaagden open abortuscentra op te richten, is het de moeite waard te herhalen dat mevrouw Harold Laski, echtgenote van professor Laski, een van de grote namen in socialistische kringen, de eerste was die het idee van adviescentra voor geboortebeperking in Engeland promootte.

Dr. Annie Besant was goed bekend bij Beatrice Webb via kringen van de Liberale Partij in Londen. Besant was de opvolger van Madame Blavatsky en had haar Theosophical Society geërfd, waarvan de aanhangers behoorden tot de rijken en beroemden in de machtskringen van het Victoriaanse Engeland. Besant speelde een belangrijke rol bij het aanzetten tot agitatie via de salon. Zijn eerste onderneming was een aanval op de industrie in Lancashire, een belangrijk industrieel centrum in Engeland.

Als hoofd van de Co-Masonry verbonden met de KKK "Clarte" (geen verband met de KKK in de VS) en de Negen Zusters Lodge van de Grand Orient in Parijs, was Besant zeer actief in het bevorderen van wat zij "sociale democratie" noemde, maar te allen tijde stond zij onder controle van de Grand Orient Lodge in Parijs, waarvan zij de titel ontving van Vice President van de Supreme Council en Grand Master van de Supreme Council for Britain. Hier wordt de convergentie van vrijmetselarij, theosofie en de Alliantie der Religies duidelijk herkenbaar.

H.G. Wells geloofde in Besants ideeën, waarschijnlijk omdat hij, net als Besant, lid was van de KKK "Clarte", net als Inez Milholland. Beide socialistische dames werkten hard voor het vrouwenkiesrecht, dat Sydney Webb scherpzinnig zag als de golf van de toekomst om stemmen te krijgen voor de Labour- en Liberale partijen.

Wat Besant is geworden heeft ze te danken aan Madame Petrova

Blavatsky, die op haar beurt haar snelle stijging op de sociale ladder te danken heeft aan Herbert Burrows, die haar 'talenten' promootte via de Society for Physical Research, een selecte club voor de rijken, aristocraten en politiek machtigen in Victoriaans Londen. Deze kringen werden bezocht door H.G. Wells en Conan Doyle (later Sir Arthur Conan Doyle). Wells beschreef Blavatsky als "een van de meest bedreven, ingenieuze en interessante bedriegers ter wereld".

Blavatsky werd ingewijd in de Carbonarische Vrijmetselarij door de onbetwiste leider van die loge in Italië, de grote Mazzini. Zij stond ook dicht bij Garibaldi en was bij hem in de veldslagen van Viterbro en Mentana. Twee mannen die haar leven sterk beïnvloedden waren Victor Migal en Riavli, beiden revolutionaire vrijmetselaars in de Grand Orient Lodge. Zij stierf in 1891, een gehard en overtuigd socialiste.

Susan Lawrence was een van de eerste drie kandidaten van de Labour Party die in het parlement werden gekozen dankzij het werk van de suffragettebeweging, geleid door de strijders van de Fabian Society, Ellen Wilkinson en Emily Pankhurst. Lawrence werd beroemd door haar uitspraak: "Ik preek geen klassenstrijd, ik leef hem". Margaret Cole ontwikkelde haar instinct voor radicaal feminisme tijdens haar werk als onderzoeker voor de Fabian Society. Vervolgens kon ze het geleerde in praktijk brengen toen ze op het Britse ministerie van Arbeid werkte, terwijl haar man, G.D.H. Cole, een prominente rol kreeg in een reeks Labour-regeringen. Net als de Webbs hielden de Cole's een schijn van huiselijk geluk in stand, maar hun huwelijk was er een van socialistisch gemak.

Een van Beatrice Webb's sterleerlingen was Margaret Cole, die "The Story of Fabian Socialism" schreef, waarin de doelstellingen van het radicale feminisme worden gesuikerd om vliegen te lokken. Cole is verantwoordelijk voor een groot deel van de penetratie en penetratie van het Fabiaans socialisme in Amerika. Fabiaans-socialistische geleerden geloven dat de vernietiging van het Lusk-rapport door het veto van gouverneur Al Smith van New York perfect past in het Fabiaans-socialistische dictum: "Vraag een socialist om je vuile werk voor je te doen." Cole was lid van de delegatie van het Internationaal Verbond van Vrije Vakverenigingen bij de Verenigde Naties.

In de Verenigde Staten was een van de belangrijkste vrouwelijke socialisten Florence Kelley. Haar echte naam was Weschenewtsky. Niemand scheen veel over haar te weten, behalve dat Kelley Lenin en Marx had bestudeerd in Zwitserland, het internationale toevluchtsoord van revolutionairen. Ze noemde zichzelf graag een "Quaker Marxist". Wat Fabiaanse socialisten wel wisten, was dat Kelley de leiding had over de "hervorming" in de Verenigde Staten. Ze overschaduwde soms haar beroemdere vriendin, Eleanor Roosevelt, door Roosevelt over te halen lid te worden van de socialistische National Consumers League (NCL), waarvan zij een van de oprichters was.

De NCL, een toegewijde socialistische instelling, was een organisatie die vastbesloten was om de federale regering te betrekken bij de gebieden gezondheidszorg, onderwijs en politiebevoegdheden die volgens het 10e Amendement van de Amerikaanse Grondwet aan de staten toebehoorden. Kelley bleek in dit opzicht een genie te zijn. Haar wordt toegeschreven dat zij de zogenaamde "Brandeis Brief"-strategie formuleerde, die erin bestond een dunne rechtszaak te verdrinken in massa's irrelevante documenten, zodat de zaak uiteindelijk niet op basis van de wet, maar op basis van een socialistisch getint sociologisch en economisch "juridisch advies" zou worden beslist. Aangezien de rechters niet waren opgeleid in de sociologie, waren zij niet in staat de merites van de SOCIOLOGIE van de zaak die voor hen lag te beoordelen, zodat deze zaken over het algemeen in het voordeel van de socialisten werden beslist.

Elizabeth Glendower, een zeer rijke socialite, ontving Kelley vaak bij haar thuis, samen met Brandeis en de belangrijkste socialistische schrijvers van die tijd. Van Kelley is bekend dat hij een hechte vriendschap sloot met Upton Sinclair, wiens vroege literaire werk bestond uit bundels Fabiaanse socialistische 'position papers' die naar socialistische universiteitsstudenten werden gestuurd voor verspreiding op campussen in het hele land. Ondanks zijn ontkenningen was Kelley een meedogenloze zoeker naar mogelijkheden om de zaak van de wereldrevolutie te bevorderen.

Mevrouw Robert Lovett, wiens man professor Engels was aan de Universiteit van Chicago, was een nauwe bondgenoot van Kelley. Lovett, Kelley en Jane Addams runden een socialistisch werkhuis genaamd Hull House, waar Eleanor Roosevelt en Frances Perkins woonden. Veel leden van Hull House reisden naar Engeland om deel te nemen aan het zomerschoolprogramma van de Fabian Society. Kelley had een talent voor het maken van bekeerlingen tot het socialisme, en was een onvermoeibare missionaris in dienst van het Amerikaanse socialisme.

Socialistische vrouwen kwamen op het toneel in de Verenigde Staten aan het einde van de Burgeroorlog. Communisten waren zeer actief in de aanloop naar de oorlog en in de onmiddellijke nasleep ervan, een feit dat niet wordt vermeld in de gevestigde geschiedenisboeken, en deze socialistische "feministen" waren zeer succesvol in het binnendringen en doordringen in de legitieme organisaties van vrouwen die zich bezighielden met het welzijn van hun gezin.

Dit was relatief gemakkelijk voor getrainde Fabiaanse socialisten, gezien de gewoonte in die tijd om vrouwen op een voetstuk van respect te plaatsen, die de bescherming van mannen verdienden. Sommige leiders van de carpet baggers waren zeer toegewijde socialisten of communisten. Toen de kwestie van het vrouwenkiesrecht door vrouwelijke socialisten aan de orde werd gesteld, vonden de mannen het onverstandig om vrouwen bloot te stellen aan het harde politieke spel, maar ze kenden hun stoere vrouwelijke socialisten niet.

Anderen wisten heel goed hoe socialisten en communisten militante en agressieve vrouwen rekruteerden en trainden om tegen het mainstream feminisme in te gaan. De houding van die tijd wordt goed verwoord op blz. 165-170 van de Congressional Globe bijlage, "Suffrage Constitutional Amendment". De Hon. J.A. Bayard zei over het socialisme in 1869:

> "De volgende uitzondering is die van het geslacht. Ik zal dit standpunt niet bespreken met communisten of socialisten, of met de Partij voor de Rechten van de Vrouw, omdat de dwaasheid van dit soort naticisme, hoewel het de laatste tijd grote vooruitgang heeft geboekt, niet zo wijdverbreid is dat het uitgewerkt of weerlegd moet worden. Buitensporige ijdelheid en de liefde voor de roem kunnen sommige vrouwen in de verleiding hebben gebracht zich te ontseksen, zowel in kleding als in beroep; maar het vrouwelijke hart en het instinct van het moederschap zullen hen trouw houden aan de hoogste van hun

plichten in het leven, de cultuur en de karaktervorming van hun nakomelingen...".

Dat dit het tijdperk van de ridderlijkheid was, dat door Hillary Rodham Clinton, Bella Abzug, Eleanor Smeal, Elizabeth Holtzman, Pat Schroeder, Barbara Boxer, Dianne Feinstein en hun geestverwanten volledig is vernietigd, staat op pagina 169 van de bijlage bij de Congressional Globes (de toespraak van senator Bayard:

> "Ik ben trots en blij dat er in dit land, ons Amerika, een ridderlijke toewijding aan seks bestaat die in geen enkel ander land wordt geëvenaard. Ik zwicht voor niemand in mijn eerbied voor seks en mijn verlangen om vrouwen in al hun rechten te verzekeren en te beschermen; maar kiesrecht is geen recht...".

Het is interessant om te zien in welke mate socialisten de legitieme zorgen van de vrouwelijke samenleving hebben gebruikt en er een vehikel voor socialistische doelen van hebben gemaakt, met snode gevolgen. Het natuurlijke gevolg van deze penetratie en doordringing door slimme Fabiaanse socialisten is dat het Amerikaanse Congres het speelterrein is geworden voor een kader van geharde, onvrouwelijke vrouwen die de geest van ridderlijkheid hebben ondermijnd in hun vurige wens dat het Fabiaanse socialisme de Verenigde Staten overneemt.

Enkele van de zogenaamde "vrouwenrechten" socialistische fronten waren als volgt:

➢ Algemene Federatie van Vrouwenclubs.

➢ Nationaal Congres van Moeders en Ouder-Onderwijzers Vereniging.

➢ National League of Women Voters.

➢ National Federation of Business and Professional Women.

➢ Christian Temperance Union.

➢ Vereniging van Universitaire Vrouwen.

➢ Nationale Raad van Joodse Vrouwen.

➢ Women's Voters League.

> National Consumers League.

> Women's Trade Union League.

> Women's International League.

> Société amicale des filles d'Amérique.

Deze organisaties waren betrokken bij een rechtszaak die mevrouw Florence Kelley en enkele vooraanstaande "feministen" (socialisten) in juli 1926 aanspanden. Zij probeerden een wet in te voeren, de "Maternity and Infancy Act", die in strijd was met het 10e Amendement van de Amerikaanse Grondwet, maar het Hooggerechtshof, vrij van de controle die er tegenwoordig over wordt uitgeoefend (en die begon in het tijdperk Roosevelt) redde de natie van een socialistische poging om de Verenigde Staten volledig onder controle te krijgen. President Carter nam veel materiaal uit het boek van mevrouw Kollontay, "Communisme en het gezin" voor zijn onderwijswet.

Socialisten zijn altijd van plan geweest de kinderen van Amerika te nationaliseren. De socialiste Shirley Hufstedler, die op een gegeven moment aan het hoofd stond van het ongrondwettelijke Amerikaanse Ministerie van Onderwijs, werd geïnspireerd door Madame Lelina Zinoviev, de vrouw van Gregory Zinoviev. Hufstedler wilde Amerikaanse kinderen "nationaliseren" en "internationaliseren" om hen voor te bereiden op hun toekomstige rol als rassenvermengers in een éénwereldregering.

Dit was ook de bedoeling van Frances Perkins, een opgeleide maatschappelijk werkster die jarenlang de zogenaamde "feministische beweging" in de Verenigde Staten leidde. Perkins was gouverneur Franklin D. Roosevelt's New York State Labor Commissioner. Ze rekende Eleanor Roosevelt tot haar beste vriendinnen, en Kelley stond dicht bij Roosevelt tijdens zijn drie termijnen in het Witte Huis. Een van Perkins' eerste opdrachten was het oprichten van de International Association for Labor Legislation met Eleanor Roosevelt en haar protegé, Harry L. Hopkins, met wie Perkins nauw samenwerkte om werklozen in de staat New York te helpen.

Het oorspronkelijke plan kwam van een socialistische groep, bekend als de Association for the Betterment of the Poor. Perkins en zijn vrienden drukten op alle juiste knoppen en deden alles wat nodig was om hun "hervormingen" door de wetgevende macht van de staat New York goedgekeurd te krijgen. Honderden pamfletten en folders werden op scholen en universiteiten verspreid om steun te verwerven voor deze "heilzame veranderingen", terwijl vooraanstaande schrijvers artikelen schreven die door de roddelpers werden opgepikt. Tientallen "peilingen" werden gehouden om een "volksgevoel" te creëren ten gunste van de arbeids-"hervormingen" die alleen "het hele land ten goede konden komen".

Perkins droeg vele petten en stond bekend om zijn onvermoeibare energie en toewijding aan de Fabiaanse socialistische beweging in de Verenigde Staten. Toen Roosevelt Albany verliet voor Washington, volgde Perkins. Zij was de eerste vrouw die in de geschiedenis van de Verenigde Staten in een kabinetspost werd benoemd. Haar invloed bij Roosevelt was slechts iets minder dan die van Eleanor Roosevelt.

Perkins bleef aan Roosevelts zijde van de eerste tot de laatste dag van zijn drie ambtstermijnen, gedurende welke zij een ware stroom van socialistische juristen, economen, statistici en analisten in de federale regering introduceerde. Toen John Maynard Keynes Roosevelt bezocht en zonder veel succes zijn economische theorieën probeerde uit te leggen, was het Perkins die ze aan Roosevelt verkocht. Perkins slikte de "multiplier" theorie en maakte de bijna onsterfelijke opmerking dat "met (Keynes') systeem, met één dollar heb je vier dollars gecreëerd".

Perkins beraamde het plan om de Democratische conventie van 1940 te manipuleren, waardoor Roosevelt zijn derde termijn won, hoewel de "eer" meestal naar Harry Hopkins gaat. Tijdens Roosevelts eerste dagen als gouverneur van New York was Perkins de lobbyist voor de National Consumers League en de Women's Trade Council in Albany, New York.

Er wordt gezegd dat haar contacten met de belangrijkste socialistische intellectuelen van die tijd in de honderden liepen en dat zij een favoriet was van Felix Frankfurter. Een andere van haar mannelijke aanhangers was Harry Hopkins, die in het Roosevelt-tijdperk prominent zou worden en de Verenigde Staten aanzienlijke schade zou berokkenen. Perkins bracht een groot aantal socialistische economen en arbeidsprofessoren mee naar

Washington, van wie ze een ware stortvloed aan socialistisch materiaal uitstortte, waarvan veel nog steeds aan universiteiten wordt onderwezen. Meer dan enige andere vrouw - Eleanor Roosevelt inbegrepen - beïnvloedde Perkins Roosevelt om de Verenigde Staten in de Tweede Wereldoorlog te brengen.

Perkins wordt gecrediteerd voor het opstellen van de nationale werkloosheidsverzekering en ouderdomspensioen wetgeving. Op verzoek van president Roosevelt werkte Perkins achter de schermen aan de verwezenlijking van deze twee socialistische dromen, met Prestonia Martin's Prohibiting Poverty als leidraad. Perkins kreeg veel hulp van John Maynard Keynes, die in 1934 de Verenigde Staten bezocht als Fabian Socialist Goodwill Ambassador. Keynes en Perkins waren het erover eens dat het socialisme een onschatbare kans had om grote vooruitgang te boeken tijdens Roosevelts ambtstermijn.

Zoals bijna de hele New Deal, die bijna woordelijk was overgenomen uit het gelijknamige boek van Graham Wallas, werd "Prohibiting Poverty" algemeen gebruikt om een systeem van verplichte sociale verzekering (Social Security) te formuleren. Perkins vroeg en kreeg een belangrijke bijdrage van Sydney en Beatrice Webb, die Perkins en Roosevelt erop wezen dat de Fabian Society het verkiezingsplan van de Labor Party van 1918 had opgesteld en een grote invloed had gehad op het opstellen van het Beveridge Plan, dat de basis werd van de Britse sociale voorzieningen.

Zo vormden de "New Deal" van Graham Wallas, het Beveridge Plan en de voorstellen van Sydney Webb, geschreven voor de Labour Party in 1918, samen met de "tax and spend" economische principes van John Maynard Keynes van de Fabian Society, met kleine aanpassingen en bijstellingen, de basis van Roosevelts "New Deal". Frances Perkins' rol in het tot stand brengen hiervan kan niet worden overschat. Mensen vragen mij vaak, met een diepe twijfel in hun stem: "Hoe konden de Britten een land als de Verenigde Staten beïnvloeden, laat staan leiden, zoals u denkt dat zij dat konden?" De Social Security Act 1936 was het werk van Sir William Beveridge, Professor Graham Wallas en Fabian Society directeur Sydney Webb, getweakt en aangevuld door Frances Perkins. Een studie van hoe dit werd bereikt en de rol van Frances Perkins beantwoordt de vraag van alle twijfelende Thomisten veel beter dan enige woorden van mij ooit zouden kunnen.

De Social Security Act van 1936 was puur Fabiaans socialisme in actie. Het was ongekend in de Amerikaanse geschiedenis en ook 100% ongrondwettelijk. Ik heb veel tijd besteed aan het doorzoeken van de Congressional Record van 1935 tot 1940 en verder, om te zien of ik iets kon vinden, dat dit stuk regelrechte socialistische wetgeving grondwettelijk zou hebben gemaakt, maar tevergeefs.

De manier waarop deze socialistische overval op het Amerikaanse volk werd uitgevoerd, laat zien hoe socialisten bereid zijn tot buitengewone inspanningen om hun overduidelijk absurde wetten door het Hooggerechtshof te laten goedkeuren. Perkins, geconfronteerd met dit dilemma, zag geen uitweg. Roosevelt wilde dat de Social Security Act wet werd, zodat hij die kon gebruiken om herverkiezingen te winnen. Dankzij de voorspraak van Harry Hopkins, Brandeis en Cardoza zat Perkins tijdens een diner in Washington op het hoogtepunt van de crisis naast de socialistische rechter Harlan Stone, een vooraanstaand liberaal.

Minister Perkins vertelde rechter Harlan Stone dat ze tegen de grondwet aanliep en een oplossing voor de financiering van de sociale zekerheid nodig had die door het Hooggerechtshof geaccepteerd zou worden. In strijd met alle gerechtelijke etiquette, zo niet in strijd met de wet, fluisterde rechter Stone in het oor van Perkins:

> "De fiscale macht van de federale regering, mijn liefste, de fiscale macht van de federale regering is voldoende voor alles wat je wilt en nodig hebt."

Perkins volgde het advies van rechter Harlan Stones, en zo hebben we nu Socialistische Sociale Zekerheid in een Confederale Republiek. Het lijdt geen twijfel dat rechter Stone aangeklaagd had moeten worden, maar er is nooit een aanklacht tegen hem ingediend.

Perkins behield het vertrouwen van de rechter en vertelde het aan niemand anders dan Roosevelt, die deze grove illegale regeling onmiddellijk gebruikte om elk van zijn socialistische New Deal-programma's te financieren. Later kwam Harry Hopkins in het geheim, en mocht de eer opstrijken voor de zin "tax and spend, tax and spend".

Perkins was een vertrouweling en vriend van Henry Morgenthau, rechter Hugo Black en Susan Lawrence, het formidabele parlementslid en hoge functionaris van de Fabian Society. Perkins was een van de sleutelfiguren bij de poging tot socialistische overname van de Verenigde Staten in de jaren twintig - een dodelijk plan gebaseerd op het boek "Philip Dru-Administrator" geschreven door kolonel Edward Mandel House.

Volgens wat Susan Lawrence aan Jane Addams vertelde, is het door

> "Een van de vreemdste verschijnselen in de geschiedenis, het uitgebreide systeem van checks and balances bedacht in de Amerikaanse grondwet heeft geresulteerd, althans op dit moment, in de volledige persoonlijke opkomst van Franklin Roosevelt."

Echter, een snelle blik op "Philip Dru-Administrator" laat zien dat het niet zozeer het resultaat van toeval was, als wel van uitgebreide planning en zorgvuldige aandacht voor de techniek van Kolonel House die Roosevelt aan de leiding bracht, klaar om de controle over de Democratische Partij over te nemen.

Toen het zover was, stond Frances Perkins achter haar voormalige werkgever. Een product van Hull House en een professionele maatschappelijk werkster, Perkins is beschreven als de grootste opportunist van de socialisten. Perkins bewoog zich gemakkelijk in de "aristocratische" kringen van de Britse Fabian Society en leerde haar lessen goed in de handen van Lilian Wald, Jane Addams en Eleanor Roosevelt. Toen de tijd kwam om haar op te bouwen, was ze er klaar voor. Als er twee belangrijke vrouwelijke samenzweerders waren in de jaren twintig, dan waren dat Kelley en Perkins. De toewijding van de laatste aan het socialisme trok de aandacht van Mary Rumsey, de socialistische zus van Averill Harriman.

Mary Harriman Rumsey was de eerste van een groep enthousiaste aanhangers van de New Deal die pleitte voor de goedkeuring van het plan van de Fabian Society, aangepast aan de Amerikaanse omstandigheden. Rumsey kwam uit een van de meest elitaire families van de Verenigde Staten in de jaren dertig. Haar nauwe band met Eleanor Roosevelt hielp haar toch al zeer geëngageerde socialistische activisme aan te scherpen. Rumsey was een onvermoeibare lezer van de geschriften van Sydney Webb, Shaw, Haldane, Muggeridge en Graham Wallas.

Haar levenslange vriendschap met Frances Perkins ontwikkelde zich nadat zij elkaar via Eleanor Roosevelt hadden ontmoet en zij ontdekten al snel hun gedeelde passie voor socialistische doelen, waarop Rumsey al snel aandrong door haar illustere broer, Averill Harriman, die een fervent socialist werd en een intiem lid van een reeks bolsjewistische leiders. Rumsey's socialistische activiteiten brachten haar door de Verenigde Staten en Europa, en in Engeland werd ze begroet door de Webbs en de aristocratie van de Fabian Society.

Wat destijds vaak werd opgemerkt, was hoe deze vrouw, wier goede manieren haar duidelijk kenmerkten als afkomstig uit de bovenste lade van de maatschappij, ertoe kwam vrouwelijke vakbondsleiders op te hitsen en te werken onder de vrouwenvakbondsbasis waar zij kennelijk thuis was. Het is duidelijk dat het Fabiaanse socialisme een onuitwisbare stempel had gedrukt op het leven van Mary Rumsey, die naar verluidt tot de vijf rijkste vrouwen van Amerika behoorde.

Mary Rumsey's lange vriendschap met de elegante Miss Jane Addams, "ladylike to her fingertips" zoals een sociale columnist van een New Yorkse krant ooit schreef, was een van die anachronismen die de conventionele indeling van socialisten aan beide zijden van de Atlantische Oceaan leek te doorkruisen. Addams was de drijvende kracht achter Hull House, de Fabiaanse socialistische 'denktank' waar de vrouwelijke elite van die tijd kennismaakte met socialistische opvattingen. Toen Beatrice en Sydney Webb in april 1898 de Verenigde Staten bezochten, waren ze te gast bij juffrouw Addams. De voormalige "klerk in het Colonial Office" was naar verluidt gefascineerd door Addams' beheersing van de Engelse taal en "haar mooie donkere ogen".

Zijn hele leven vrijgezel, dwong Addams het respect af van mannen als Kolonel Edward Mandel House, H.G. Wells. Arthur Conan Doyle en Sir Arthur Willert, een grote Britse Fabian journalist.

Addams was sterk betrokken bij de oprichting van de Kerk van de Ene Wereldregering, een socialistisch compromis met religie, die voorbestemd was om de officiële "religie" te worden van de Ene

Wereldregering, waarvan we de geschiedenis elders in dit boek gedetailleerd beschrijven.

Addams was een echte socialistische "pacifist" die de Nobelprijs won voor haar inspanningen om "internationale vrede" te bevorderen. Addams richtte de Women's International League op in samenwerking met mevrouw Pethwick Lawrence, een lid van de Britse "high society" en een leidende figuur in de Londense samenleving rond de eeuwwisseling. Net als Addams was zij lid van de KKK - "Clarte" en Co-Masonry. Let op de high society namen, niet degene die we associëren met anarchisten en revolutionaire bommenleggers. Toch heeft de schade die deze socialistische vrouwen in de Verenigde Staten hebben aangericht, in veel gevallen de impact van de radicalen overtroffen.

Addams werd ontvangen door twee Amerikaanse presidenten en was een enthousiast aanhanger van de Wall Street-bankiers die in Lenin en Trotski hadden geïnvesteerd, en aandeelhouder van Lenins Russisch-Amerikaanse Industriële Corporatie en de Communistische Federatiepers. Addams was verbonden aan de Amerikaanse Vereniging voor Culturele Betrekkingen met Rusland, die publicaties van de Faith Alliance verdeelde, voornamelijk aan boekhandels die gespecialiseerd waren in socialistisch/communistische literatuur.

Haar hechte vriendschap met Rosika Schwimmer was belangrijk omdat Schwimmer het oor had van graaf Karloyi, de man die Hongarije op een bloedig presenteerblaadje uitleverde aan het gemene beest, Bela Kuhn (echte naam Cohen) die honderdduizenden christenen in Hongarije vermoordde, voordat hij gedeporteerd kon worden. Addams is de socialist die een lezingen tour organiseerde voor de bloedige en slechte Graaf Karloyi.

De vrouwelijke aanhangers van het Fabiaanse socialisme waren rijk, machtig en hadden de juiste familiebanden om ervoor te zorgen dat hun sterk socialistische ideeën een groot publiek bereikten. De invloed van socialistische vrouwen als Webb, Perkins, Rumsey en mevrouw Pethwick Lawrence, Addams, Besant, op een reeks belangrijke gebeurtenissen in de VS en Groot-Brittannië is vandaag de dag nooit volledig beschreven of goed begrepen. Deze dames met hun aristocratische uiterlijk en stem zouden in schril contrast hebben gestaan met de Boxers, Feinsteins, Abzugs en Schroeders van de "vrouwenrechten"-beweging in de Verenigde Staten. Van alle vrouwen die in de jaren 1980-1990 in de politiek actief waren, zou alleen Margaret Thatcher zich op haar gemak hebben gevoeld bij Jane Addams, wier frequente bezoeken aan Londen haar weliswaar geen uitnodiging op Downing Street 10 opleverden, maar haar wel de lieveling maakten van de Fabian Society en haar leiders, Beatrice en Sydney Webb.

Achter Addams' manieren en verfijnde taalgebruik ging een spijkerhard innerlijk schuil en een geest die weigerde terug te krabbelen, zelfs tegen de verwachtingen in. Hoewel ze het nooit zou toegeven, was Addams de vrouw die Robert Mors Lovett diepgaand beïnvloedde, de man die gekozen werd om de Fabiaanse socialistische opleving in de Verenigde Staten te leiden. Het was onmogelijk om een meer onwaarschijnlijke leider voor socialistische doelen te vinden. Gereserveerd en afstandelijk, werd Lovett opruiend na een ontmoeting met Addams in Hull House. In veel opzichten was Lovetts campagne voor de socialisatie van Amerika een van de belangrijkste gevechten ooit gevoerd door de 'grote' socialisten. Harry Hopkins, de man die meer bosbranden aanstak voor het Fabiaanse socialisme in Amerika dan enig ander individu in de socialistische gelederen, dankte zijn positie aan Addams, die hem in 1932 sterk had aanbevolen bij Roosevelt.

Addams stond bovenaan de lijst van socialistische vrouwen en kreeg de Nobelprijs voor de Vrede voor haar pacifistische activiteiten ten behoeve van het socialistische programma voor de Verenigde Staten. Zij zette haar socialistische kruistocht voort onder auspiciën van de Women's International League for Peace, die zij in Chicago oprichtte en die een communistisch front werd voor de door de bolsjewistische leiders gekoesterde 'vrede'. Addams bestudeerde in detail de publicaties van de Fabian Society, vooral die gedistilleerd uit de boeken van mevrouw Kollontay die het huwelijk en het gezin aanvallen, en wijdde het grootste deel van haar tijd aan socialistische anti-gezinszaken in de Verenigde Staten.

Hoewel ze nooit hecht waren, was Dorothy Whitney Straight (mevrouw Leonard Elmhurst) een bewonderaar van Addams. De Whitney-Straights kwamen net als Addams uit de Amerikaanse high society. De broer van Dorothy Whitney-Straight was partner bij J.P. Morgan, wat de Whitney-Straights carte blanche gaf om de hogere kringen van de Fabiaanse socialisten in Londen, New York en Washington te betreden. De Whitney-Straights financierden de Amerikaanse Fabiaanse socialistische publicatie "New Republic" (Dorothy was de belangrijkste aandeelhouder), waaraan Walter Lippmann regelmatig bijdroeg, evenals vooraanstaande socialistische professoren aan Oxford en Harvard. Professor Harold Laski was een van de favoriete auteurs van New Republic. Dorothy Whitney Straight was een enthousiaste aanhanger van president Woodrow Wilson.

Na haar huwelijk met Leonard K. Elmhurst verliet Dorothy haar landgoed op Long Island en verhuisde naar Dartinton Hall in Totnes, Devonshire, Engeland, "waar haar hart ligt", zoals ze haar vrienden vertelde, om dichter bij het centrum van de Fabiaanse socialistische macht te zijn. Daar ging ze om met de "groten" van het Britse socialisme, zoals Lord Eustis Perry, Sir Oswald Mosely en Grahame Haldane. In 1931 waren Dorothy en de Webbs druk bezig met hun plannen om de New Deal in de Verenigde Staten in te voeren, in afwachting van de komst van Franklin Roosevelt. Om geen argwaan te wekken heette het plan op voorstel van Dorothy "Political and Economic Planning" (PEP), hoewel Moses Sieff, een van de oorspronkelijke leden, onvoorzichtig genoeg was om in een toespraak tot de Fabian Socialists in Londen in 1934 naar PEP te verwijzen als "onze New Deal".

Vanaf het begin was de PEP een subversieve organisatie die vastbesloten was de grondwet van de Amerikaanse Republiek te ondermijnen, en geen enkel lid werkte daar onvermoeibaarder aan dan Dorothy Whitney Straight. Congreslid Louis T. McFadden zei het volgende over haar inspanningen:

> "Mag ik erop wijzen dat dit een geheime organisatie is met enorme macht? De definitie van hun organisatie is: een groep mensen die actief betrokken zijn bij de productie en distributie van sociale diensten, ruimtelijke ordening, financiën, onderwijs, onderzoek, overreding en diverse andere belangrijke functies in het Verenigd Koninkrijk."

De heer McFadden beschreef de groep als een "brain trust", die, zei hij,

> "wordt verondersteld het huidige Amerikaanse beleid inzake

handelstarieven te beïnvloeden. Noch u noch ik zijn bijzonder geïnteresseerd in wat er in Engeland gebeurt, maar wat ons beiden zou moeten interesseren is dat er een sterke mogelijkheid bestaat dat sommige leden van de brain trust rond onze president in contact staan met deze Britse organisatie, die werkt aan de invoering van een soortgelijk plan in de Verenigde Staten, zo is mij verzekerd door serieuze mensen, die in een positie verkeren om te weten dat deze organisatie praktisch de Britse regering controleert en dat deze sterk georganiseerde en goed gefinancierde beweging praktisch bedoeld is om het Engelssprekende ras te sovjetiseren."

Elders in dit boek wordt verhaald over de enorme schade die is toegebracht aan de handelsbelemmeringen die de voormalige presidenten van dit land zo wijselijk hebben opgeworpen om het welzijn van zijn burgers te beschermen. McFadden beschuldigde de Amerikaanse tegenhanger van Dorothy Whitney Straight's Engelse "brain trust" ervan te bestaan uit de professoren Frankfurter, Tugwell en William C. Bullit (de man die de bijna zekere nederlaag van het Wit-Russische leger door het bolsjewistische Rode Leger saboteerde). Over hen zei McFadden:

"Ik denk dat er geen twijfel over bestaat dat deze mannen behoren tot deze bijzondere organisatie met uitgesproken bolsjewistische neigingen, en dat dit plan in de Verenigde Staten zal worden ontwikkeld."

In dit geval kon Dorothy Whitney Straight rekenen op het altijd beschikbare advies van Felix Frankfurter, die vóór haar verhuizing naar Devonshire een regelmatige bezoeker van haar landgoed op Long Island was geweest. De fabelachtige rijkdom van de familie Whitney-Straight financierde niet alleen de New Statesman, maar ook het PEP en vele andere dekmantelorganisaties van de Fabian Society en hun activiteiten.

Dorothy hield haar hofhouding op haar weelderige landgoed in Devonshire, als het koningshuis waarvan ze droomde deel uit te maken. Naast Frankfurter waren er frequente bezoekers zoals J.D. Priestly, een schrijver van naam, Israel Moses Sieff, Richard Bailey en Sir Julian Huxley, Lord Melchett en Malcolm McDonald, zoon van Ramsay McDonald. Hoewel deze namen misschien niet bekend zijn bij Amerikanen, zijn het de namen van mannen die aan de top van de Fabiaanse socialistische ladder stonden. Maar een Amerikaan die de namen herkende was Congreslid Louis T. McFadden, voorzitter van het House Banking Committee.

McFadden verdenkt Dorothy Whitney-Straight er al lang van een landverrader te zijn. Tijdens een toespraak in het Huis wil McFadden weten wat Dorothy en haar entourage van plan zijn en hoe het de Verenigde Staten zal beïnvloeden. Hij vraagt zich af waarom een zekere Moses Sieff naar de "New Deal" verwijst als "onze New Deal". McFadden onthult de nauwe banden tussen de Britse Fabiaanse socialisten en de Amerikaanse socialisten en communisten, waarvan hij weet dat ze actief werken aan de ondergang van de Republiek der Verenigde Staten: "Het Political Economic Plan (PEP) opereert nu in het geheim in Engeland." Wat was het doel van Dorothy Whitney Straight's PEP? Volgens McFadden was het iets dat hun geheime publicaties aan haar "insiders" hadden onthuld:

> "De werkmethode bestaat erin om in een groep een aantal mensen samen te brengen die professioneel betrokken zijn bij een of ander aspect van het besproken probleem (hoe de Amerikaanse grondwet te breken), alsook enkele niet-specialisten die de fundamentele vragen kunnen stellen die de deskundigen soms ontgaan.

> Dankzij deze techniek kan PEP de gecombineerde ervaring van mannen en vrouwen die op verschillende gebieden werkzaam zijn, zoals het bedrijfsleven, de politiek, de overheid en lokale overheidsdiensten en universiteiten, in een probleem inbrengen...".

> "... De namen van degenen die de groepen vormen worden niet bekend gemaakt... Deze regel is vanaf het begin bewust gekozen en is zeer nuttig gebleken. Het stelt mensen in staat om te dienen die dat anders niet zouden kunnen doen; het zorgt ervoor dat leden vrijelijk kunnen bijdragen aan de discussie zonder gebonden te zijn aan de officiële standpunten van een organisatie waarmee zij kunnen worden geïdentificeerd.... Anonimiteit is een strikte voorwaarde voor de toezending van dit blad. Het is essentieel voor de doeltreffendheid van de groep als een onpartijdige organisatie die bijdragen levert buiten het domein van persoonlijke en partijdige polemieken... "

Inlichtingencontacten hebben mij geleerd dat 90% van het personeel van het Congres (Huis en Senaat) op deze manier werkt. De hoorzittingen van de Senaatscommissie over rechter Clarence Thomas waren een verbazingwekkende openbaring van hoe deze socialistische tactiek van "penetratie en bevruchting" nog steeds op grote schaal wordt toegepast in alle takken van de Amerikaanse regering, in de kerk, in het onderwijs en op plaatsen waar beslissingen worden genomen die van vitaal belang zijn voor de toekomst van de Verenigde Staten van Amerika.

De regel van de Fabiaanse socialistische geheimhouding slaagde erin de vaak verraderlijke activiteiten van PEP aan de ogen van het Amerikaanse publiek te onttrekken. Dankzij PEP en vele andere uiterst geheime Fabiaanse socialistische organisaties slaagde het socialisme er in de jaren twintig en dertig bijna in de Verenigde Staten over te nemen. Gemodelleerd naar de PEP van de Britse Fabian Society, heette de Amerikaanse versie de National Planning Association (NPA) en Felix Frankfurter was de man die door Dorothy Whitney Straight Elmhurst was uitgekozen om deze organisatie in de Verenigde Staten op te zetten en te leiden. Dankzij een alert en nog onaangetast Hooggerechtshof werden veel programma's van de NPA verworpen. Dorothy Whitney-Straight was onbewogen en spoorde haar medesocialisten aan hun doel - de omverwerping van de Verenigde Staten - nooit op te geven. Zij was werkelijk de gevaarlijkste van de feministen van de Fabian Society.

Hoewel zij geen persoonlijke vriendin is van een van de high society Fabiaanse socialistische dames, moet de naam van Laura Spellman hier genoemd worden, al was het maar om het buitengewone geluk te benadrukken dat het socialisme altijd lijkt te hebben bij het verkrijgen van onbeperkte toegang tot zeer grote fondsen. Het Laura Spellman Fonds begon met een kapitaal van 10.000.000 dollar, maar in de praktijk was er geen fonds bij de Spellman goed als het ging om het bevorderen van socialistische programma's in de Verenigde Staten. Deze programma's werden over het algemeen "hervormingen" genoemd, in de zuiverste Fabiaanse socialistische stijl.

Eén van deze "hervormingen" was het ondermijnen van de Amerikaanse grondwet. Toen Senator Joseph McCarthy op het punt stond het deksel van de socialistische en communistische penetratie van de Amerikaanse regering af te blazen, gaf het Laura Spellman Fonds onbeperkte subsidies aan degenen die onderzoek deden naar de achtergronden van Martin Dies en Senator McCarthy, en alles konden vinden wat hen in diskrediet kon brengen. Op deze manier was het Spellman Fonds indirect verantwoordelijk voor de gevaarlijke aanval op de Amerikaanse grondwet die een beangstigend niveau had bereikt en die Dies en McCarthy dreigden te ontmaskeren.

De politieke hoer, Senator William B. Benton, die de aanval tegen McCarthy leidde, kreeg alle steun die Spellman kon kopen toen hij eiste dat Senator McCarthy uit de Senaat werd gezet. Benton's naam zal voor altijd synoniem zijn met Aaron Burr en moedwillig verraad en opruiing. Benton was nauw betrokken bij de Fabiaanse Socialistische New Deal en zijn bedrijf, Benton and Bowles, haalde lucratieve contracten binnen bij de Britse Labourregering. Benton had ook nauwe banden met het Rockefeller National Bureau of Economic Research (gewijd aan de bevordering van Laski's economische welvaartsstaat) en Owen Lattimore, een van de ergste verraders die ooit in dit land zijn ontdekt. Het was deze Benton die, vol ongeloof, aan McCarthy vroeg of hij zich niet schaamde voor zijn onderzoek naar het leger, dat er in wezen op gericht was socialistische verraders in de Amerikaanse regering op te sporen.

Later, toen het fuseerde met het Rockefeller Brothers Fund, doneerde Spellman 3 miljoen dollar aan Harold Laski's London School of Economics, die de deuren opende voor het socialisme om de hoogste echelons van de Amerikaanse regering binnen te dringen. Het geld van Laura Spellman werd geïnvesteerd in een intensieve campagne om marxistische "educatieve" en "economische" programma's in te voeren in Amerikaanse scholen en universiteiten. Miljoenen dollars werden geïnvesteerd in deze socialistische programma's, waarvan we de gevolgen waarschijnlijk nooit zullen kunnen meten, en die de vorm en de richting van het onderwijs in dit land voor altijd hebben veranderd.

De belangrijkste obsessie van deze socialistische vrouwen was de vernietiging van de Amerikaanse gezinstraditie. Zoals Sir Paul Dukes, een van de belangrijkste geleerden van het bolsjewisme in de jaren twintig, het formuleerde:

"De centrale tragedie van het bolsjewistische regime in Rusland is een georganiseerde inspanning om de geesten van kinderen te ondermijnen en te corrumperen. Het is altijd een bolsjewistisch principe geweest om het instituut van het gezin te bestrijden".

De geschriften van mevrouw Kollontay laten hierover geen twijfel bestaan, zelfs niet bij sceptici. Het idee was om kinderen op zeer jonge leeftijd aan de zorg van de ouders te onttrekken en ze op te voeden in door de staat beheerde kinderdagverblijven.

De schade die Eleanor Roosevelt heeft aangericht is al vele malen verteld en hoeft hier niet te worden herhaald. Het volstaat te zeggen dat de zogenaamde feministische beweging waaraan zij in de jaren twintig en dertig zoveel tijd besteedde, bloeit en nooit sterker is geweest dan in de Verenigde Staten anno 1994. Eleanor was de eerste die openlijk het lesbianisme bekrachtigde door haar ongeoorloofde relatie met Lorena Hicock, wier liefdesbrieven zich in het huis van de Roosevelts in Hyde Park bevinden. Misschien was de gebeurtenis die liet zien hoe militant en machtig deze groep socialistische activisten was geworden, de strijd tussen Anita Hill en Clarence Thomas voor een miljoenenpubliek. Opmerkelijk is het aantal zogenaamde "vrouwenrechten" en "feministische" organisaties dat sinds de tijd van Eleanor Roosevelt is ontstaan en verveelvoudigd.

De namen van individuele socialistische leiders en hun "feministische" organisaties zijn legio, net als de demonen die in de Bijbel worden genoemd. Ik ben niet van plan elk van hen speciaal te noemen - dat valt buiten het bestek van dit boek. Daarom ben ik verplicht alleen de aandacht te vestigen op de hoogste personen in de vrouwelijke socialistische hiërarchie, die de socialistische regel hebben gevolgd, doordringen en doordringen. Het verbazingwekkende succes van de socialistische mannen bij het doordringen in alle takken van de regering van de Verenigde Staten, de plaatselijke en staatsoverheden, particuliere instellingen en organisaties, zou door Perkins, Kelley en Dorothy Whitney-Straight met trots zijn bejubeld.

Ze zouden dol zijn geweest op Barbara Streisand, een hese-stemmige "artieste" wiens advies tot in het Witte Huis van Clinton reikt. Het feit dat Streisand "in het Witte Huis slaapt" als ze op bezoek is, laat zien hoezeer de VS is afgezakt naar een niveau dat de grote staatslieden uit het verleden - Washington, Jefferson,

Jackson - zich nooit hadden kunnen voorstellen. Streisand en Bella Abzug zijn als twee druppels water. Opvallend, strijdlustig, zeer toegewijd aan socialistische/Marxistische idealen, beiden leven in luxe terwijl ze beweren voor de armen te spreken.

Abzug werd benoemd in het Huis van Afgevaardigden, grotendeels dankzij de stem van het Joodse blok, en eenmaal daar begon ze haar piepstem te laten horen, met name over de kwestie van het zogenaamde "recht op abortus", dat, ik moet er terloops op wijzen, geen enkele wettelijke basis heeft omdat het buiten het bereik van de Grondwet valt en daarom nietig is.

Abzug zwierf door de zalen van het Congres en schreeuwde letterlijk tegen iedereen die zich verzette tegen het radicale feminisme van de "vrije liefde". Ze werd daarbij geholpen door een van de ergste fraudeurs van het feminisme, Norma McCorvey, de "Jane Roe" van Roe v Wade. McCorvey was niet eens zwanger toen de kwestie ter sprake kwam. Ze werd aangeprezen als een "groot geleerde" door de Abzug menigte, terwijl ze in feite afstudeerde aan de niet-geaccrediteerde New College Law School in San Francisco, dezelfde feministische organisatie die Anita Hill haar rechtendiploma gaf!

Enkele, maar niet alle, radicale feministische organisaties zijn de volgende:

- ➢ De Margaret Bent Advocatenvereniging
- ➢ De American Civil Liberties Union
- ➢ National Women's Law Center
- ➢ New College Law School
- ➢ Comité ad hoc voor publieksvoorlichting over seksuele intimidatie
- ➢ Alliantie voor gerechtigheid
- ➢ Centrum voor Recht en Speciaal Beleid
- ➢ Nationale Vrouwen Organisatie (NOW)
- ➢ Organisatie voor de Bevordering van de Vrouw
- ➢ Planned Parenthood

> National Abortion Rights Action League (NARL)

> Women's Legal Defense Fund

De meeste van deze radicale vrouwenrechtenorganisaties willen de Grondwet gebruiken om vrouwen te beschermen terwijl zij de Verenigde Staten socialiseren - een erfenis die hen is overgeleverd door Felix Frankfurter. Van tijd tot tijd verkondigen zij vrome gemeenplaatsen over de bescherming van individuele rechten, waarvan negenennegentig procent niet voorkomt in de Grondwet, terwijl zij pleiten voor de omverwerping van de Grondwet die hen juist beschermt.

De door Florence Kelley, Bella Abzug's vorouder, ingevoerde socialistische wet op moederschap en kindertijd is rechtstreeks ontleend aan het bolsjewistische systeem dat Madame Zinoviev beschreef voor de wereldwijde nationalisering van kinderen. Wat Bella Abzug en Pat Schroeder "vrouwenrechten" noemen, is niets anders dan vrouwelijke anarchie en komt niet voor in de Amerikaanse grondwet. Veel van wat deze socialistische vrouwen nastreven komt uit Alexandra Kollontay's "Communisme en het gezin", Bebel's "Vrouwen en Socialisme" en Engel's "Oorsprong van het gezin". De zogenaamde "abortusrechten" komen uit deze bolsjewistische literatuur.

De commissie-Overman over het bolsjewisme kwam in 1919 tot de volgende conclusie:

> Het kennelijke doel van de bolsjewistische regering is de Russische burgers, en vooral vrouwen en kinderen, afhankelijk te maken... Ze hebben decreten uitgevaardigd met betrekking tot huwelijk en echtscheiding die in feite een staat van "vrije liefde" (abortus) instellen. Zij hebben de legalisering van prostitutie mogelijk gemaakt door de nietigverklaring van huwelijken naar goeddunken van de partijen toe te staan. Senaatsdocument nr. 61, eerste zitting, blz. 36-37, Congressional Record.

In Roe v. Wade schonden de rechters van het Hooggerechtshof van de Verenigde Staten de Grondwet door hun overactieve fantasie. Zogenaamde "vrouwenrechtenactivisten" hebben de afgelopen twee decennia geen middel onbeproefd gelaten in hun pogingen om in de Grondwet "rechten" vast te leggen die er eenvoudigweg niet zijn.

De affaire Anita Hill-Clarence Thomas was een opmerkelijke demonstratie van de enorme macht die deze vrouwenrechtengroeperingen sinds de dagen van de regering Roosevelt hebben verworven. De Senaat zit vol met socialisten van het ergste soort, met Kennedy, Metzenbaum en Biden als hun vaandeldragers. Er is een publieke perceptie die gecorrigeerd moet worden: De Senaat heeft geen rechterlijke macht: hij kan niemand aanklagen. Haar bevoegdheden zijn beperkt tot een onderzoeksrol. Zij heeft geen vervolgende rol. Bij het onderzoek van de zaak Anita Hill-Clarence Thomas bleek al snel dat de Senaat deze beperking van zijn bevoegdheden volledig was vergeten.

De belangrijkste aanstichter van de confrontatie was niet Hill zelf, maar een groep schurende en agressieve vrouwen die een kans zagen om munt te slaan uit de overdreven "seksuele intimidatie"-kwestie die hun cause célèbre was geworden.[7] Het feit dat deze groep erin slaagde de Senaatscommissie en een groot aantal wetgevers ervan te overtuigen dat Hill het slachtoffer was van "seksuele intimidatie", ook al had ze tien jaar gewacht alvorens een klacht in te dienen, toont aan hoe machtig de verdedigers van "vrouwenrechten" zijn geworden.

Als er één vrouw aangewezen kan worden voor deze betreurenswaardige gang van zaken, dan is het Nan Aaron. Als er al een man zou kunnen worden aangewezen, zou het rechter Warren Burger zijn, de socialistische droom van een rechter waarop altijd kan worden gerekend om de grondwet te verdraaien en uit te hollen en er zijn eigen voorkeuren aan toe te voegen, volledig in strijd met het negende amendement van de Amerikaanse grondwet.

Het is vermeldenswaard dat geen van de socialistische rechters die de grootste schade aan de Grondwet hebben toegebracht enige ervaring als rechter had voordat zij werden benoemd tot het Hooggerechtshof. Louis Brandeis, John Marshall, Earl Warren, Byron White, en William Rehnquist waren geen rechters voordat hun socialistische geloofsbrieven hen tot het Hooggerechtshof verhieven, van waaruit zij de leidende socialisten dienden die alle

---

[7] In het Frans in het origineel.

niveaus van de regering teisteren.

Het duurde een paar dagen om de formidabele socialistische vrouwen bij elkaar te krijgen voor een aanval, maar daarna kwamen Kate Michelman, voorvechtster van abortusrechten en babymoord, Nan Aaron, Judith Lichtman, Molly Yard, Eleanor Smeal, Patricia Schroeder, Barbara Boxer, Susan Hoerchner, Gail Lasiter, Dianne Feinstein, Susan Deller Ross en Nina Totenberg, een marihuana-rokende muckraker in de beste traditie van de Fabiaanse socialistische muckrakers van 1920, kwamen in actie. De gemeenste van hen allen was misschien wel Totenberg, die al ontslagen was wegens plagiaat. Gewend aan grof taalgebruik vertegenwoordigt Totenberg het ergste van de zogenaamde "feministen". Hierin wordt zij vakkundig gesteund door Senator Howard Metzenbaum, het beste voorbeeld van wat er mis is met de Senaat.

De eerste aanval op Thomas kwam voort uit een lek, georkestreerd door Aaron, Hoerchner en Lichtman, die Hill ervan overtuigden haar klacht over seksuele intimidatie op schrift te stellen en naar de FBI te sturen. Hoerchner was de eerste die Hill in Oklahoma belde, en negeerde het feit dat de twee al meer dan zeven jaar geen contact meer hadden gehad. Hoerchner was als George Bernard Shaw in die zin dat ze niet aarzelde om iedereen te benaderen, zelfs vreemden waarvan ze dacht dat ze nuttig konden zijn.

Wat deze agressieve "feministen" vreesden, was dat Hill zich niet uit eigen vrije wil zou melden tegenover rechter Thomas. In dat geval, zoals het gezegde luidt, "moeten we haar uitschakelen" met behulp van de technieken die de homoseksuele lobby heeft geleerd wanneer een van hen aarzelt om naar buiten te treden.

Tegen die tijd had Thomas al vijf dagen ondervraging doorstaan, waarbij Metzenbaum zijn gebruikelijke stunt uithaalde door de bevestiging uit te stellen om te zien of zijn lasteraars enig resultaat zouden opleveren. Uiteindelijk, onder vreselijke druk van Catherine McKinnon, een feministische activiste en juridisch "geleerde", en voornamelijk via Lichtman, brak Hill en werd gedwongen de beschuldigingen te uiten die de radicale vrouwen wilden, en die onmiddellijk uitlekten.

De rest is geschiedenis, een fascinerend verhaal over de wreedheid van de socialistische feminist, die bereid is alles te doen om te "doden", hoewel in dit geval hun prooi, rechter Clarence Thomas, hen misschien te slim af was. De hele operatie, vanaf het moment dat Hoerchner contact opnam met Hill tot de bevestiging van Thomas, verliep volgens de principes van de psychopolitiek, de strategie die het socialisme in Engeland zo goed had gediend.

Helaas is radicaal socialistisch "feminisme" een blijvertje. De activiteiten van amazones als Patricia Schroeder en zwaargewichten Boxer en Feinstein zullen niet afnemen. We zullen zien dat deze radicale feministische wetgevers allerlei wetten invoeren die niet in overeenstemming zijn met de grondwet. We hebben al gezien hoe Feinstein de Senaat liet instemmen met een zogenaamd "aanvalsgeweer" verbod. Het feit dat Feinstein's wetsvoorstel de grondwet op niet minder dan drie belangrijke plaatsen schond, deerde deze gladiator niet. Wat we moeten doen is wetgevers trainen in de Grondwet, ze verkozen krijgen, en ze dan leren hoe ze elke verdere inbreuk op onze vrijheden kunnen tegengaan en ongedaan maken, met de Grondwet als hun voornaamste wapen. Hiervoor hebben we een stichting nodig, vergelijkbaar met de Fabian Socialist Society.

Hoofdstuk 5

HET ONDERMIJNEN VAN DE GRONDWET DOOR MIDDEL VAN WETGEVING

[8]Het was Florence Kelley (Weschenewsky) die verklaarde dat de grondwet van de Verenigde Staten moest worden ondermijnd door wat zij noemde "de wetgevende weg" en sinds haar verklaring... zijn socialisten bezig geweest om haar richtlijn uit te voeren. Deze kaping van de Grondwet is zo ver gegaan dat er in 1994 geen dag voorbij gaat zonder dat ergens een rechter zijn voorspellingen in de Grondwet inleest en beslissingen neemt die buiten het kader en de reikwijdte van de Grondwet vallen.

Eind jaren twintig en begin jaren dertig verklaarden Amerikaanse socialistische groeperingen dat de interpretatieve rol van de rechterlijke macht moest worden gebruikt om de beperkingen van de grondwet te omzeilen. Socialisten stelden zich ook "uitvoerende opdrachten" voor als een middel om rechtstreeks wetten te maken wanneer het niet mogelijk was wetgeving aan te nemen die gunstig was voor socialistische doelen.

Hoewel het Negende Amendement van de Amerikaanse Grondwet uitdrukkelijk werd opgesteld om te voorkomen dat rechters kracht van wet geven aan hun voorspellingen, hebben rechters op alle niveaus deze aan hen opgelegde beperking grotendeels genegeerd en nemen zij steeds vaker wetten aan die duidelijk ongrondwettelijk

---

[8] Het zal de lezers ongetwijfeld zijn opgevallen dat de meeste activisten die worden genoemd om de Amerikaanse grondwet te ondermijnen -Feinstein, Schroeder, Metzenbaum, Totenberg, Lichtman, enz. - van Joodse afkomst zijn. Nde

zijn. Zogenaamde "wapencontrole" wetten en beperkingen voor abortus protest groepen zijn voorbeelden.

Kelley kreeg bekendheid toen zij de rabiaat socialistische Engels' "Condition of the Working Class in England in 1844" in het Engels vertaalde.[9] Dit was de gebruikelijke socialistische aanval op het kapitalisme. Engels schreef verschillende boeken, waaronder een virulente aanval op religie en een andere, "Origin of the Family", een tirade tegen de heiligheid van het huwelijk. Engels toerde in 1884 door de Verenigde Staten, en deed geen poging om gehoor te geven aan Edward Bellamy's waarschuwing om confrontaties te vermijden die een beeld opriepen van het socialisme als het huis van seksuele afwijkingen, revolutionairen en anarchisten. Blijkbaar waren Amerikanen in de jaren 1800 veel beter geïnformeerd over het socialisme dan Amerikanen in de jaren 1990.

Het is geen toeval dat Kelley zijn socialistische opvoeding kreeg in Zwitserland, waar revolutionairen, anarchisten en seksueel afwijkende mensen al lang wonen. Danton en Marat kwamen uit Zwitserland om de Franse Revolutie te starten. Lenin verbleef geruime tijd in dit land voordat hij naar Londen vertrok. Kelley begon haar kruistocht om de Amerikaanse grondwet te ondermijnen door lid te worden van de New York Nationalist Club, van waaruit ze haar kruistocht startte om de federale regering wetten te laten aannemen die de lonen en omstandigheden in fabrieken zouden controleren.

Om dit doel te bereiken creëerde Kelley haar eigen façades of sloot ze zich aan bij bestaande, zoals de National Consumers League, waaraan ze een marxistische ondertoon probeerde te geven. Kelley noemde zichzelf een "Marxist-Quaker" en was ook een Fabian American Socialist. We zullen in latere hoofdstukken meer over Kelley te weten komen. Ze werd een goede vriendin van Harvard professor Brandeis, van wie ze veel leerde over de methodologie van het omzeilen van de Grondwet, met "wetgevende middelen".

Kelley werkte energiek aan de weg voor de "Brandeis Brief", die het

---

[9] *De toestand van de arbeidersklasse in Engeland in 1844.*

kenmerk van socialistische rechters zou worden. De "Brandeis Brief" was in wezen één of twee vellen juridisch advies, gehecht aan enorme pakketten zorgvuldig geselecteerde socialistische propaganda over economische en sociale kwesties. Het behoeft geen betoog dat noch Brandeis, noch zijn collega-rechters ook maar enigszins gekwalificeerd waren om deze bevooroordeelde socialistische doctrines te interpreteren. Rond 1915 reisden onderzoekers van Kelley de wereld rond om pro-socialistische informatie te verzamelen, die het grootste deel vormde van de documenten die het "Brandeis-dossier" vormden. Het was een gigantische taak, vakkundig uitgevoerd, die de werkwijze van de Amerikaanse rechtspraak zou veranderen.

"Brandeis Briefs" was een grote triomf voor Kelley en zijn "wetgevende route" om de Grondwet te wijzigen en te omzeilen. In opdracht van Mandel House moest de wederzijds benoemde president Woodrow Wilson zich verzekeren van de steun van de "progressieve Republikein" Brandeis voor de aanstaande betrokkenheid van de Verenigde Staten bij de Tweede Wereldoorlog. Het is de moeite waard te herhalen wat al eerder is gezegd, namelijk dat "progressieve" en "gematigde" Republikeinen betekenen dat degene die deze etiketten gebruikt een fervent socialist is.

De Lusk-wetten van New York zijn een nieuwe mijlpaal in de geschiedenis van socialistische triomfen over het Amerikaanse rechtssysteem. Zogenaamde "immigranten" uit Oost-Europa stroomden in de jaren 1800 naar New York en brachten een strijdlustige houding en veel revolutionaire ervaring met zich mee. Veel van deze nieuwkomers werkten in de kledinghandel. Om het revolutionair-anarchistische gedrag van deze grote groep uit Oost-Europa te onderzoeken, benoemde de wetgevende macht van de staat New York in 1919 senator Clayton R. Lusk tot hoofd van een speciaal onderzoek naar dit probleem. Lusk aan het hoofd van een onderzoekscommissie.

Een van de krachtigste steunpunten voor "immigranten" was de Rand School. Als bastion van Amerikaanse Fabiaanse socialisten verleende de Rand juridische steun aan de Garment Workers' Union en een groot aantal andere vakbonden die de Rand had helpen oprichten. De docenten en instructeurs van de Rand School leken wel een Fabian Socialist Who's Who. Lusk ging naar de Rand, gewapend met huiszoekingsbevelen en begeleid door de staatspolitie, en nam bestanden en dossiers in beslag.

De reactie van de socialistische juridische broederschap liet niet lang op zich wachten. Een prominente advocaat, Samuel Untermeyer - die in 1933 de oorlog had verklaard aan Hitler - en die grote invloed had in de innerlijke kringen van het Witte Huis, verzocht en verkreeg een gerechtelijk bevel tegen Lusk, die gedwongen werd de dossiers en documenten die hij in beslag had genomen terug te geven. Dit was een eerste demonstratie van de ontzagwekkende macht van het socialisme in de Verenigde Staten. Naar aanleiding van het rapport van Sen Lusk nam de wetgevende macht van New York echter wat bekend werd als de Lusk-wetten aan, waardoor alle scholen in de staat New York een vergunning moesten krijgen. Het doel was om de Rand School te sluiten.

Maar de wetgevers van de staat New York zouden daar niet in slagen. In het decennium van 1920 tot 1930 kenden weinig mensen het socialisme als een virulente ziekte die kon toeslaan waar en wanneer het maar wilde. De prominente socialistische advocaat Morris Hillquit zorgde voor zo'n heftige agitatie tegen de Lusk Act onder de machtige kledingarbeiders en andere door socialisten gedomineerde vakbonden dat gouverneur Al Smith zijn veto uitsprak. Uit dit begin ontstond een krachtige politieke alliantie die de socialist Franklin Delano Roosevelt in het Witte Huis zou plaatsen.

Opnieuw toonden de socialisten aan dat hun heimelijke, sinistere en schunnige beleid om hun gekozen discipelen te infiltreren als adviseurs van de machthebbers de juiste weg was. Jaren later werd ontdekt dat gouverneur Smith, een overtuigd katholiek, "advies had gekregen over zaken van sociale rechtvaardigheid" van pater John Augustin Ryan, een uitgesproken socialist, die bij Smith was geïnfiltreerd door de door socialisten gedomineerde National Catholic Welfare Council. Het was op Ryan's advies dat Smith zijn veto uitsprak over het Lusk wetsvoorstel.

Als fervent aanhanger van Sydney Webb werd Ryan bekend als "de vader van de New Deal". In 1939 woonden de rechters William O. Douglas, Felix Frankfurter en Henry A. Morgenthau een diner ter ere van hem bijgewoond (geen van de gewone leden van de kledingarbeiders en andere vakbonden waren uitgenodigd). De Rand School bleef zonder onderbreking functioneren, ook al had ze geen vergunning.

Wat de socialisten in de jaren 20 stoorde, toen ze probeerden de Verenigde Staten virtueel in handen te krijgen, was het feit dat de federale regering geen absolute macht had. Alleen koningen hebben absolute macht en zij vaardigen proclamaties uit. President Lincoln liet de slaven niet vrij in zijn Emancipatie Proclamatie. Hij wist dat het ongrondwettelijk was. Blackstone's Commentaries With Notes van de grote constitutionele geleerde St. George Tucker, een professor in de rechten aan de Universiteit van William en Mary die diende in de Amerikaanse Revolutie, stelt het standpunt heel duidelijk:

> "Het recht om proclamaties uit te vaardigen is een van de prerogatieven van de Kroon van Engeland. Aangezien een dergelijke bevoegdheid niet uitdrukkelijk in de federale grondwet wordt verleend, is bij een bepaalde gelegenheid de vraag gesteld of de president krachtens deze grondwet een dergelijke bevoegdheid bezit...".

De socialisten besloten dat proclamaties voortaan "executive orders" zouden worden genoemd, maar het blijven wetten per fiat, verboden door de Amerikaanse grondwet.

De eerste tien amendementen van de Amerikaanse grondwet vormen een beperking voor de federale regering, met misschien een kleine uitzondering in het 5e amendement. Artikel 1, sectie 9 van de grondwet staat de federale regering niet toe wetten te maken buiten de gedelegeerde bevoegdheden die zijn vervat in de primaire bevoegdheden van het Congres.

Gefrustreerd door de beperkingen van de Bill of Rights op de bevoegdheden van de federale overheid, gingen de socialisten in het offensief "via wetgeving". Wat ze niet door het Huis en de Senaat konden krijgen, kregen ze door de rechtbanken, en daarom hebben we zoveel ongrondwettelijke wetten in de boeken staan. Het lijdt geen twijfel dat als de socialisten niet door de grondwet waren tegengehouden, zij het land tussen 1920 en 1930 zouden hebben overrompeld.

Helaas hebben het Congres en de president er sinds de jaren zeventig voor gekozen elk jaar meer sociale programma's uit te voeren. Een voorbeeld is het wetsvoorstel "A Bill to Establish National Voter Registration", voorgesteld door Senator Robert Dole, de minderheidsleider van de Senaat. Het wetsvoorstel van Dole is 100% ongrondwettelijk en het is een trieste dag voor de Verenigde Staten dat de minderheidsleider van de Senaat zich zo onverantwoordelijk gedraagt. Details van Dole's wetsvoorstel zijn te vinden op de pagina's S5012 - D5018, Congressional Record, 24 april 1991, No. 61, Vol. 137.

Dole's wetsvoorstel is slecht omdat het ingaat tegen artikel 1, sectie 4, deel 1 van de Amerikaanse grondwet, waarin staat:

"De tijd, plaats en wijze van verkiezing van senatoren en vertegenwoordigers worden in elke staat door de wetgevers daarvan voorgeschreven; maar het Congres kan te allen tijde bij wet deze voorschriften vaststellen of wijzigen, behalve wat betreft de plaatsen waar de senatoren worden gekozen."

Debatten over deze kwestie gaan terug tot de vroege dagen van onze Confederatie Republiek.

Het woord "kan" betekent niet "moet". Het woord "manier" verwijst gewoon naar het type stembiljet. De woorden "wijzigen" en "regelen" betekenen niet dat de federale regering de staatsverkiezingen controleert, wat Dole zou moeten weten als hij de Congressional Globes en de Annals of Congress heeft gelezen. Dole probeert de federale regering te betrekken in zaken die voorbehouden zijn aan de staten. Dit is een gemeenschappelijk doel van alle socialisten.

Wilson begon dit soort verrotting, en zijn ondermijning is overgenomen door Roosevelt, Kennedy, Johnson Eisenhower, Bush en nu Clinton. Als in tandem is het Hooggerechtshof zo ver naar links gegaan dat men zich afvraagt waarom het niet het Socialistische Hooggerechtshof van de Verenigde Staten wordt genoemd. Een van de belangrijkste verkondigers van socialistische doctrines was rechter Harlan Stone, die via Frances Perkins de constitutionele slager Roosevelt adviseerde over de beste manier om socialistische programma's te financieren.

In die tijd waren de belangrijkste samenzweerders om de Amerikaanse grondwet te ontmantelen ongetwijfeld kolonel House, rechter Brandeis, rechter Felix Frankfurter, Bernard Baruch, Florence Kelley en Sidney Hillman.[10] De Brandeis Briefs waren voornamelijk verantwoordelijk voor het sturen van het Hooggerechtshof in de verkeerde richting. Zoals we elders hebben uitgelegd, waren de Brandeis Briefs massa's sociologische uitspraken die zeer gunstig waren voor socialistische doelen, bedekt met de dunste juridische adviezen. Zo werd het "sociologisch recht" geboren, dat sinds zijn invoering in 1915 een vloek en een vloek om de nek van het Amerikaanse volk is.

Naast het aanvallen van de grondwet via de rechtbanken, hebben socialisten hun toevlucht genomen tot de strategie om hun "adviseurs" te sturen om op te treden als woordvoerders voor het buitenlands beleid van de VS, ook al zijn zij geen regeringsambtenaren of gekozen door het volk. Kolonel House en George Maynard Keynes zijn twee klassieke voorbeelden van hoe Amerikaanse socialisten schijnbaar ongestraft de grondwet hebben geschonden door "invloedssferen" uit te oefenen.

House was openlijk voor de totale vernietiging van de grondwet van de Verenigde Staten en Brandeis verwoordde zijn socialistische "hervormingen" van de grondwet in zijn boek "Wealth of the Commonwealth". Zodat zij konden samenspannen en samenzweren om de grondwet ten val te brengen, woonde House twee blokken bij Roosevelt vandaan en waren beiden binnen gehoorsafstand van Sir William Wiseman, hoofd van het MI6-station van de Britse geheime dienst voor Noord-Amerika.

Van alle socialistische organisaties is de ACLU het meest actief geweest in het aanvallen van de Grondwet. De groei van haar sinistere invloed blijkt alleen al uit het aantal afdelingen in Californië, en uit het feit dat zij in staat was de McCarran Homeland Security Act aan te vechten.

---

[10] Nogmaals, allemaal Joods.

Hoofdstuk 6

DE HELDERSTE STERREN AAN HET AMERIKAANSE SOCIALISTISCHE FIRMAMENT

Zoals de titel van dit hoofdstuk suggereert, zullen we enkele van de helderste sterren in de Amerikaanse socialistische constellatie noemen uit de duizenden en duizenden socialistische leiders die het socialisme vormen. Onder hen zijn enkele van de gevaarlijkste subversieven die we ooit in de geschiedenis van dit land hebben gekend. Ons is altijd verteld op onze hoede te zijn voor "communisten" in Washington, en dit is erin geslaagd onze aandacht af te leiden van de echte reden tot zorg: socialisten.

De socialistische gelederen zijn gevuld met vooraanstaande opvoeders, waaronder professoren en presidenten van universiteiten. Ze zitten in de diplomatieke dienst, in het Amerikaanse ministerie van Buitenlandse Zaken, in het Huis van Afgevaardigden en in de Senaat. Het Ministerie van Justitie is overvol met mensen die alles zullen doen om het socialisme te bevorderen. Zij bekleden sleutelposities in het bankwezen, controleren het geld van de natie en duizenden anderen bekleden sleutelposities in het leger. Sommige van de machtigste internationale bedrijven zijn agenten van het Fabiaanse socialisme.

Fabiaanse socialisten zitten in de communicatiesector en bekleden sleutelposities, evenals in de nieuwsmedia, zowel de gedrukte als de elektronische. Zij vormen de publieke opinie volgens de gebeurtenissen van de dag, verleiden het publiek en creëren meningen die het publiek is geconditioneerd om als de zijne te accepteren. Kortom, het socialisme is zo verankerd in de Verenigde Staten van Amerika, dat het moeilijk zal zijn het te verdrijven, tenzij het eerst de steun van het hele volk krijgt. Fabiaanse socialisten zijn zo doorgedrongen in de christelijke kerk dat deze nu totaal onherkenbaar is van de bedoeling van Christus. Fabiaanse socialisten zijn rechters van het Hooggerechtshof en gebruiken hun voorkeuren om grondwettelijke garanties te omzeilen; het zijn vrijmetselaars. Het politieapparaat zit vol met socialisten, vooral in de hoge officiersklasse.

Wellicht de bekendste van de rechters van het Hooggerechtshof die in het verleden de zaak van de Fabiaanse socialisten een warm hart hebben toegedragen, zijn de rechters Harlan Stone, Felix Frankfurter, William O. Douglas, Hugo Black, Louis Brandis, Abe Fortas, Warren Burger en Earl Warren. Douglas, Hugo Black, Louis Brandeis, Abe Fortas, Warren Burger en Earl Warren, en op deze sterren aan het socialistische firmament zullen we te zijner tijd terugkomen. Op andere even belangrijke gebieden hebben een groot aantal professoren gediend als adviseurs van Amerikaanse presidenten; anderen hebben het Amerikaanse systeem van politieke economie veranderd van wat de Founding Fathers voor ogen stond in een Babylonisch systeem dat de portemonnee van de natie illegaal in handen van socialistische buitenlanders heeft gelegd.

Een meer selecte groep Fabiaanse socialisten is de poortwachter geworden van vijf Amerikaanse presidenten; een situatie die de Founding Fathers niet voor ogen hadden en die als gevolg daarvan een bijzonder gevaarlijke camarilla heeft gecreëerd die geleidelijk heeft geleid tot de penetratie en penetratie van het hoogste politieke ambt van de natie, met de daaruit voortvloeiende grote corruptie die we nu in volle omvang zien in het presidentschap van Clinton.

De naam die in dit verband het gemakkelijkst in gedachten komt, en die het socialisme in Amerika kenmerkt in de hoofden van serieuze onderzoekers, is die van Kolonel Edward Mandel House. "Kolonel" was een eretitel, hem verleend door de "hervormende" gouverneur Hogg als beloning voor zijn verkiezing tot gouverneur van Texas. House ontmoette Woodrow Wilson, de eerste openlijk socialistische toekomstige president van de Verenigde Staten, in 1911. House zorgde ervoor dat Wilson een jaar later de nominatie won op de Democratische Conventie in Baltimore.

Zoals elders vermeld, bestaat er een sterk vermoeden dat House in feite Joods was, van Nederlandse afkomst. Zijn vader, Thomas

William House, was de Londense agent van de Rothschilds. House Sr. was de enige man in Texas die uit de Burgeroorlog kwam met een enorm fortuin, volgens sommige historici dankzij zijn connecties met de Rothschilds en Kuhn, Loeb. De naam 'Mandel' - een typisch Nederlandse naam - zou aan Edward zijn gegeven omdat een van de Kuhns de naam 'Mandel' had.

De jonge Edward werd naar school gestuurd in Engeland, waar hij onder invloed kwam van de rijke liberale denkers van die tijd, die zelf sterk beïnvloed waren door de leraren van de Britse Fabian Society. Een van hen die bevriend waren met de jonge House was de Fabianist George Lansbury. Toen zijn vader stierf, werd House onafhankelijk rijk, waardoor hij zich volledig kon wijden aan socialistische studies, in het bijzonder aan "gradualisme" of "langzaam versnellen".

Door de grote invloed van de rijken en machtigen in kringen van de Fabian Society leerde House de lessen goed en ging hij de Democratische Partij in de Verenigde Staten van bovenaf besturen. House's opkomst als belangrijke speler in Amerikaanse aangelegenheden was ongetwijfeld te danken aan aanbevelingen van de elite van de Fabian Society en van Sir William Wiseman, hoofd van het Noord-Amerikaanse station van de Britse inlichtingendienst MI6. Tijdens Wilsons presidentschap hielden Wiseman en de Britse geheime dienst de president nauwlettend in de gaten, opnieuw via de goede diensten van House.

De gecodeerde communicatie tussen House en Wilson - alleen bekend bij de twee mannen - zoals bevestigd door Professor Charles Seymour, President van Yale, werd verstrekt met dank aan MI6. Volgens vertrouwelijke documenten die ik op verschillende plaatsen in Londen heb gezien, luistert Wiseman voortdurend gesprekken tussen House en Wilson af, zoals het hem betaamt als Wilson's ultieme controleur.

We weten dat hetzelfde zeer succesvolle "model" later werd gebruikt door Bruce Lockhart, de Britse MI6-agent die door Lord Milner werd uitgekozen om Lenin en Trotski's controleur te zijn bij het toezicht op de bolsjewistische revolutie in het belang van de vrije handel en de Britse banken. MI6's strategie voor de Verenigde Staten gebruikte Hegeliaanse principes om de leiders van de Fabian Society te overtuigen om te helpen bij het opzetten van "vrije handel" met de Verenigde Staten, die was verboden, eerst door president George Washington in juli 1789, en gehandhaafd door de presidenten Lincoln, Garfield en McKinley.

William Jennings Bryan werd ooit door MI6 beschouwd als een mogelijke vrijhandelskandidaat, maar werd afgewezen omdat men dacht dat zijn radicale uitspraken niet zouden worden geaccepteerd door de Amerikaanse kiezers als potentiële president, een beoordeling die zeer accuraat bleek te zijn. Wiseman had House een gedetailleerd profiel gegeven van Wilsons carrière, eerst als professor aan Princeton van 1902 tot 1910 en daarna als gouverneur van New Jersey. Wiseman vond Wilson precies de man die House nodig had om het Fabiaanse socialistische beleid in de Verenigde Staten uit te voeren. Nadat alle controles waren uitgevoerd, kreeg House de opdracht Wilson te ontmoeten in het Gotham Hotel in New York in november 1911.

Vanaf dat moment was alles klaar voor House om zijn intrek te nemen in een pretentieloos huurpand in een enigszins vervallen wijk van East Thirty-Fifth Street in New York. Het "kantoor" van House begon te lijken op een commandocentrum, met een schakelbord en een directe lijn naar Sir William Wiseman, die een flat erboven bewoonde. Nadat Wilson met een minderheid van stemmen (6.286.000 tegen 7.700.000 van Taft en Roosevelt) in het Witte Huis was gekozen, had de telefooncentrale van House-Wiseman via een gecodeerde telefoonverbinding rechtstreeks toegang tot de nieuwe president.

Veel prominente socialistische bezoekers kwamen naar het kantoor van het Huis, waaronder Bernard Baruch, aan wie MI6 de belastende brieven van Peck gaf - die vervolgens werden gebruikt om Wilson te chanteren zodat hij zijn standpunt tegen de Eerste Wereldoorlog zou veranderen. Wiseman was een favoriet van de president en werd een van Wilsons 'vertrouwelijke' boodschappers tussen Londen, Parijs en Washington, waaruit tot op zekere hoogte bleek dat Wilson niet echt begreep hoezeer hij onder controle stond van agenten van een buitenlandse regering.

Wilson werd door MI6 gekozen om de Amerikaanse barrières voor de "vrije handel" af te breken. Zijn mentor, kolonel House, had Wilson geleerd tariefmuren te zien als een belemmering voor goede wereldhandel en als een belangrijke oorzaak van stijgende prijzen, naast de zogenaamde 'inflatie', die louter socialistische propaganda was. House besteedde eindeloze uren aan het informeren van Wilson over het "kwaad dat inherent is aan tariefmuren die alleen ten goede komen aan de rijke en machtige gevestigde belangen ten koste van de arbeiders". Toen was Wilson klaar om zijn valse beweringen te doen:

> "... We leefden onder een tarief dat bewust was ontworpen om particuliere gunsten te verlenen aan degenen die meewerkten om de partij erachter aan de macht te houden...".

De regering-Clinton moest dezelfde misleidende argumenten gebruiken om de laatste tariefmuur af te breken die de jonge natie zo lang had beschermd en haar handel en industrie, haar levensstandaard, tot de afgunst van de wereld had gemaakt. Na Wilsons inauguratie in maart 1913 was de strijd om de Amerikaanse handelsbarrières af te breken begonnen. Maar zelfs een van de belangrijkste professoren economie van Harvard achtte de veronderstelling dat handelsbelemmeringen slecht waren voor de gewone man ongegrond.

House had zijn werk goed gedaan: niet voor niets noemden zijn vrienden hem "een uitgesproken radicaal wiens socialisme de deur naar het communisme opende", verwijzend naar House' rol in het bewerkstelligen van Trotski's vrijlating nadat Wiseman had ingegrepen namens de samenzweerder van de pro-Bolsjewistische revolutie, Lord Alfred Milner. House was, naar eigen zeggen, een fervent bewonderaar van Karl Marx en een tegenstander van de Amerikaanse grondwet.

Een van de moeilijkste opdrachten van Wiseman aan House betrof de 'neutrale' houding van de regering Wilson ten opzichte van de oorlog die in Europa woedde. Vermeende "pacifisten", Fabian socialisten werden door MI6 gebruikt om Wilson op andere gedachten te brengen door middel van chantage (de Peck brieven) en er werd een klimaat van oorlog gecreëerd door regelrechte leugens aan het Amerikaanse volk. Hierbij maakte MI6 gebruik van de diensten van Walter Lippmann, op wie we later zullen terugkomen.

Toen de Eerste Wereldoorlog ten einde liep, werd House door zijn Britse MI6 en Fabian Socialist Party controleur, Sydney Webb, gekozen om Wilson's woordvoerder te zijn op de vredesconferentie van Parijs, naar verluidt op basis van House's magistrale rapport dat snel was opgesteld na slechts twee dagen "in eenzame opsluiting" in Magnolia, zijn zomerhuis in Massachusetts. Maar de feiten spreken anders. Wat bekend zou worden als "Wilson's Veertien Punten", waarbij één enkele wereldregering, de Volkenbond, moest worden ingesteld "om alle naties onder controle te krijgen en hun soevereiniteit terzijde te schuiven" (inclusief de Verenigde Staten), was in feite een document van de Fabian Society, in 1915 geschreven door de Britse socialistische leider Leonard Woolf.

Het verdrag van de Fabian Society, getiteld "International Government", werd ter goedkeuring voorgelegd aan de Britse regering. De Britse regering gaf het vervolgens door aan Wilson, die niet de moeite nam het te openen voordat hij het doorgaf aan House in Massachusetts. Dit waren de "veertien punten" die House zou hebben opgesteld met de hulp van professor David Miller. Dit incident benadrukt de nauwe en dominante relatie die bestond tussen de Britse regering, House en Wilson.

Wilson presenteerde zijn "veertienpuntenplan" aan de Parijse vredesconferentie, die het prompt verwierp. Geblesseerd keerde Wilson terug naar de Verenigde Staten, waar de langdurige vriendschap tussen hem en House begon af te brokkelen. Het was een triomf voor de grondwet: noch House noch Wilson hadden deze in Parijs geschonden. Daarna dreven de twee mannen uit elkaar terwijl hun schijnbaar onbreekbare vriendschap uiteenviel over de grondwet van de Verenigde Staten van Amerika.

In overeenstemming met de leer van de Fabian Society was House altijd een visionair. In 1915 werd zijn aandacht getrokken door Franklin D. Roosevelt, Wilson's Assistant Secretary of the Navy. House zorgde er in discrete kringen voor dat een exemplaar van "Philip Dru" in handen kwam van de onstuimige Roosevelt. Het boek zou een diepgaand effect hebben gehad op de reeds toegewijde socialist Roosevelt, voorbestemd om Wilson op te volgen. In 1920 zei House tegen vrienden: "Ik weet zeker dat hij (Roosevelt) de volgende president van de Verenigde Staten wordt." Roosevelts staat van dienst als gouverneur van New York en de innovatieve (socialistische) programma's die hij invoerde, lieten niemand twijfelen aan de richting waarin hij Amerika zou sturen als hij in het

Witte Huis zou worden gekozen. In dit opzicht is de voormalige gouverneur van Arkansas, Clinton, een kopie van Roosevelt wat betreft socialistische methodologie.

Toen Roosevelt werd gekozen, werd deze gebeurtenis door grote en kleine socialisten aan beide zijden van de Atlantische Oceaan toegejuicht als een daad van "voorzienigheid". Zoals meestal het geval is, houden zulke daden van "voorzienigheid" geen stand, en dit is geen uitzondering. Opnieuw zouden Kolonel House's scherpzinnige politieke observaties vruchten afwerpen. Roosevelt zou het socialisme in Amerika naar nieuwe hoogten stuwen, een passende opvolger van president Wilson. Dat Roosevelt zijn presidentschap te danken had aan House is nooit betwist; het is alleen uit de openbaarheid gehouden, opdat de tijdige daad van de "voorzienigheid" geen zeer menselijk gezicht zou krijgen.

Als vriendin van Roosevelts moeder wees House snel op de goede socialistische wetten van de gouverneur van de staat New York. De vriendschap die ontstond was ook deels het werk van Frances Perkins. House had Roosevelt aanbevolen bij Wilson voor de post van assistent-secretaris van de marine in de regering Wilson, en gaf Roosevelt de "fireside chat" radio-aanpak om het Amerikaanse volk voor zich te winnen en coachte Roosevelt bij het opstellen van ongrondwettelijke "executive orders", d.w.z. proclamaties die alleen koningen en koninginnen mogen uitvaardigen.

House zal de geschiedenis ingaan als de man die de manier veranderde waarop presidenten beslissingen nemen en uitvoeren, door hen te omringen met informele adviseurs die, niet zijnde ambtenaren, moeilijk te controleren zijn. Het gladde socialistische systeem van informele adviseurs heeft de natie meer schade berokkend dan men zich ooit zou kunnen voorstellen. Dit aspect, meer dan enig ander resultaat van House, onderscheidt hem als de belangrijkste strijder voor het socialisme in het eerste kwart van de 20e eeuw.

Roosevelt werd aan het Amerikaanse publiek voorgesteld als een minzame, sympathieke en zeer competente man, met een "prachtige glimlach" enz. enz. Hoeveel waarheid zat er in deze propaganda? Blijkbaar niet veel. In 1926, toen House dacht dat Roosevelt de volgende president zou worden, kon de man met de "prachtige glimlach" niet eens genoeg verdienen om voor zijn gezin te zorgen.

Roosevelt stelde zich kandidaat voor de New York Senaat op het Ku Klux Klan ticket. Zijn veel gepubliceerde "polio" was in feite encefalomyelitis, die voor het publiek verborgen werd gehouden. Propagandaspecialisten maakten van zijn "infantiele verlamming" een troef door Roosevelt voor te stellen als een man met grote moed, vastbesloten om zijn carrière niet te laten stoppen door "polio". Het enige probleem? Het was allemaal volledig vals.

Misschien wordt niets meer met Roosevelt geïdentificeerd dan de New Deal en Harry Hopkins. Het socialistische programma van de New Deal werd slim voorgesteld als een "programma om door de depressie getroffen arbeiders te helpen". In feite was de "New Deal" het boek "A New Deal", geschreven door Stuart Chase, een Brits lid van de Fabian Society, dat niet veel aandacht trok, hoewel Florence Kelley, die Chase en zijn socialistische idealen mocht, het een belangrijk werk vond.

Chase stelde voor dat socialisten in Amerika drie grote stappen zouden moeten nemen:

1. Om toevallige inflatie en deflatie te voorkomen, moest de dollar worden "beheerd".

2. Het nationale inkomen moet onder dwang worden herverdeeld door de belastingen op inkomen en erfenis te verhogen,

3. Er zou een uitgebreid programma van openbare werken worden opgezet, waaronder elektrificatie (naar Sovjetmodel) en grootschalige huisvestingsprojecten.

Roosevelt nam het project in-toto aan en het werd de "New Deal", die in 1932 werd aangenomen als verkiezingsprogramma van de Democraten. De "New Deal" werd in het duister gehouden, en een paniekerig publiek, dat er zijn heil in zag, gaf de Democraten een verpletterende verkiezingsoverwinning in 1932.

Roosevelt werd al snel kwetsbaar voor ongekozen adviseurs als de Rockefellers, wier controversiële aanwezigheid meestal werd verhuld door onder anderen Drew Pearson en Walter Winchell. Later, toen de Rockefellers brutaler werden, benoemde Roosevelt Nelson Rockefeller tot coördinator van inter-Amerikaanse zaken. Tijdens zijn ambtstermijn verspilde Nelson meer dan 6 miljoen dollar belastinggeld aan wat strikt genomen Rockefeller-ondernemingen in Latijns-Amerika waren.

Toen Roosevelt naar het Witte Huis ging, nam hij een hele reeks naamloze adviseurs mee, waaronder meer professoren dan Wilson. De redenering hierachter was dat het Amerikaanse publiek minder snel 'socialisten' zou verdenken die zich achter academische façades verscholen hielden dan benoemde ambtenaren, wat in Roosevelts eerste ambtsjaren het geval bleek te zijn. Daartoe, en in gedachten houdend dat langetermijnplanning een sleutelelement was onder Fabiaanse socialisten, werd Harold Stassen geplant aan de Universiteit van Pennsylvania, Edward Stettinus aan de Universiteit van Virginia en generaal Dwight Eisenhower aan de Universiteit van Columbia.

De geheime "adviseurs" waren er ook verantwoordelijk voor dat Roosevelt de door de Japanners in beslag genomen activa van Standard Oil terugkreeg door hiervoor Amerikaanse troepen in te zetten, de zogenaamde Stimson Doctrine. Deze doctrine werd overgenomen door president George Bush tijdens de Golfoorlog, die tot doel had de door Irak in beslag genomen olie-activa van British Petroleum terug te krijgen. De manier waarop Alger Hiss werd geïntroduceerd in de regering Roosevelt is een klassiek voorbeeld van een Fabiaans socialistisch leerboek. In 1936 werd Hiss door professor Francis Sayre, de schoonzoon van Wilson, uitgenodigd voor het State Department. Sayre was al lang erkend als een waardevolle socialist.

Sayre hielp bij het opstellen van juridische documenten voor de verdediging van Sacco en Vanzetti, twee prominente socialisten die van moord werden beschuldigd. Met Sayre werkten professor Arthur M. Schlesinger, professor Felix J. Frankfurter, Roscoe Pound, decaan van de Harvard Law School, en Louis Brandeis samen. Arthur Schlesinger Jr. ging in 1938 naar de Universiteit van Cambridge, waar hij met warmte en open armen werd ontvangen door de Fabian Society. Dit was in een tijd dat alle inspanningen van de politie en het Congres om een golf van anarchisten die in de jaren 1890 naar de Verenigde Staten waren gekomen te arresteren en uit te zetten, spottend "een overreactie op de Red Scare" werden genoemd.

Sayre was een van degenen die Hiss verdedigden, lang nadat het duidelijk was dat Hiss diep betrokken was bij spionage tegen zijn land. Toen Adolph Berle van het State Department Roosevelt probeerde te waarschuwen voor Hiss' activiteiten, kreeg hij abrupt te horen dat hij zich met zijn eigen zaken moest bemoeien. Evenzo weigerde Roosevelt te luisteren naar inlichtingenrapporten over de activiteiten van Owen Lattimore en stond hij erop hem te benoemen tot persoonlijk adviseur van Chiang Kai Shek, waardoor Lattimore in de benijdenswaardige positie kwam dat hij de nationalisten gemakkelijk kon verraden aan de communisten. De Chinese Nationalistische troepen werden ook verraden door Roosevelt aangestelde Lauchlin Currie, die opdracht gaf militaire voorraden bestemd voor Chiang Kai Shek's Nationalistische troepen in de Indische Oceaan te dumpen.

Harry Hopkins werd voor Roosevelt wat Edward Mandel House was voor Wilson. Als protegé van Frances Perkins begon Hopkins zijn carrière als maatschappelijk werker. Hij werd close met Roosevelt via diens vrouw Eleanor, en wordt ten onrechte gecrediteerd met de New Deal slogan "tax and spend, tax and spend". Hopkins onderscheidde zich tijdens de Depressie doordat hij door Roosevelt werd aangesteld om zogenaamde 'federale' hulp, d.w.z. welzijn, te verdelen. Als vogelverschrikker met zijn kleren van zijn neus en met een totaal gebrek aan sociale elegantie zou Hopkins niet op zijn plaats zijn geweest in een kamer met John Maynard Keynes. Wat Hopkins wel wist was maïs. Zijn grootste troef was het kiezen van "invloedrijke" mensen en zich in hun kringen binnen te dringen.

Het was dankzij dit talent dat Roosevelt Hopkins de leiding gaf over de Democratische Conventie van 1940. Hopkins wist, ondanks zijn ongelukkige verschijning, de steun te winnen van de machtigste politici van die tijd. Van Roosevelt is bekend dat hij persoonlijk een artikel van Arthur M. Schlesinger Jr. onderschreef, gepubliceerd in de "Partisan Review", waarin Schlesinger degenen aanviel die de ware oorzaken van de Burgeroorlog onderzochten. Dit zou geen verrassing moeten zijn voor de goed geïnformeerden. Zoals we al hebben vermeld, waren communisme en socialisme in de aanloop naar die oorlog, en zelfs meer tijdens en onmiddellijk na de Burgeroorlog, veel meer verspreid dan de orthodoxe geschiedenis zou toestaan. Dit feit werd ongewenst geacht door Schlesinger en zijn socialistische collega's, die wilden dat het publiek de gevestigde geschiedschrijving over de oorzaken van de oorlog - waarin zonder uitzondering de rol van communisme en socialisme niet werd genoemd - zou geloven.

Het was Arthur J. Schlesinger Jr. die de anarchisten Sacco en Vanzetti beschreef als "twee obscure immigranten waar niemand iets om gaf". Arthur Schlesinger Jr. deed veel werk voor de ACLU namens deze twee anarchisten. Schlesinger schreef daarna talloze artikelen voor de Fabian News, waarin hij socialistische ideeën verdedigde. In één van deze artikelen, gepubliceerd in de "Fabian International Review", verklaarde Schlesinger openlijk dat Amerikaanse socialisten van plan waren de volledige controle over het Amerikaanse militaire en buitenlandse beleid over te nemen.

De rechters die de Grondwet hebben verdraaid en samengeperst om hun voorkeuren aan te passen aan de gewenste doelen van de socialisten en hun plannen hebben laten tegenhouden door de onveranderlijke Grondwet, zijn de helderste sterren aan het socialistische firmament, want zonder hun bereidheid om zichzelf te corrumperen en hun eed te schenden, zou geen van de verreikende "populaire" socialistische "hervormingen" die zo belangrijk zijn geweest bij het veranderen van de koers en de richting van de machtige Verenigde Staten, zijn geslaagd.

Het proces om goede, solide Fabiaans-Socialistische rechters te kiezen voor het Amerikaanse Hooggerechtshof begon serieus met de regering Wilson en de benoeming van rechter Louis D. Brandeis als een van de belangrijkste leden van de Fabiaans-Socialisten. Zoals uit een onderzoek van Brandeis' staat van dienst blijkt, maakte de Fabiaans-Socialistische hiërarchie in binnen- en buitenland een verstandige keuze. Brandeis deed meer om de Grondwet te ondermijnen en harde socialistische wetgeving door te voeren dan Florence Kelley zelf had kunnen hopen.

Professor Louis Dembitz Brandeis (1856-1941) paste perfect bij het socialistische idee van een rechter die een "nieuwe grondwet" zoals gedefinieerd door Edward Bellamy zou verwelkomen. Het was Bellamy die een "nieuwe onafhankelijkheidsverklaring" voorstelde, gebaseerd op een evolutionaire interpretatie van de Amerikaanse grondwet met een rechterlijke macht die "radicale veranderingen" zou doorvoeren en een einde zou maken aan het obstakel van de scheiding der machten van de drie takken van de regering. Bellamy beschreef de Grondwet, die was bedacht door de goedbedoelende

Founding Fathers, als helaas achterhaald.

President Wilson was zelf een groot voorstander van de ontmanteling van de Amerikaanse grondwet, die hij trouw had gezworen te verdedigen, en in Brandeis had hij een geestverwant gevonden. Brandeis had aan de voeten gezeten van de filosoof John Atkins Hobson van de Fabian Society, die wordt beschouwd als de auteur van de "Brandeis Brief", hoewel Kelley altijd de eer ervoor opeiste. Hopkins was zeker de bedenker van de toekomstige strategie om toekomstige Amerikaanse presidenten te omringen met socialistische adviserende professoren, een strategie die opmerkelijk goed werkte in de socialistische oorlog tegen de Grondwet, geïnitieerd door Felix Frankfurter, Louis Brandeis, Harold Laski en John Maynard Keynes. Deze vier Fabiaanse socialisten veranderden de koers en de richting van de Verenigde Staten ten nadele van Wij het Volk op een manier die veel verder gaat dan wat Hitler, Stalin en Ho Chi Minh ooit hadden kunnen bereiken.

In het begin van zijn juridische carrière werkte Brandeis samen met de geduchte Florence Kelley, zonder wier hulp hij niet in staat zou zijn geweest een truc te gebruiken die in de denktanks van de Londense Fabian Society was bedacht en door de Britse socialist Hobson was geperfectioneerd, en die later bekend zou worden als de "Brandeis Briefs". Kelley, met haar toewijding aan de socialistische zaak van het omzeilen van de grondwet door wat zij noemde "de wetgevende route", was de vroedvrouw van de pasgeboren "Brandeis Brief baby", die haar droom van totale socialistische controle van de Verenigde Staten bijna werkelijkheid zou maken.

Brandeis had een nicht, Josephine Goldmark, die Kelley's biograaf was, en zij legde uit hoe de memoires in 1907 werden voorbereid. Het was geen ingewikkeld proces, maar het kostte veel tijd en energie. Allerlei sociologische gegevens werden verzameld en toegevoegd aan anderhalve pagina juridisch betoog. Zoals de drill sergeants in het Britse leger plachten te zeggen: "bollocks baffles the brain" en dat is precies wat de Brandeis Briefs deden toen ze in 1909 aan het Hooggerechtshof werden voorgelegd.

Een andere beruchte socialist, Felix Frankfurter, noemde het nieuwe systeem "het meest majestueuze concept in ons hele constitutionele systeem", dat rechters in staat stelde hun eigen voorkeuren in de

Grondwet te lezen in zaken die aan hen werden voorgelegd, d.w.z. voorkeuren die verboden waren door het 9e Amendement van de Amerikaanse Grondwet. Toch is deze methode gemeengoed geworden, wat mede verklaart waarom zoveel beslissingen van het Hooggerechtshof in zoveel gevallen "naamloze blunders" zijn.[11]

Frankfurter woonde de vredesconferentie van Parijs bij, maar keerde naar huis terug toen hij besefte dat de nieuwe wereldorde niet onmiddellijk tot stand zou komen. Frankfurter, een landgenoot van professor Harold Laski in socialistische samenzweringen, wachtte zijn tijd af, op de manier van de Fabiaanse socialisten, en sloeg hard toe toen het moment daar was. Van alle Amerikaanse socialisten die Graham Wallas bewonderden, de Britse Fabiaanse socialistische professor aan de London School of Economics, stond Frankfurter bovenaan de lijst.

Dat de Nieuwe Wereldorde op de Vredesconferentie van Parijs niet tot stand kwam, was grotendeels te danken aan het Amerikaanse publiek, dat walgde van de golf van radicalen die met de komst van de regering Wilson was opgestaan. Men moet het Amerikaanse volk nageven dat het in die tijd over een flinke dosis gezond verstand beschikte. Dat wil niet zeggen dat het vandaag anders is. Maar we moeten rekening houden met de samenstelling van de bevolking in die tijd, grotendeels van West-Europese afkomst, verenigd door de Engelse taal, de christelijke godsdienst en hun begrip van de Amerikaanse Revolutie en de ingrijpende gevolgen daarvan voor de nationale eenheid, die door het socialistische beleid volledig is verstoord.

Bovendien werd in 1919 niet onbeperkt gebruik gemaakt van opiniepeilingen om de mening van de mensen voor hen te bepalen. Het Amerika van de jaren negentig laat een totaal ander beeld zien: een radicale verandering in de samenstelling van de bevolking, van een overweldigende meerderheid van West-Europese christenen naar een mengeling van alle rassen van de wereld, Chinezen, Oost-Indiërs, Vietnamezen, Oost-Europeanen, Hispanics, enz. In 1919 eiste een verenigd volk actie tegen de subversieve elementen die

---

[11] "Bullshit" in het origineel.

zich in het Amerikaanse landschap manifesteerden, en die kregen ze in 1919-1920, toen procureur-generaal Mitchell Palmer een reeks invallen beval om de centra van opruiing uit te roeien.

Brandeis liet onmiddellijk zien dat hij sympathiseerde met de socialisten die probeerden de Amerikaanse grondwet omver te werpen, door zich aan te sluiten bij een door Frankfurter en Walter Lippmann ingediend verzoek om een verbod op huiszoekingen in honderden subversieve socialistische centra. De met de huiszoekingen belaste politieagenten werden verbaal mishandeld door Lippmann, die bij sommige huiszoekingen met een hele bende socialistische schrijvers ter plaatse verscheen.

Brandeis had het niet gemakkelijk in de bevestigingsprocedure van de Senaat. Aangezien de senatoren van 1915 veel meer vertrouwd waren met de Amerikaanse grondwet dan tegenwoordig, werd Wilsons keuze voor het Hooggerechtshof hevig betwist, maar het mocht niet baten. De meerderheid van de Democratische Partij zorgde ervoor dat deze gevaarlijke en gepassioneerde revolutionair werd benoemd. De schade die deze vurige en gepassioneerde socialist aan de Amerikaanse grondwet heeft toegebracht, wordt nog steeds berekend. Hitler noch Stalin hadden zo'n ravage kunnen aanrichten.

Brandeis was een van de eerste rechters die betrokken raakte bij de New Deal politiek. Zijn vriendin Florence Kelley gaf hem een exemplaar van een boek van Stuart Chase, getiteld "A New Deal", waarvan Chase dacht dat het goed zou zijn voor de toekomst van de Britse en Amerikaanse socialistische plannen, een opvatting waarmee Sydney Webb en de hiërarchie van de Fabian Society het eens waren. Op aandringen van Brandeis en Kelley verving "A New Deal" al snel de platte vorm van de Democraten van 1932 en werd het in 1933 de "New Deal" van Franklin D. Roosevelt.

Het is interessant om kennis te nemen van de opvattingen van Chase, die niet gekant waren tegen gewelddadige anarchie en socialistische revolutionaire actie:

> "Het (revolutie) kan op een dag noodzakelijk zijn. Ik ben niet ernstig verontrust door het lijden van de schuldeisersklasse, de moeilijkheden die de kerk zeker zal ondervinden, de beperkingen van bepaalde vrijheden die daaruit kunnen

voortvloeien, en zelfs niet door het bloedvergieten van de overgangsperiode. Een betere economische orde is een beetje bloedvergieten waard..."

Maar Stuart Chase gaf zich uiteindelijk gewonnen toen hij zag dat het Amerikaanse volk niet kon en niet wilde worden overgehaald om deel te nemen aan een revolutie in bolsjewistische stijl, zogenaamd voor hun eigen bestwil. In plaats daarvan pleitte hij voor een collectief bestuur via nationale controle door een centrale regering, naar het voorbeeld van Webb's "Labour and the New Social Order". Chase was een zachtaardige, maar zeer gevaarlijke radicaal, wiens ideeën grotendeels zijn opgenomen in de structuur van een één-wereldregering - de Nieuwe Wereldorde - die nu tot stand komt.

De organisaties en persoonlijkheden die het boek van Chase hebben betaald en gesponsord waren losjes verbonden met de ambtshalve ambassadeur van Moskou, Ludwig Martens. Martens was erg close met het extreem-linkse socialistische tijdschrift "The Nation", en met Edward A. Filene, die naar verluidt de kosten van het drukken van het boek in de VS financierde via het Twentieth Century Fund, een Fabiaans-socialistische financiële engel. Chase was goed bevriend met Kelley en Brandeis, en beschreef de bolsjewistische revolutie ooit als "absoluut noodzakelijk". Toen Franklin Delano Roosevelt het Witte Huis betrad, werd "A New Deal" de "New Deal", een van de meest ambitieuze stukken Fabiaans-socialistische wetgeving die ooit de pagina's van de Amerikaanse geschiedenis sierden.

Roosevelts weg naar het Witte Huis werd aanzienlijk vergemakkelijkt door Felix Frankfurter. Geboren in Wenen, Oostenrijk, werd dit bijna dwergkind met een bolle kop op twaalfjarige leeftijd naar de Verenigde Staten gebracht. Frankfurter gebruikte zijn duidelijke intelligentie om alle socialistische doelen te verdedigen die haaks stonden op de opvatting van de Founding Fathers over de Verenigde Staten. Eén benadering van de socialisatie van de Verenigde Staten was de American Civil Liberties Union (ACLU), waarvan Frankfurter, Rose Schneiderman en Roger Baldwin oprichters waren, en die werd opgericht met als enig doel de Grondwet op een schalkse manier te gebruiken om de socialistische vijanden van de Grondwet te verdedigen.

De ACLU werd opgericht met de verklaarde bedoeling de Grondwet "te verdraaien en uit te knijpen" ter bescherming van de vijanden van de Verenigde Staten die vastbesloten waren haar te vernietigen. Het kan niet worden betwist dat de perverse praktijk om de Grondwet te gebruiken ten gunste van de vijanden van de Republiek voortkwam uit de geest van Frankfurter. Uit de geest van deze "hofkabouter" kwam de overtuiging voort, gepropageerd door mensen als Lippmann, Schlesinger en een groot aantal hoogleraren rechten aan Harvard, dat het op de een of andere manier onpatriottisch was om de Verenigde Staten te verdedigen tegen hun openlijke socialistische vijanden, waarvan Frankfurter de leider was.

Leider van de socialistische vijanden van de Verenigde Staten als hij was, vond Frankfurter het publiekelijk aanvaardbaar om de gezalfde te beschermen die binnenkort in het Witte Huis zou zitten. Op instigatie van de Fabian Society richtte Frankfurter een denktank van eminente socialisten op om Roosevelt te adviseren en bij te staan bij het overwinnen van de obstakels en valkuilen op de socialistische weg naar het Witte Huis. Bezorgd dat de "Roosevelt New Deal" de juiste dingen op het juiste moment zou doen, ontmoette Frankfurter Roosevelt op een privé-bijeenkomst onmiddellijk na Roosevelts inauguratie.

Hierbij werd Frankfurter sterk geholpen door Harold Ickes, die een grote groep spionnen oprichtte om Washington en andere grote steden te dekken. Deze groep werd bekend als "Harold's Gestapo", hoewel de term "Cheka" meer op zijn plaats zou zijn geweest, omdat zij enorme druk kon uitoefenen op lokale en nationale ambtenaren om voor Roosevelt te stemmen. Ickes bleef een nauwe vertrouweling van Roosevelt en was verantwoordelijk voor het breken van de ongeschreven wet van president George Washington dat presidenten slechts twee termijnen mochten dienen.

De Fabiaanse socialist Fred C. Howe, wiens naam later een begrip zou worden in socialistische kringen aan beide zijden van de Atlantische Oceaan, was ook aanwezig. Samen selecteerden zij het personeel dat de sleutelposities in de regering-Roosevelt zou bezetten, met name in het State Department. Zo stelden zij een model vast dat deel zou gaan uitmaken van het decor, of er nu een Republikein of een Democraat in de Oval Office zat. In de regering

Reagan werden bijvoorbeeld 3.000 sleutelposities vervuld door kandidaten van de Heritage Foundation. Ogenschijnlijk een "conservatieve" denktank, werd de Heritage Foundation achter de schermen geleid door Sir Peter Vickers Hall, een vooraanstaand lid van de Fabian Society en een overtuigd socialist.

Hoewel Cordell Hull de nominale minister van Buitenlandse Zaken was in de regering Roosevelt, waren het "Felix en zijn jongens", waaronder de verrader Alger Hiss, die de leiding hadden, een situatie die Hull 12 jaar lang tolereerde. Zoals Frankfurter later zou toegeven, kwam zijn idee voort uit het Britse systeem van de Privy Council, bestaande uit adviseurs van de Britse premier. In ieder geval waren Ickes, Wallace, Hopkins en Frankfurter, twee jaar nadat Roosevelt het Oval Office had betreden, de trekkers van de Rand School of Social Sciences, dezelfde school die de autoriteiten van New York hadden geprobeerd failliet te laten gaan als centrum van socialistische en communistische subversie tegen de Verenigde Staten.

Frankfurter, een leider in de Amerikaanse socialisatie, bewees zijn waarde door openbare diensten in gemeentelijke handen te brengen, wat leidde tot het Tennessee Valley Authority (TVA) project. Aangeprezen als een anti-depressiemaatregel, was de TVA in feite een van de eerste stappen naar socialisatieprojecten van deze omvang - een enorme overwinning voor Amerikaanse socialisten en hun Britse controleurs. Zoals Mark Starr schreef:

> "Naarmate socialistisch collectivisme, publiek eigendom en controle noodzakelijk worden in de Verenigde Staten, zullen zij in specifieke gevallen en gevallen worden toegepast. Ze kunnen andere namen krijgen, maar, zoals in het geval van de Tennessee Valley Authority, zal publiek eigendom worden toegepast... "

Frankfurter bleef linkse penetratie van de overheid aanmoedigen en een van de vele frontorganisaties die hij sponsorde was de World Youth Congress Movement. Een aantal mensen verbonden met deze Fabiaanse socialistische onderneming werd door een Senaatssubcommissie voor binnenlandse veiligheid beschreven als gevaarlijke communistische subversieven. Maar misschien was zijn meest schadelijke zet de steun die hij gaf aan zijn protégé en levenslange vriend, Dean Acheson, die hij in Johnsons kring van adviseurs binnenbracht.

De commissie-Dies die het communisme in de Verenigde Staten onderzocht, verklaarde dat professor Harold Laski, John Maynard Keynes en Felix Frankfurter de entente terrible van het Amerikaanse socialisme waren, een idee dat door Roosevelt werd bespot toen het onder zijn aandacht werd gebracht. Maar het lijdt geen twijfel dat de juridische taal van alle New Deal wetgeving werd geschreven door Frankfurter. Men mag niet vergeten dat het Frankfurter was die Dean Acheson en Oliver Wendell Holmes aanbeval bij Roosevelt, en dat het onmogelijk zou zijn geweest om twee meer verraderlijke subversieven te vinden, de ene in het State Department, de andere in het Supreme Court.

Meer dan enige andere socialist, vroeger of nu, zowel in Engeland als in de Verenigde Staten, is men het erover eens dat de grootste van allen die de weg vrijmaakte voor de socialisatie van Amerika ongetwijfeld de koepelhoofdige quasi-nain, Felix Frankfurter, was. Men kan van hem zeggen dat hij alles in het werk stelde om de door Washington ingestelde beschermende tarieven af te breken, de Federal Reserve in zijn positie te leiden en Wilson ertoe aan te zetten zich in de Eerste Wereldoorlog van Engeland te mengen.

Als nauwe bondgenoot van Walter Lippmann, Paul Warburg, Thomas W. Lamont en de belangrijkste socialistische leiders van die tijd, was Frankfurter goed geplaatst om zijn ontstellende verraad aan de Verenigde Staten, die hem en zijn gezin een toevluchtsoord hadden geboden toen zij praktisch uit Europa waren verdreven, uit te voeren. Als er ooit een uitstekende kandidaat was om het gezegde "hij beet in de hand die hem voedde" waar te maken, dan was dat rechter Felix Frankfurter, die bijna in zijn eentje de Grondwet perverteerde en dat grote document bijna in een blanco vel papier veranderde.

Frankfurter schreef de meeste radio-uitzendingen van Roosevelt, de "fireside chats", een van de meest effectieve instrumenten voor penetratie en impregnatie ooit bedacht. Hij speelde een rol in Roosevelts beslissing om Harry L. Hopkins naar Engeland te sturen om de weg vrij te maken voor de grootste hold up ter wereld: de LendLease Act. Maar misschien was de grootste schade die Frankfurter zou aanrichten zijn geleidelijke binnendringing (in ware Fabiaanse stijl) van het Hof in de wetgevende tak van de regering, waardoor de verraderlijke praktijk begon om de bevoegdheden van het Congres geleidelijk te verminderen en die van het Hooggerechtshof en de President te vergroten. Frankfurter is de man die bijna de droom van professor Laski heeft verwezenlijkt om de scheiding der machten te doorbreken en te vernietigen.

Het feit dat dit 100% ongrondwettelijk was, leek de kleine kabouter van het Hof niet te deren. Dus dankzij Frankfurter's verraad en opruiing, waar hij de rest van zijn leven mee doorging, begon de Britse Fabian Society eindelijk wat licht te zien in de donkere tunnel die zij aan het bouwen was onder de muren van de scheiding der machten, door Laski aangewezen als het ernstigste obstakel voor de opmars van het socialisme in de Verenigde Staten. [12]Frankfurter onderhield nauwe contacten met de sloper van de westerse economieën, John Maynard Keynes, en organiseerde de publicatie van "The Economic Consequences of Peace" waarin Keynes voorspelde dat het kapitalisme in Europa op sterven na dood was.

Terwijl Frankfurter krachtige artikelen schreef waarin hij zijn ongenoegen uitte en de politie-invallen van procureur-generaal Mitchell Palmer op opruiende bewegingen in de Verenigde Staten hekelde, was het Lippmann die de aanvallen "ter plaatse" uitvoerde. Lippmann was een vooraanstaand lid van Roosevelts "brain trust" groep die de president bestookte met socialistische voorstellen. Congreslid McFadden beschuldigt Frankfurter ervan een van de oorspronkelijke opstellers te zijn van de National Industrial Recovery Act. McFadden verklaarde:

> "Het kostte de heer Baruch en zijn medewerkers (waaronder Frankfurter) 15 jaar van niet aflatende inspanningen om deze wet aan het Amerikaanse volk op te leggen, en het was alleen door het lijden van een periode van grote stress dat hij dit kon doen...".

> "... Maar Baruch, Johnson, Tugwell, Frankfurter en de rest lijken het meest brutaal in hun pogingen (in naam van het socialisme) in dit land. Frankfurter leverde de meeste juridische hersenen voor deze groep.... Zij hebben getracht de zakelijke belangen van dit land te dwingen en te intimideren met particuliere contracten

---

[12] *De economische gevolgen van vrede.*

DE DICTATUUR VAN DE SOCIALISTISCHE WERELDORDE

om de macht te hebben om te eisen dat de zakelijke belangen van de natie doen wat zij willen, ongeacht de Grondwet. New Deal advocaten aarzelen niet om naar de rechter te stappen en te beweren dat burgers hun grondwettelijke rechten kunnen wegcontracteren. Dit is de methode waarmee ze de staatsgrenzen hebben afgebroken..."

Het is een bekend feit dat Frankfurter praktisch de positie van uitzendbureau voor de regering Roosevelt innam. Onder de gevaarlijkste socialisten die Frankfurter aan Roosevelt aanbeval waren de beruchte Rexford Tugwell en gouverneur Al Smith van New York.

De nauwe banden tussen Frankfurter en Harold Laski wekten grote belangstelling in socialistische kringen in Londen en Washington. Laski was een regelmatige gast bij Frankfurter thuis in Boston en Washington. Als socialistische kameraden hadden de twee mannen een diepgaande invloed op elkaar en beiden werkten onvermoeibaar aan het verzwakken van de door de Grondwet opgelegde scheiding der machten. Hun brieven aan elkaar waren getiteld "Liefste Felix" en "Liefste Harold". Omdat Laski zich in het hart van het Fabiaanse socialisme in Londen bevond, kon hij zijn "Liefste Felix" volledig op de hoogte houden van de nieuwste socialistische denkbeelden, die Frankfurter dan doorgaf aan Roosevelt, wiens deur altijd voor hem openstond. De twee "privé-raadsleden" werden de meest invloedrijke architecten van Roosevelts socialistische beleid tijdens zijn drie ambtstermijnen.

De beslissende factor in het VN-verdrag kwam van Frankfurter, Laski en Keynes, hoewel het door anderen werd opgesteld, en het betekende weer een steen verwijderd van de muur die de grondwettelijke bevoegdheden scheidt. Historici van de periode 1942-1946 stellen dat het VN-verdrag de eerste was in een lange reeks van grote verschuivingen van de uitvoerende naar de wetgevende macht, een schokkende trend die met sprongen blijft toenemen met het presidentschap van Clinton. Keynes bezocht Roosevelt in 1934 en schetste zijn nu goed gedebiteerde "multiplicator", die ervan uitging dat elke dollar die de federale overheid uitgaf aan welzijn, een dollar was voor de winkelier, de slager, de bakker, de boer en de kaarsenmaker - niet hoe het in de praktijk werkte.

"Lenin had zeker gelijk. Er is geen subtielere en veiligere manier om de bestaande basis van de samenleving omver te werpen dan door de munt te corrumperen. Het proces schakelt alle andere verborgen krachten van de economische wet aan de kant van de vernietiging en doet dat op een manier die niet één man op een miljoen in staat is om een diagnose te stellen"... John Maynard Keynes.

Hoewel aan Keynes de "multiplicator"-theorie wordt toegeschreven, behoort deze toe aan een van zijn studenten, R.F. Kahn, die deze uitvond toen hij studeerde aan het Kings College. In de zomer van 1934 besloten de Fabiaanse socialisten hun "economisch genie" Keynes over te brengen naar de Verenigde Staten. Zijn boek, The General Theory of Money, was door Roosevelt gelezen, maar niet begrepen, zoals Roosevelt toegaf aan Frances Perkins, die verantwoordelijk was voor de introductie van de twee mannen: "Ik begreep al zijn gebrabbel over cijfers niet", vertrouwde Roosevelt Perkins toe. Het land in de schulden steken om het uit de recessie te halen was de onderliggende theorie van de Keynesiaanse economische filosofie, wat wellicht de populariteit ervan verklaart bij opeenvolgende socialistische regeringen in Engeland en de Democratische Partij in de Verenigde Staten.

Keynes werd met bewondering bekeken, alsof hetzelfde respect werd toegekend aan een mysticus wiens voorspellingen over de toekomst altijd juist waren. Maar de waarheid is dat Keynes, als de verblinden alleen maar zijn beweringen hadden onderzocht, er minstens 85% van de tijd naast zat. Keynes had de manieren van een Engelse gentleman in zijn kleding, kledij en spraak. Er wordt gezegd dat hij elke vrouw kon verleiden om met hem naar bed te gaan, als hij dat wilde. Misschien was het zijn opleiding in Eton en zijn tijd in Kings College, Cambridge, die hem die manieren gaven die zo aantrekkelijk zijn voor beide seksen.

Keynes kreeg van R.F. Kahn zijn alchemistische geheim dat papiergeld tot in het oneindige zou kunnen vermenigvuldigen; als het aan Kahn alleen was overgelaten, zou niemand het ook maar enigszins geloofwaardig hebben gevonden. Maar in de handen van een lange, knappe, keurige decaan van Cambridge met een verbazingwekkende kennis van kunst, gastronomie en wijn, werd de ontdekking van de "vermenigvuldigingsfactor" groot nieuws. Toch vraagt men zich af hoe Keynes, ondanks de lessen van de professoren Marshall en Pigou, erin slaagde slechts de twaalfde plaats te behalen - helemaal onderaan in zijn kleine economieklas. In 1911 werd Keynes redacteur van het Economic Journal en een jaar later secretaris van de Royal Economic Society van de Fabian Society. Als ik aan Keynes denk, kan ik niet anders dan denken aan de nuchtere, wijze en rustieke filosofie van mijn drill sergeant in het Britse leger, die voor herhaling vatbaar is:

"Bullshit baffles brains."

Dit is eigenlijk de essentie van de Keynesiaanse economie: geld zou zich gewoon ad infinitum vermenigvuldigen, als een ketting van brieven die een enorme beloning beloven voor een kleine inspanning. Op degenen die zich afvroegen wat er aan het eind van de brievenketen zou gebeuren, antwoordde Keynes: "We moeten allemaal op een dag sterven". Hoe ongelooflijk het achteraf ook mag lijken, het was Keynes' "economisch systeem", dat in werkelijkheid niets anders is dan wartaal, dat werd aanvaard door de internationale bankiers en leidende politici van de westerse wereld.

Was Keynes een soort Nostradamus, een Gregory Rasputin, of was hij werkelijk oprecht in zijn economische principes? Kan het zijn dat zijn vader, Neville Keynes, een Cambridge-professor wiens forte het was om voortdurend aanvallen te lanceren op het vrije ondernemingsstelsel, naast wat hij van nature had meegekregen, ook heeft bijgedragen aan het duizelingwekkende succes van zijn zoon door van John Maynard Keynes een miljonair te maken, met een zetel in het Hogerhuis?

John Maynard Keynes begon zijn carrière als ambtenaar, zoals Sydney Webb, maar terwijl de grote Lord Bertrand Russell Webb vaak een "Colonial Office clerk" noemde, paste hij die opmerking nooit toe op Keynes. Misschien omdat Keynes op de universiteit deel uitmaakte van Russells charmante kring, wat bewijst dat socialisten even klassenbewust en snobistisch zijn als elke andere groep.

Vanaf zijn begindagen met George Bernard Shaw en de Fabian socialisten stond Keynes in hoog aanzien, vooral omdat hij de man was die "de morele bluf van het kapitalisme noemde" volgens Sydney en Beatrice Webb, de oprichters van het Fabian socialisme.

Hoewel hij lid was van de Liberale Partij, genoot Keynes enorm veel respect van zowel de Conservatieve als de Labour-partij, omdat hij in staat was de toekomst te zien, in financieel opzicht. "Een ware lezer van orakels", zoals het Fabian News schreef. Het was misschien zijn "vermogen om orakels te lezen" dat Keynes ertoe bracht de oprichting van het Internationaal Monetair Fonds (IMF) te bevorderen, waarin hij een belangrijke rol speelde.

Zoals zoveel andere instellingen van de ene wereldregering (Nieuwe Wereld Orde), was het IMF gewoon een middel om geld uit de Amerikaanse economie te halen en het te overhandigen aan landen die uitstekende natuurlijke hulpbronnen als onderpand hadden. Wat de onoplettende regeringen niet wisten, en in feite ook niet konden weten, was dat het IMF niet alleen hun natuurlijke hulpbronnen zou overnemen, maar ook hun nationale soevereiniteit zou controleren en vervolgens vernietigen. Rhodesië, de Filippijnen, Angola en Brazilië zijn goede voorbeelden van wat er gebeurt als je het IMF binnenlaat.

In 1919 had Keynes het vertrouwen gewonnen van kolonel Mandel House, generaal Pershing en Walter Lippmann. Keynes sprak zich krachtig uit en verklaarde dat "het kapitalisme in Europa dood is". Deze contacten zouden hem een belangrijke positie opleveren bij House, en later bij Harry Hopkins, een verbond dat leidde tot de oprichting van de Council on Foreign Relations (CFR), eerst bekend als het Institute of International Affairs, in werkelijkheid een tak van de Fabian Society. Volgens het Congressional Record, House, 12 oktober 1932 pagina 22120, presenteerde Keynes zijn boek "The Economic Consequences of Peace" aan de Verenigde Staten als een poging om marxistische economische theorieën te destabiliseren en te populariseren.

Roosevelt omarmde de Keynesiaanse ideeën enthousiast, omdat die hem iets gaven om op terug te vallen toen hij 4 miljard dollar van het Congres moest krijgen voor zogenaamde "openbare werken"-projecten - in werkelijkheid goedkope banen die de federale dollars niet "vermenigvuldigden", zoals Keynes had beloofd. Keynes raakte bevriend met Henry Cantwell Wallace, die beiden voorstander waren van de afschaffing van het goudgehalte van de dollar en een "beheerde munt". Keynes bleef veel indruk maken op Harvard, waar hij vaak in gezelschap was van Frankfurter en Laski. Terwijl

Frankfurter zorgde voor de juridische onderbouwing van de socialistische New Deal, leverde Keynes de economische basis, zoals gewoonlijk, een totale hersenschim die, als hij tot zijn logische conclusie zou komen, de economie van elk land te gronde zou richten.

De "Engelse socialisten" hadden, net als de waarzeggers van het faraonische priesterschap, inderdaad het web van hun mysteries rond president Roosevelt geweven, die tot zijn dood onder hun invloed bleef. Als men de hogepriester van de New Deal zou zoeken, zou John Maynard Keynes zeker de natuurlijke keuze zijn. Zijn vaardigheid met de Engelse taal was opmerkelijk in die zin dat hij zelfs de kiezers kon laten geloven dat twee en twee vijf maakt.

Keynes' komst op het toneel van Washington werd voorafgegaan door een paginagrote advertentie in de *New York Times* van 31 december 1933, die de vorm aannam van een open brief aan president Roosevelt, vol ideeën die de Amerikaanse economen volkomen vreemd waren. Niettemin had de Madison Avenue-propaganda wel degelijk effect, en dit is waarschijnlijk wat de weg vrijmaakte voor zijn bezoek aan de Verenigde Staten in 1934. Keynes' lange vriendschap met Lippmann en andere vooraanstaande socialisten in de Verenigde Staten opende alle deuren.

Hoewel Roosevelt de implicaties niet begreep van wat hij deed, besloot zijn regering op advies van Keynes om de Verenigde Staten van de goudstandaard af te halen, net als de Britse regering. De "multiplier" theorie van Keynes werd door Roosevelt overgenomen, nadat Keynes hem had gezegd zich niet bezig te houden met "die grove economische fout die bekend staat als de kwantiteitstheorie van het geld". Het was muziek in de oren van de New Dealers, die vonden dat ze van 's werelds grootste econoom groen licht hadden gekregen om te beginnen aan een roekeloos uitgavenprogramma, alsof er geen verantwoording voor morgen hoefde te worden afgelegd.

Zo probeerde Keynes met de publicatie in 1936 van de "General Theory of Employment" de voortzetting van de overheidsuitgaven te garanderen vanuit de overtuiging dat de overheid verantwoordelijk is voor volledige werkgelegenheid en dat, als die niet wordt bereikt, de welvaart het moet overnemen. Keynes was de grootste voorstander van deficit spending en Roosevelt was graag bereid om dat te doen. Ondanks dit alles lukte het Roosevelt niet om door uitgaven uit de Depressie te komen.

Voor het grote Amerikaanse publiek was het allemaal te moeilijk. "Laat het over aan de experts", zeiden de media, "het is te ingewikkeld voor ons". En dat is precies hoe de socialisten wegkwamen met de grote fraude van de tekorten, gebaseerd op de valse "multiplier" die nooit werkte. We meten nog steeds de onschatbare schade die deze socialistische economische leider van Fabius in de Verenigde Staten heeft aangericht. "Je kent een man aan zijn gezelschap" is een oude, beproefde spreuk. Onder zijn vrienden rekende Keynes enkele van de ergste verraders in de geschiedenis van de natie: Lauchlin Currie, Felix Frankfurter, Walter Lippmann, Bernard Baruch, Colonel House, Dean Acheson, Walt Whitman Rostow, Fancis Perkins, Abe Fortiss, Eleanor Roosevelt, wier slechte daden even talrijk zijn als de sterren aan de nachtelijke hemel, te talrijk om volledig in dit boek te behandelen.

Het grote Congreslid Louis T. McFadden besteedde weinig aandacht aan de Keynesiaanse economie toen hij Marriner Eccles, voorzitter van de Federal Reserve, opriep om te getuigen voor het House Banking Committee waarvan hij voorzitter was.

McFadden, lange tijd tegenstander van het Fabiaanse socialisme, viel Frankfurter en Keynes aan vanwege hun banden, met name via de New York Foreign Policy Association, waarbij hij opmerkte dat Paul M. Warburg een van de oprichters was. Hij hekelde ook terecht Henry A. Wallas, door Roosevelt benoemd tot Minister van Landbouw op aanbeveling van Frances Perkins, vanwege zijn lidmaatschap van de opruiende Freedom Planning Group, de Fabianistische sponsor van de New Yorkse Foreign Policy Association. McFadden identificeerde Moses Israel Sieff correct met de groep en citeerde Sieffs advies: "Laten we het een tijdje rustig aan doen en afwachten hoe ons plan in Amerika uitpakt." Sieff leidde de Britse winkelketen Marks and Spencer en was een multi-miljonair socialist.

Het "onze" plan waar Sieff op doelde was een plan van de Londense Fabian socialisten dat alle land en landbouw onder controle van de overheid zou brengen, iets waar professor Rexford Tugwell al voor gepleit had. Tugwell was het derde lid van het "verschrikkelijke trio" van Stuart Chase en Raymond Moley, docenten aan de beruchte opruiende Rand School of Social Science. Alle drie waren ze vertrouwelingen van Henry Wallace, die met hulp van Tugwell de bloeiende landbouwindustrie, die zich in 1936 net begon te ontwikkelen, vernietigde met een beleid van omploegen van gewassen en slachten van vee.

Tugwell was een fervent bewonderaar van de bolsjewistische revolutie, die volgens hem "met plezier de wereld opnieuw aan het maken was". Opgeleid aan de Columbia Universiteit, was Tugwell de eerste socialist die Fabiaanse socialistische theorieën toepaste op de overheidspraktijk. Tugwell had zijn vinger in elke New Deal-taart gebakken door de regering Roosevelt. Een van zijn belangrijkste ondernemingen was het opheffen van de tariefbescherming tegen importgoederen.

Het New Deal plan werd enthousiast ontvangen door Roosevelt, die verklaarde:

> "Als we deze zaak vanuit een breed nationaal gezichtspunt bekijken, zullen we er een nationaal beleid van maken, ook al duurt het 50 jaar.... De tijd is nu rijp voor planning om de fouten van het verleden in de toekomst te vermijden en onze sociale (socialistische) en economische opvattingen naar de Natie uit te dragen."

Een van degenen die dit gebod graag opvolgden was Arthur Schlesinger Jr, wiens brede scala aan socialistische activiteiten onder meer bestond uit het managen van Adlai Simpson, de eerste nationale voorzitter van Americans for Democratic Action (ADA), een van de belangrijkste anarchistische, opruiende en subversieve socialistische organisaties in de Verenigde Staten, waarvoor hij het grootste deel van hun propagandamateriaal schreef. Schlesinger was verantwoordelijk voor de presentatie van John F. Kennedy als een socialistische kandidaat, wat geen geringe prestatie was, aangezien de zuiver socialistische leden van de ADA moesten worden overgehaald om te stemmen op iemand die alles vertegenwoordigde waar zij tegen waren.

Schlesingers rol in Lyndon Johnsons heimelijke ondermijning en promotie van ADA-zaken in de jaren vijftig was een grote pluim op zijn hoed. Het volledige verhaal over hoe Schlesinger belangrijke

ADA-leden ervan weerhield zich kandidaat te stellen nadat Kennedy Johnson op de Democratische conventie van 1960 als zijn running mate had aangekondigd, zou een boek kunnen vullen. Men kan zich de ontsteltenis voorstellen van de leidende ADA-socialist David Dubinsky toen hij hoorde dat Johnson, die hij zijn hele politieke leven had gehaat, Kennedy's running mate zou worden.

Was Schlesinger niet geslaagd, dan had Johnson zeer waarschijnlijk Kennedy's aanbod afgewezen. In feite was het een kwestie van onderbuikgevoel, aangezien Johnson de voorkeur gaf aan de positie van Senaat Majority Leader. Blijkbaar was het pas nadat Schlesinger aan Dubinsky onthulde hoe hij Johnson in de jaren 50 in een onderdrukte socialist had veranderd, dat Dubinsky de steun van ADA voor de nominatie verzamelde. De successen van Schlesinger gingen door tijdens het presidentschap van Johnson, ook al maakte hij geen deel uit van Johnsons "topkabinet" (onbenoemde adviseurs - privé-adviseurs). Arthur Schlesinger was een van de gevaarlijkste onzichtbare vijanden die dit land ooit heeft gehad.

Dean Acheson verpersoonlijkte de sluwe, doordringende praktijk doordrenkt met de opruiende standaard van een goed opgeleide socialist. Acheson kwam uit het advocatenkantoor van het Comité van 300, Covington, Burling en Rublee, die als advocaten dienen voor de grote accountants van het Comité van 300, Price, Waterhouse. Hij maakte ook deel uit van de inner circle van J.P. Morgan, Andrew Mellon, Tommy Lamont (de man die lobbyde voor Amerikaanse erkenning van het bolsjewistische regime van bloedige slagers), de familie Kuhn Loeb en Felix Frankfurter. Acheson was de typische Wall Street advocaat, socialist, opruiend en met goede connecties, die Under Secretary of the Treasury en Secretary of State werd onder President Roosevelt.

Het was Frankfurter die Dean Acheson aanbeval voor een positie in het Amerikaanse ministerie van Buitenlandse Zaken. Onder Acheson's meest publieke daden van verraad en opruiing tegen zijn land in dienst van het socialisme was zijn niet aflatende strijd om alle mogelijke hulp voor het bolsjewistische regime te verkrijgen op een moment dat de Wit-Russische legers het bolsjewistische Rode Leger versloegen en op de vlucht joegen, hetgeen in detail wordt beschreven in mijn boek Diplomacy by Deception. Tijdens de Tweede Wereldoorlog stond Acheson erop dat er geen actie werd ondernomen tegen Stalin vanwege de bezetting van de Baltische staten. Zijn verraad aan Nationalistisch China is al bekend en hoeft hier niet te worden verteld. Tot slot van zijn carrière als verrader en opruier was Achesons steun aan Noord-Koreaanse en Chinese troepen tijdens de Koreaanse oorlog een openlijke daad van verraad. Maar in plaats van te worden gearresteerd, beschuldigd van verraad en opgehangen, ontving hij de hoogste eer.

Dean Acheson's landgenoten in de socialistische misdaad waren Dean Rusk en Walt Whitman Rostow, die hun socialisme leerden als Rhodes Scholars in Oxford, de "finishing school" voor 's werelds toekomstige socialistische leiders. Rusk was qua uiterlijk het tegenovergestelde van Keynes: rond, mollig en kaal, hij leek meer op een laaggeplaatste functionaris van het bolsjewistische regime dan op de minister van Buitenlandse Zaken van de regeringen Kennedy/Johnson. Toch verhulde zijn uiterlijk zijn wrede socialistische karakter en zijn onvermoeibare inzet voor Rood China en Stalin via het Institute for Pacific Relations (IPR) en rechtstreeks via een groot aantal agentschappen van het State Department.

Het was Rusk die in samenspraak met de Britse regering het "privé-heiligdom" opzette, de verzamelplaats voor Rode Chinese troepen in Mantsjoerije. Generaal Douglas McArthur mocht het heiligdom niet aanvallen, waar de Chinese troepen zich verzamelden alvorens de Yalu over te steken om de Amerikaanse troepen aan te vallen. Toen MacArthur een door zijn staf en generaal George E. Stratemeyer van de Amerikaanse luchtmacht opgesteld plan presenteerde, dat de gevechtscapaciteit van China zou hebben vernietigd en het land tientallen jaren zou hebben teruggezet, was dit voor Rusk het signaal om president Truman in allerijl op te roepen voor een conferentie in Blair House in Washington.

Op 6 november 1950 rukten Chinese troepen snel op aan de Yalu. Stratemeyer's vliegtuigen waren gebombardeerd en klaar om te vertrekken. Maar terug in Washington zei Rusk tegen Truman dat hij MacArthur niet kon bevelen de Rode Chinese troepen aan te vallen. Volgens de documenten die Ik heb gezien, zei Rusk..:

> "We beloofden de Britten dat we geen enkele actie zouden ondernemen die aanvallen op de Manchu-kant van de rivier tegen de Chinezen zou inhouden ZONDER hen te raadplegen."

Rusk had ook opgeroepen tot een spoedvergadering van de VN-Veiligheidsraad, ogenschijnlijk om een VN-resolutie te bewerkstelligen waarin China werd bevolen zijn troepen terug te trekken. In werkelijkheid was het een verraderlijke en verraderlijke list van Rusk om de Rode Chinese troepen de tijd te geven om de Yalu rivier over te steken, en tegelijkertijd de cruciale aanvallen die MacArthur had gepland te vertragen. Als er ooit een opruiende, verraderlijke man was die er niet voor terugdeinsde zijn land te verraden, dan was dat wel de socialist Dean Rusk.

De derde partner in dit opruiende trio was Walt Whitman Rostow, die ooit zei:

> "Het is een legitiem Amerikaans nationaal doel om het einde te zien van de natie zoals die historisch is gedefinieerd." (Rostow, "De Verenigde Staten in de Wereld Arena.")

Ondanks het feit dat hij door de inlichtingendienst van het State Department en de Air Force Intelligence Agency tot een ernstig veiligheidsrisico werd verklaard, bleef Rostow in een zeer machtige positie als ongekozen vertegenwoordiger van de Amerikaanse socialisten, met een open deur naar Eisenhower, Kennedy en Johnson. Rostow was door het Comité van 300 toegewezen aan het Massachusetts Institute of Technology, van waaruit hij de strategie ontwikkelde en plande die volgens hem "het einde van de natie" voor de Verenigde Staten zou betekenen.

Het feit dat deze monsterlijke verrader de vrije hand had in Washington, zou voor altijd het zwijgen moeten opleggen aan degenen die geloven dat het socialisme slechts een weldadige instelling is, bedoeld om de behoeftigen, de werklozen en de armen te helpen. In december 1960 reisde Rostow naar Moskou voor een ontmoeting met Vasily Kuznetsov, de onderminister van Buitenlandse Zaken van de USSR. Kuznetsov had bij Acheson en Rusk geklaagd dat de VS een aanvalscapaciteit tegen zijn land aan het opbouwen waren.

Rostow zei hem zich geen zorgen te maken, dat de situatie zou worden rechtgezet. En dat gebeurde ook. Dankzij de tussenkomst van Robert Strange McNamara, de toenmalige minister van Defensie, werd vrijwel de gehele productie van de Skybolt, Pluto, X-20 Dynasoar, Bomarc-A raketten, het Nike Zeus verdedigingssysteem en de B-70 nucleaire bommenwerper aanzienlijk verminderd of geëlimineerd. Aan Russische kant is er geen overeenkomstige vermindering geweest. Los van al het andere kostte McNamara's verraad de VS 5,4 miljard dollar. Het zou moeilijk zijn een hogere graad van verraad te vinden, en in een lijst van verraad en socialistische opruiing zou McNamara in de top 10 staan.

Als beloning voor zijn verraad werd Rostow in 1964 door president Johnson benoemd tot lid van de Nationale Veiligheidsraad. Ten tijde van Rostow's benoeming prees Johnson de kwaadaardige opruier door te verklaren dat "hij de belangrijkste baan in het Witte Huis heeft buiten de president." Dit was dezelfde Rostow die nooit had gewankeld in zijn streven om op een dag een einde te maken aan de natie van de Verenigde Staten.

Rostow was verantwoordelijk voor het sturen van Amerikaanse grondtroepen naar Vietnam, na intensief lobbyen om onze troepen naar de Mekong Delta te sturen. Maar de Joint Chiefs of Staff vertelden de president dat er geen grondtroepen naar Zuid-Vietnam moesten gaan, omdat die zeker zouden vastlopen en zich uiteindelijk niet uit de regio zouden kunnen losmaken. Zoals alle leden van de socialistische camarilla in Washington gaf Rostow zijn plan niet op en bleef aandringen op een troepeninzet.

Rostow gebruikte generaal Maxwell Taylor om directe toegang te krijgen tot John Kennedy. Helaas accepteerde een groene en onervaren Kennedy Rostows scenario en in januari 1960 werden tienduizend Amerikaanse soldaten naar Vietnam gestuurd. Dankzij het verraad van Walt Whitman Rostow had de Fabiaanse socialistische methode van penetratie en impregnatie het hoogste ambt in het land besmet.

Er is nooit een oorlog geweest zoals in Vietnam, waar onze soldaten probeerden te vechten met beide handen geboeid achter hun rug, de sleutels in handen van Robert Strange McNamara, Walt Whitman Rostow en Dean Rusk. Geen enkel nationaal leger moest vechten volgens de regels van een bewezen verrader, Robert Strange McNamara. Deze man had allang berecht moeten worden voor verraad en opgehangen. Onder McNamara's "rules of engagement", moesten onze soldaten wachten tot ze omsingeld waren en beschoten voordat ze konden reageren.

Was er ooit zo'n verraad? Senator Barry Goldwater noemde McNamara's rules of engagement "lagen van onlogische en irrationele beperkingen" die ook verhinderen dat onze bommenwerpers duidelijk zichtbare strategische doelen aanvielen. In plaats daarvan moesten onze bommenwerpers tonnen en tonnen bommen lossen op "voorraden" die ze niet eens konden zien, en die absoluut geen schade toebrachten aan strategische doelen, in de meeste gevallen op honderden kilometers afstand. Het was een volkomen nutteloze oefening en een schokkende geldverspilling.

Thuis voeren de socialisten die de media controleren een felle strijd om de publieke opinie te winnen - aan de kant van het Noord-Vietnamese communistische regime. De Amerikaanse soldaten waren de "slechteriken", terwijl de Viet Cong geen kwaad kon doen. Ik hoop en bid vurig dat deze drie vijanden van de Verenigde Staten, Rostow, Rusk en McNamara, op een of andere manier zullen worden berecht voor verraad. Opknoping is te goed voor hen.

Als mij zou worden gevraagd mijn mening te geven over de socialistische sterren die de Grondwet en de concepten van een grote Amerikaanse Republiek het meest hebben ondermijnd, zou ik lang moeten nadenken, want er is een echte menigte om uit te kiezen. Maar uiteindelijk zou ik Walter Lippmann bovenaan moeten plaatsen, die in 1909 lid werd van de Fabian Society in Londen en daarmee de oudste Amerikaanse socialist is.

In 1917 werd Lippmann door de Britse geheime dienst MI6 geselecteerd om de kolonel House om de veertien dagen te bezoeken om hem te adviseren over hoe Wilson herkozen kon worden en hoe hij van zijn neutraliteit af kon komen; deze "adviezen" verschenen vaak in het socialistische tijdschrift "New Republic" waarvan Lippmann in de raad van bestuur zat. Het was niet algemeen bekend dat Lippmann aan het hoofd stond van een informele groep die Wilsons oorlogsbeleid bepaalde en zijn naoorlogse strategie ontwikkelde. Deze groep stond onder leiding van Dr. Sydney Mezes.

Lippmann voerde een actief beleid om particuliere donaties te verkrijgen ter bevordering van Wilsons 14 punten, die hopelijk zouden leiden tot de oprichting van de Nieuwe Wereldorde via de Volkenbond. Lippmann kon zich verzekeren van de diensten van 150 socialistische professoren om propaganda te maken en geld en gegevens te verzamelen voor de komende vredesconferentie van Parijs, waaronder de beruchte socialist Norman Thomas. Dankzij deze professoren en Lippmanns sluwheid werden hun ideeën vurig verwoord door Woodrow Wilson, die zich er niet om bekommerde dat hij als spreekbuis voor het internationale socialisme fungeerde.

Lippmann kreeg nauwe banden met de 'Radicale Rode' John Reed, wiens bolsjewistische ideeën voor Amerika moesten worden afgezwakt, totdat Reed uiteindelijk wegliep om zich aan te sluiten bij de bolsjewieken in Moskou, maar niet voordat hij samen met Lippmann de Harvard Socialist Club had opgericht. Reed was het onderwerp van een zeer fantasierijke film van Holly Wood die het bolsjewisme verheerlijkte en benadrukte wat een eer het voor Reed was om na zijn lange dienst aan het communisme begraven te worden bij de muur van het Kremlin.

Net als Felix Frankfurter en Louis Brandeis groeide Walter Lippmann op in welgestelde omstandigheden. Zijn carrière op Harvard is terecht beschreven als "briljant", maar Lippmann gaf zelf toe dat zijn lidmaatschap van de Fabian Society in 1909 meer betekende dan alles wat hij op Harvard had bereikt. Zoals in zoveel andere gevallen is het dus duidelijk dat goede socialisten niet gemaakt, maar geboren worden. De Fabians in Londen hadden Lippmanns carrière aan Harvard gevolgd en, in de woorden van Harold Laski..,

> "Hij was de ideale kandidaat om ons beleid van penetratie en impregnatie van de Verenigde Staten op alle niveaus uit te voeren."

Van 1932 tot 1939 wijdde hij zijn tijd en energie aan het binnendringen en doordringen in Amerika's toonaangevende bedrijven, juridische praktijken en bankkringen. Het was Lippmann die een nieuwe klasse creëerde, de "gematigde" Republikeinen, die Clinton op beslissende wijze zou dienen om de Verenigde Staten de socialistische weg te doen inslaan naar slavernij onder een één-wereld regering - de Nieuwe Wereld Orde - de Nieuwe Donkere Tijd.

De term "gematigde Republikein" hielp degenen die bereid waren verraad en opruiing te plegen in het Huis en de Senaat om niet als socialisten, marxisten of communisten te worden bestempeld. Tot de meest effectieve van deze machiavellistische kameleons behoorden de senatoren Roth, Cohen, Kassenbaum, Chaffee en Danforth, die het mogelijk maakten het Communistisch Manifest van 1848 in de vorm van de "Crime Bill" op te nemen in de Amerikaanse wetgeving.

Lippmann was de eerste Amerikaan die psychologie toepaste op politieke situaties, een tactiek die hij leerde aan het Tavistock Institute for Human Relations in Sussex, Engeland. Zijn onwrikbare steun voor het socialisme werd gekenmerkt door zijn nauwe vriendschap met Thomas "Tommy" Lamont, de bankier van J.P. Morgan die een belangrijke rol speelde in het overtuigen van de Amerikaanse regering om de bloeddorstige bolsjewistische slagers van Moskou te erkennen en er betrekkingen mee aan te knopen. Lippman kreeg enorme macht door zijn krantencolumns, die door alle grote kranten en tijdschriften werden overgenomen.

Lippmann werd vervolgens een goede vriend en vertrouweling van de presidenten Kennedy en Johnson, en zijn socialisatie van hen leidde tot de goedkeuring van socialistische programma's, de New Frontier en de Great Society, rechtstreeks ontleend aan boeken van socialisten, en vrijwel integraal overgenomen door de Democratische Partij. Aan Lippmann wordt toegeschreven dat hij het "haastig langzaam" beleid van de Fabiaanse socialisten in de Verenigde Staten heeft uitgevoerd:

> "In het algemeen was ons doel reactionairen te veranderen in conservatieven, conservatieven in liberalen, liberalen in radicalen en radicalen in socialisten. Met andere woorden, we probeerden iedereen een treetje hoger te krijgen. We hadden liever dat de hele massa een beetje opschoof, dan dat een paar helemaal uit het zicht verdwenen." (Bron: Congressional Record 12 oktober 1962.)

Dit zeer verhelderende inzicht in de werking van het socialistische "gradualisme" zou moeten worden bestudeerd door iedereen die geeft om de toekomst van de Verenigde Staten, en we moeten scholen oprichten die leren hoe we deze sluipende dreiging, die, indien niet onder controle gehouden, uiteindelijk onze natie zal verlammen, kunnen bestrijden. Het succes van deze tactiek is te zien tijdens het presidentschap van Clinton, waar het ene na het andere grote stuk socialistische wetgeving werd opgelegd op basis van de geleidelijke bekering van Clintons tegenstanders tot gelovigen in zijn agenda.

Clintons socialistische NAFTA, de misdaadwet en zijn wet die het Amerikaanse volk de grootste belastingverhoging ter wereld oplegt, zijn perfecte voorbeelden van hoe deze sluipende verlamming werkt, en ook van hoe belangrijk het is om verraders in de Republikeinse gelederen te hebben die van harte voor het socialisme zijn, maar die als "gematigde Republikeinen" worden bestempeld. Door de Lippmann-methode, de psychologische benadering van politiek die hij leerde aan het Tavistock Institute of Human Relations, wordt het Amerikaanse volk langzaam maar zeker, stap voor stap, als een droomwandeling, ertoe gebracht om zonder morren de meest radicale en onaangename veranderingen in onderwijs, economie, religie en politiek in de Verenigde Staten te accepteren, zonder dat men zich bewust lijkt te zijn van de verschrikkelijke veranderingen die zijn doorgevoerd en die worden doorgevoerd.

Lippmanns toepassing van de sociale psychologie versnelde in hoge mate de acceptatie van de socialisatie van de Verenigde Staten door Roosevelts New Deal, die werd voortgezet door de socialistische New Frontier en de Great Society van Kennedy en Johnson. Lippmann was de meest bedreven van een lange rij volgelingen van het socialisme die het woord "democratie" gebruikten wanneer dat maar mogelijk was, zonder te suggereren dat "democratie" in het socialistische taalgebruik eigenlijk de toenemende invallen van het socialisme in het educatieve, economische en politieke leven van de natie door middel van overheidsregulering betekende. Echte democratie", d.w.z. ongebreideld socialisme, werd ingevoerd zonder dat de bevolking zich daarvan bewust was. We zien dit beleid in volle gang in de regering Clinton, waarbij de meerderheid van de mensen nog steeds niet weet dat de "democratie" die Clinton voor ogen heeft, ongebreideld socialisme is.

Lippmanns ambtstermijn als voorzitter van de Intercollegiate Socialist Society die in 1909 aan Harvard werd opgericht, was de beste basis voor zijn toekomst in het socialisme die met geld kon worden gekocht, en was van grote hulp voor hem toen hij het socialistische tijdschrift de "New Republic" oprichtte, waarin later zijn standpunten over de oorlog in Vietnam zouden worden verwoord. Lippmann en andere socialistische schrijvers vertelden het Amerikaanse volk via krantenartikelen dat als de Verenigde Staten zouden proberen Korea te winnen, we op China zouden stuiten en verslagen zouden worden.

Het was een berekende leugen, want China was op geen enkele manier in staat een oorlog tegen de Verenigde Staten te voeren, en als er een oorlog tussen de twee naties was uitgebroken, zou China ruimschoots zijn verslagen, een feit dat aan Truman en het Pentagon werd overgebracht door generaal Douglas McArthur en generaal Stratemeyer. De leugens over de onoverwinnelijkheid van China gingen door met het conflict in Vietnam, dat Henry Kissinger en Dean Rusk nog minstens twee jaar lieten voortduren nadat de Vietnamezen hadden verklaard dat ze er een eind aan wilden maken. De socialistische doelstelling om de Amerikaanse schatkist met 5 miljoen dollar per dag uit te putten, om nog maar te zwijgen van de 50.000 slachtoffers die het Amerikaanse leger maakte, werd zo volledig gerealiseerd.

Het socialisme werd ingevoerd door de politieke adviseurs die Kennedy, Johnson en Nixon omringden, adviseurs van het type Dean Rusk - Robert McNamara die de Verenigde Staten in Korea en Vietnam naar een nederlaag leidden, en wier vervangers vandaag de dag, van het type rond president Clinton, niet zullen aarzelen precies hetzelfde te doen als het tot een oorlog tegen een toekomstige vijand komt.

Een van de toekomstige sterren aan het Amerikaanse socialistische firmament, die Lippmann aan de Harvard Universiteit ontmoette, was Robert Strange McNamara. McNamara, een product van John Maynard Keynes' socialistische methode van penetratie en permeatie, die de Fabiaanse doctrines installeerde op de economische afdeling van Harvard, doceerde van 1940 tot 1943 aan de Business School als assistent-professor bedrijfskunde. Daarna werd hij gedetacheerd bij de luchtmacht en vervolgens bij de Ford Motor Company. Na een bijna rampzalige periode bij Ford werd hij bevorderd tot een nieuw gecreëerde post aan het hoofd van het Ministerie van Defensie.

McNamara was onder de indruk van het nieuwe socialistische evangelie dat de universitaire campussen van de Verenigde Staten overspoelde. De Amerikaanse politieke economie, het beproefde en geteste economische beleid van tariefbescherming en gezond geld op basis van bimetallisme, werd in hoog tempo afgeschaft en vervangen door de economische onzin van John Maynard Keynes en Harold Laski. Geen enkele socialistische leider stond meer te popelen dan McNamara om deze anti-Amerikaanse socialistische theorieën over economie en politieke economie toe te passen. Het enige dat uit deze dolle strijd om het Amerikaanse economische model te onderdrukken voortkwam, was dat het Keynesiaanse model gevaarlijk dicht in de buurt kwam van de economische theorieën van Karl Marx, een constatering die nooit in de pers, op de radio of op televisie mocht worden vermeld.

Meer dan dat. McNamara wilde graag het leger verkopen, en hij deed dat met de snode invloed die hij had op president Johnson. Er was nooit een gevaarlijker tijd voor de Amerikaanse veiligheid dan toen de socialistische ster Robert S. McNamara door de zalen van het Pentagon zwierf en het ene programma na het andere schrapte totdat de VS ver onder de Sovjet-Unie lag. McNamara kreeg Johnson zelfs zover dat hij de plutoniumproductie voor het nucleaire programma schrapte door middel van een illegaal decreet.

Illegaal, in de zin dat alleen koningen en koninginnen proclamaties kunnen uitvaardigen, wat een uitvoerend bevel is. Op een eerder tijdstip in de geschiedenis van de natie, zouden zowel McNamara als Johnson berecht en veroordeeld zijn voor verraad, zoals het hoort.

In 1964, op een cruciaal moment in de strijd om Stalin weer in het gareel te krijgen, annuleerde McNamara de nucleaire strijdplannen van de NAVO, zonder uw toestemming en zonder ooit de NAVO-bondgenoten te raadplegen. Over deze verbazingwekkende prestatie van de Sovjetstrijdkrachten wordt gezegd dat de Sovjetgeneraals wodka dronken en de hele nacht feestten in het Kremlin, ongelovig over hun geluk. De rechtse leiders van Frankrijk bevestigen de wijsheid van De Gaulle, die zich uit de NAVO terugtrok en een onafhankelijk nucleair afschrikmiddel voor de Franse natie instelde. De Fransen herhalen hun belofte om zich nooit te laten misleiden en ontwapenen door de Verenigde Staten, zoals het geval zou zijn geweest als Frankrijk de NAVO niet had verlaten.

Het is verbazingwekkend dat de kleine Amerikaanse Communistische Partij en een nominaal onbestaande Socialistische

Partij zo'n grote overwinning voor het Fabiaanse socialisme konden behalen. Toekomstige historici zullen zich ongetwijfeld verbaasd in de ogen wrijven en zich afvragen wat er is gebeurd met de voorouders van degenen die de thee in de haven van Boston gooiden, en wat er is gebeurd met de nakomelingen van Andrew Jackson, een man die niet alleen duidelijk de socialistische dreiging onderkende, maar deze zijn hele leven lang actief heeft bestreden.

Wat is er gebeurd met het Amerikaanse volk tussen de stichting van deze natie en de komst van de socialisten aan de macht? Het echte antwoord ligt in de vermenging van de bevolking, die nu zo vervuild was dat ze weinig leek op de oorspronkelijke kolonisten. In een stille revolutie verscheurden de socialisten het land van eind tot eind en demoraliseerden zij de natie beetje bij beetje zo, dat zij een gemakkelijke prooi werd voor de krachten die sinds de oorlog van 1812 op haar ondergang hadden gewacht.

De Democratische Partij, die voor haar slogans en programma's voortdurend naar de Britse Fabian Society kijkt voor inspiratie, is in feite de socialistische, marxistische en communistische partij van de Verenigde Staten geworden. Johnson's "War on Poverty", bijvoorbeeld, werd oorspronkelijk geschreven door Labour Party premier Harold Wilson. In zijn toespraak tot de Internationale Socialisten maakte Harold Wilson duidelijk dat het de bedoeling van de socialisten in Groot-Brittannië en de Verenigde Staten was om fondsen die bedoeld waren voor defensie om te leiden naar fondsen die bedoeld waren voor het uitroeien van ellende. Ontwapening, zei Wilson, was waar het om ging, zodat "gebrek" van de aarde kon worden verbannen.

Tien jaar later nam de eminente socialist Michael Harrington, lid van de Amerikaanse Socialistische Partij, het pamflet van Wilson over en produceerde een boek getiteld "The Other America: Poverty in the United States". Met aandacht van de pers, radio en televisie was Harringtons boek een onmiddellijk succes. Socialisten zijn er dol op. Niemand vond het de moeite waard te vermelden dat Harrington slechts de opmerkingen van Harold Wilson een stap verder nam en ze toepaste op het Amerikaanse toneel. John F. Kennedy ontving een exemplaar van het boek en schreef Harrington dat hij diep onder de indruk was.

Het zijn deze sterren aan het socialistische firmament boven de

Verenigde Staten die meer verwoesting hebben aangericht dan een invasieleger zou kunnen bereiken. Het zijn de socialisten die ons kiesstelsel hebben geprostitueerd en vervormd, tot het vandaag de dag onmogelijk is te zeggen hoeveel fraude en bedrog er in de uiteindelijke telling van de stemmen zit. In dit opzicht steekt de Democratische Partij met kop en schouders boven de Republikeinse Partij uit.

Het is zover gekomen: wat de kandidaten zeggen is tegenwoordig bijna irrelevant; wat telt is wie de meeste kiezers trekt. Wanneer een Republikeinse kandidaat het opneemt tegen een Democraat, begint de internationale pers de kandidaat te volgen alsof hij kandidaat is in Engeland, Italië, Frankrijk, Duitsland, Polen en de Scandinavische landen. Verrassend genoeg sluit de socialistische pers in deze landen bijna zonder uitzondering de gelederen achter de Democratische kandidaat.

Erger nog, de druk en bedreigingen die gepaard gaan met een verkiezing maken het vrijwel onmogelijk om tot een eerlijk resultaat te komen. Democraten zijn hier erg goed in. Bedrijven worden geïntimideerd, contracten bedreigd, fondsen voor buurtprogramma's achtergehouden; het huidige verkiezingsproces heeft weinig te maken met het aantal kiezers dat zich inschrijft en stemt: het gaat erom wie het meeste gewicht in de schaal kan leggen, wie het meest succesvol kan intimideren en chanteren, wie het meest tegen het Amerikaanse volk kan liegen zonder te worden ontdekt.

Hiervoor worden tegen hoge kosten Madison Avenue types ingehuurd. Als een president een faux pas maakt en iets verkeerds zegt, komen de fixers tussenbeide en verzekeren de kiezers dat zij het waren die het niet goed hadden gehoord. Aan het eind van de 20e eeuw bestaat eerlijkheid niet meer in de politiek. Zoals Walter Lippmann uitlegde in een zeldzaam moment van openhartigheid na de verkiezingen van 1964:

> "Want de echte zaak van de campagne was niet het uitstippelen van een koers voor de toekomst. Het ging om het verslaan en verpletteren van de rebellie tegen de gevestigde lijn van binnenlands en buitenlands beleid die (door socialisten) is bepaald in de generatie sinds de Grote Depressie en de Tweede Wereldoorlog."

Er zijn nog vele andere stralende sterren aan het socialistische firmament, in het verleden en in het heden, en in de noten noemen we hun namen, maar niet zo volledig als we hadden gewild. Om een sprong in de tijd te maken naar het heden: de helderste ster aan het socialistische firmament, nu we aan het eind van de 20e eeuw komen, is misschien wel president William Jefferson Clinton.

Zoals zoveel van zijn voorgangers werd Clinton op het Amerikaanse politieke toneel geduwd om door te dringen en te infiltreren en de basis te leggen voor zijn presidentschap. Weinigen konden zich voorstellen dat een relatief bescheiden politicus uit een relatief onbelangrijke staat de beste veranderaar zou zijn die het Fabiaanse socialisme ooit kon vinden. We zullen de formele, bekende details over Clinton overslaan en in plaats daarvan proberen verder te gaan dan de conventionele informatie over hem die nauwelijks hoeft te worden herhaald.

In plaats daarvan zullen wij proberen onze lezers wat informatie te geven die geheim is gehouden en nog niet het daglicht heeft gezien, ondanks de vele machtige Clinton-tegenstanders die niets liever zouden willen dan hem uit Washington verdrijven.

Met uitzondering van enige tijd in Londen, waar hij optrad als leider van de socialistische agitatie tegen de oorlog in Vietnam, en een periode op de socialistische school (Oxford University), had Clinton weinig ervaring met politiek buiten Arkansas. Toch wist hij een opmerkelijke greep op de staat Arkansas te houden.

Hij werd daarbij vakkundig bijgestaan door zijn vrienden Tyson en Stephens, twee van de rijkste mannen van de staat. Clinton werd door "King" Stevens aanbevolen voor promotie en aanbevolen aan Jay Rockefeller en Pamela Harriman. Harriman en Rockefeller zijn de leiders van de Socialistische Partij van de Verenigde Staten, beter bekend als de Democratische Partij. Harriman zag in Clinton een man met potentieel, en Clinton werd door de Bilderbergers klaargestoomd als toekomstig socialistisch wereldleider. Harriman en Rockefeller werden niet teleurgesteld, want Clinton presteerde indrukwekkend en werd bij zijn terugkeer in de Verenigde Staten door de Democratische Partij genomineerd als haar voorkeurskandidaat voor de presidentsverkiezingen van 1992.

Er was bezorgdheid over de skeletten in Clintons garderobe, maar men dacht dat zijn jongensachtige goede uiterlijk en snelle humor voldoende waren om ruwe pogingen om ernaar te verwijzen te overwinnen. En zo werd Clinton op 20 januari 1993 de 42e president van de Verenigde Staten. Het feit dat een meer onwaarschijnlijke persoonlijkheid dan de zijne de leiding had genomen over 's werelds grootste en machtigste natie verbijsterde zijn tegenstanders - en er waren honderden tegenstanders in de hoogste kringen van het land - die de neiging hadden Clintons uitzonderlijk snelle gevatheid over het hoofd te zien en stil te staan bij zijn nederige afkomst, om nog maar te zwijgen van de beschuldigingen van seksueel wangedrag die de kop opstaken.

De socialisten juichten. Hun keuze was aangekomen in het Witte Huis; vanaf nu konden de socialistische programma's worden versneld en het land zou geen tijd meer hebben om te herstellen van de ene crisis voordat de volgende toesloeg. Een nieuw tijdperk van verduistering van staatsmacht stond op het punt te beginnen, en de grote socialistische hold-up stond op het punt in de hoogste versnelling te komen. De socialistische hiërarchie had een tijdschema van vier jaar opgesteld voor Clintons ambtstermijn. Clinton zou een president voor één termijn zijn, maar de programma's die hij door het Congres moest loodsen, zouden de meest angstaanjagende gevolgen hebben voor de Verenigde Staten in de komende 1000 jaar.

Hoe de goed voorbereide plannen van William Clinton bijna mislukten is nooit onthuld, behalve in World In Review (WIR) verslagen. Het zat zo: Mevrouw Clinton was meer dan ontgoocheld geraakt over haar man, vanwege zijn rokkenjacht en talrijke buitenechtelijke affaires. Omdat ze van de beste "feministische" socialistische snit was, bereikte mevrouw Clinton, die haar afkomst goed verborg, een punt waarop ze besloot het alleen te doen. Hillary Clinton (ze noemden haar toen nog geen "Rodham") ging uit elkaar en liet haar dolende echtgenoot achter om zijn echtelijke wandaden te overdenken.

Kort voordat Clinton werd benaderd door Pamela Harriman en Jay Rockefeller, zat hij zonder zijn vrouw. Het was een slechte zet; een man met huwelijksproblemen was duidelijk niet geschikt om het Oval Office te bezetten. Harriman haastte zich naar Hillary en legde de situatie uit: als ze terugging naar haar man, kon ze erop rekenen de volgende First Lady te worden. Hillary, die nooit een kans op promotie voorbij laat gaan, stemde in met een verzoening met haar man, op voorwaarde dat er geen buitenechtelijke affaires meer zouden zijn. Deze voorwaarde werd geaccepteerd, en de race was begonnen. De rest is geschiedenis.

Wat geen geschiedenis is, is het verleden van William Jefferson Clinton, dat tot op de dag van vandaag voor het Amerikaanse volk verborgen blijft. Clinton werd geboren in Hope, een klein stadje in Arkansas, en het gezin verhuisde naar Hot Springs, een "open" stad met bordelen en andere grootstedelijke "genoegens". Het is deze vriendelijke, "alles mag" sfeer waarin Clinton werd opgevoed die volgens sommigen ten grondslag ligt aan zijn problemen met de waarheid.

Volgens een voormalige senator uit Arkansas, rechter Jim Johnson, zei ene Nora Waye, een voormalige partner van Clintons schoonvader, dat Clinton helemaal niet was wat de gevestigde media van hem verwachtten. Waye geeft enkele voorbeelden:

"Als je denkt aan Bill Clinton's afkeer van de waarheid, vraag je je af of het niet komt door zijn minder-dan-stellende verleden op dit gebied. Hij loog dat hij een Rhodes Scholar was. Hij heeft die cursus nooit afgemaakt en toch zei hij dat hij een Rhodes Scholar was."

Daarin lijkt Waye bevooroordeeld. Iedereen die geselecteerd is als Rhodes Socialist Scholar en naar Oxford gaat, ook al maakt hij de opleiding niet af, mag zich een Rhodes Scholar noemen.

Er zijn zeer ernstige beschuldigingen tegen Clinton geuit over machtsmisbruik, drugsdeals en handel met voorkennis door zijn vrouw. Deze beschuldigingen zijn afkomstig van Larry Nichols, die in de jaren zeventig een goede vriend van Clinton was. Volgens Nichols deed hij "veel projecten voor Clinton vanuit marketingoogpunt". Nichols ging verder met een reeks beschuldigingen die volgens hem nooit waren onderzocht. De meeste daarvan hebben betrekking op omvangrijke cocaïnetransacties vanuit Mena, Arkansas, waarvan sommige ook in "The Nation" werden vermeld. Nichols beweert dat de Arkansas Development Finance Authority (ADFA) een volledig gecontroleerde financiële entiteit was voor het witwassen van grote sommen cocaïnegeld uit Mena, die volgens hem via een niet nader genoemde bank in Florida werden doorgesluisd.

Nichols heeft ook ernstige beschuldigingen geuit tegen het advocatenkantoor Rose en Hillary Clinton wegens het ontvangen van commissies op obligatieleningen in strijd met de staatswet. Nichols beweert documenten te hebben gestolen en kopieën te hebben gemaakt die de juistheid van zijn beschuldigingen bevestigen. Hij beweert ook dat een deel van Mena's drugsgeld werd witgewassen via een bank in Chicago die mede-eigendom is van de machtige Democratische politicus Dan Rostenkowski.

Nichols beweert dat Roger Clinton, de broer van de president, niet naar de gevangenis ging voor de verkoop van cocaïne, "ze gaven het weg" naar verluidt in ruil voor niet nader genoemde gunsten. Nichols verklaarde dat

> "Toen hij (Dan Lasater - die samen met Roger Clinton werd veroordeeld) werd veroordeeld, gingen hij en Roger naar een minimaal beveiligde gevangenis. Een Holiday Inn zoals dat heet. Hij verbleef daar, denk ik, 6 tot 8 maanden en kwam toen vrij. Zonder dat iemand het wist, verleende Bill Clinton hem (vermoedelijk aan Lasater) een volledig pardon de dag na zijn vrijlating..."

Nichols beschuldigt Clinton en zijn regering in Arkansas ervan de cocaïnesmokkel vanuit Mena nooit te hebben aangepakt:

> "Er is geen enkele grote inbeslagname gedaan in Arkansas vanuit Mena, Arkansas. Stel je voor, bijna tien jaar in bedrijf en geen enkele lading cocaïne is gepakt."

Nichols gaat verder met een reeks beschuldigingen van wangedrag tegen Wes Hubbell, die met Clinton naar Washington ging, en Hillary Clinton, de familie Stevens en de familie Tyson, Clintons politieke en financiële bondgenoten toen hij gouverneur van Arkansas was. Over Tyson beweert Nichols het volgende:

> "Don Tyson investeerde 600.000 of 700.000 dollar in alle campagnes van Bill Clinton. Raad eens wat hij ervoor kreeg? 10 miljoen dollar - en raad eens van wie? De Arkansas Development Financing Authority. En hij heeft er nooit een cent voor betaald".

Nichols beschuldigde ook een fabrikant van parkeermeters, Parking on Meter (POM) die met Hubbel samenwerkt, van onfatsoenlijkheid, en zei dat hij probeerde alle grote media te interesseren voor zijn verhaal, maar dat ze allemaal weigerden het aan te pakken. Nichols zegt dat hij in plaats daarvan werd onderworpen aan een spervuur van verbaal en fysiek geweld dat hem vrijwel in diskrediet bracht.

Nichols zei dat een van zijn medewerkers, Gary Johnson, een advocaat, in het Quapaw Tower condominium woonde. Johnson had blijkbaar een bewakingscamera buiten zijn flat geïnstalleerd - lang voordat Geniffer Flowers er naast kwam wonen. Johnson beweert Clinton meerdere malen met een sleutel de flat van Geniffer Flowers te hebben zien betreden.

Johnson zei:

"Ik zag hem zijn flat binnengaan. Het is niet dat ik door het kijkgaatje in Geniffer Flowers' flat stond te kijken. Het is gewoon dat ik de camera had meegenomen. Ik had de camera voordat Geniffer Flowers erin trok."

Nichols zei:

"Raad eens wat hij filmde? Bill Clinton die meerdere keren de flat van Geniffer Flowers binnenkomt, met een sleutel."

Tot dusver is er geen bevestiging van de verhalen van Nichols en Johnson, maar zoals gezegd begon 'The Nation' te schrijven over Mena en Wes Hubell en gaf vervolgens, na een paar artikelen, geen vervolg - wat heel anders is dan hun journalistieke stijl.

In oktober 1992 verklaarde "The Nation":

"In Hot Springs, waar Clinton sprak op Labor Day weekend, zag ik het proces aan het werk. Het was hier, in deze smerige stad van badhuizen en oude casino's, dat onze Bill opgroeide. Vergeet al die angstige onzin over 'een stadje genaamd Hope'. De hectische sfeer heeft duidelijk indruk op hem gemaakt. Als we Hillary mogen geloven, die de gouverneur introduceerde op de homecoming rally, was het eerste wat ze tegen elkaar zeiden toen hij haar hierheen bracht voor een romantisch weekend: "Kijk eens naar al die kleine bedrijfjes..."

Hetzelfde linkse tijdschrift publiceerde in maart 1992 een artikel waaruit de volgende passages zijn overgenomen:

"Over de bredere kwestie van Clintons gunsten aan zijn vrienden zegt Larry Nichols - de man die door Clinton is ontslagen bij de Arkansas Development Finance Authority, en de oorspronkelijke bron van Flowers' verhaal - dat banden met de Clintons vrijwel een vereiste zijn voor bedrijven die een lening aanvragen bij de ADEA, die in 1985 grotendeels door Clinton werd ontwikkeld om kapitaal aan te trekken voor economische ontwikkeling in de staat door bedrijven langetermijnleningen aan te bieden, gefinancierd door de verkoop van belastingvrije obligaties, En inderdaad, de namen die voorkomen in de ADFA-documenten die mijn collega's hebben bestudeerd, dragen de geur van de Clinton-kring."

"Onder de obligatie-acceptanten waarvan wij kopieën hebben, is Stephens Inc. prominent aanwezig. De president van het bedrijf, Jackson Stephens, en zijn zoon Warren hielpen Clinton om meer dan 100.000 dollar voor haar campagne in te zamelen. In januari verleende de bank waarin Stephens een meerderheidsbelang heeft, Worthen National, Clinton een kredietlijn van 2 miljoen dollar. Een andere bekende naam in de uitgifte van obligaties is het nu failliete Lasater and Co. Dan Lasater, die het bedrijf leidde, is een oude vriend van Clinton en zijn broer Roger. Zowel Roger als Lasater werden gearresteerd op beschuldiging van cocaïne, de eerste op een ernstigere beschuldiging."

"Dan is er het advocatenkantoor Rose, het kantoor van Hillary Clinton wiens naam zowel obligatie-uitgiftes als leningsovereenkomsten siert. Hillary Clinton vertegenwoordigde een bedrijf van Stephens Inc. in rechtszaken. Wes Hubbel, de partner van Rose, vertegenwoordigde de begunstigde van de eerste AFDA-lening, een bedrijf genaamd Park on Meter, of POM, wiens naam vaak opduikt in discussies over Mena. Hubbel was begin jaren '80 secretaris van POM. Hubbels klant bij de AFDA-deal was Seth Ward, de huidige voorzitter van POM, die bekend staat als een vriend van Clinton. Worthen Bank behoort tot de instellingen die van tijd tot tijd privileges hadden over de POM."

"Clinton en het drugbeleid is een ander gebied van tegenstrijdigheid. Volgens haar adjudant John Kroger gelooft Clinton dat "de echte oplossing voor het drugsprobleem ligt in het terugdringen van de vraag". Maar Clinton steunt ook "voortdurende inspanningen om drugs die de Verenigde Staten binnenkomen te onderscheppen" en is voorstander van "de uitbreiding van het gebruik van het leger, in het bijzonder om kleine vliegtuigen die het land binnenkomen op te sporen en tegen te houden". Waarom volgde hij dan niet het spoor van de drugshandel dat leidt naar Mena, de stad en luchthaven in het westen van Arkansas? Clinton kan niet beweren dat hij niet weet dat Arkansas heeft gediend als knooppunt voor internationale drugshandel. Een van zijn openbare aanklagers, Charles Black, maakte hem hierop attent in 1988. Vijf jaar daarvoor werd een federaal onderzoek uitgevoerd door de staatspolitie van Clinton. Als onderdeel van dat onderzoek werd een federale jury samengesteld. Die jury werd uiteindelijk ontbonden, en de lokale pers meldde dat de leden van de jury waren verhinderd om cruciaal bewijs te zien, belangrijke getuigen te horen, en zelfs de ontwerp-aanklacht van negenentwintig aanklachten van witwassen te zien, opgesteld door een advocaat van het ministerie van Justitie, Operatie Greenback."

"In 1989 ontving Clinton petities van burgers uit Arkansas die hem vroegen een jury bijeen te roepen en het onderzoek voort te zetten. Winston Bryant, nu de procureur-generaal van de staat, maakte van het onderwerp drugs en Mena een campagnethema in 1990. Een jaar later overhandigde Bryant zijn staatsdossiers over Mena, samen met petities van 1.000 burgers aan de Iran/Contra aanklager Lawrence Walsh, die sindsdien een massa informatie heeft nagestreefd. (Walsh heeft niets anders gedaan dan de doofpot voortzetten.) Later dat jaar, op 12 augustus 1991, schreef Clintons strafrechtadviseur aan een bezorgde burger dat de gouverneur begreep dat de kwestie van criminele activiteiten in Mena werd onderzocht of anderszins behandeld door Bryant, Walsh en Arkansas-vertegenwoordiger Bill Alexander."

"Toch, met al deze kennis, deed Clinton niets. De procureur-generaal is niet bevoegd om een onderzoek in te stellen, maar de openbare aanklager wel. Toen Charles Black er bij Clinton op aandrong om geld uit te trekken voor zo'n onderzoek, negeerde Clinton zijn verzoek. De staatspolitie werd van de zaak gehaald nadat de federale overheid haar onderzoek had beëindigd. Nu ligt de bal weer bij Clinton en hij blijft niets doen..."

In een later nummer had "The Nation" het volgende te zeggen over

Wes Hubbel en Park op Meter. De auteur beschreef het verhaal van Clintons persoonlijke oprichting van AFDA:

"... de ADFA verstrekte haar eerste industriële lening in 1985 aan POM Inc, een fabrikant van parkeermeters gevestigd in Russellville, Arkansas. POM zou een geheim contract hebben om onderdelen voor chemische en biologische wapens voor de Contra's te maken, alsmede speciale uitrusting voor 130 transportvliegtuigen..... In die tijd vervoerden deze vliegtuigen drugs en wapens van de Mena... De advocaat van POM tijdens deze transacties was een partner van het advocatenkantoor Rose, waarvan Hillary Clinton lid was en nog steeds is. Clinton State blijkt dus een belangrijke schakel te zijn geweest in de bevoorradingsketen van de Contra's, op een moment dat militaire hulp aan de Contra's door het Congres was verboden."

"Nu komen we bij Michael Risconosciuto, een voormalig CIA werknemer, die zegt dat hij tussen 1988 en 1989 af en toe bij Mena werkte. Risconosciuto werd gearresteerd kort nadat hij was opgeroepen als getuige in de Inslaw zaak... Hij werd gearresteerd op tien drugs aanklachten en veroordeeld op zeven daarvan..... Volgens Risconosciuto was Mena onderdeel van een netwerk van bases dat zich in de loop der tijd ontwikkelde..... Mena was cruciaal vanwege de centrale positie ten opzichte van de andere bases... Mena was het belangrijkste afgiftepunt voor narcotica, terwijl de andere bases als distributiepunten fungeerden... Voor zover Risconosciuto weet, zijn er nooit drugs uitgeladen op Mena airport. Zoals bij de Seal faciliteit in Louisiana, gebruikten laagvliegende vliegtuigen parachutes om containers met drugs op het omliggende platteland te droppen, soms in het Ouachita National Forest, maar vaker op privé terrein..."

"POM, volgens Risconosciuto, maakte niet alleen parkeermeters. Hij beweert dat vanaf het begin, in 1981, het bedrijf ook ferry drop tanks maakte... voor C-130s."

Het management van de POM verwees de linkse verslaggever blijkbaar naar de advocaat van het bedrijf en er werd niets meer gezegd over de POM en zijn correctie met Wes Hubbell en het advocatenkantoor van Hillary Clinton.

Het linkse tijdschrift "The Nation" heeft weer een artikel gepubliceerd over Clinton en de beschuldigingen tegen Gennifer

Flowers, waarvan wij hier fragmenten weergeven:

"Beschuldigingen over het seksleven van Bill Clinton kwamen voor het eerst aan het licht in een rechtszaak die was aangespannen door Larry Nichols, die door Clinton was ontslagen van zijn baan als marketingdirecteur van de Arkansas Development Finance Authority (ADFA). Clinton beweert dat Nichols werd ontslagen omdat hij 700 ongeoorloofde telefoongesprekken voerde met Contra's in Centraal-Amerika en dat de rechtszaak deel uitmaakt van een Republikeinse valstrik. De volgorde is ingewikkelder en komt voort uit de rol van de staat, en meer bepaald die van een luchthaven in Mena, in het westen van Arkansas, bij de opleiding en bevoorrading van de Contra's; ook de stroom wapens in ruil voor drugs tussen de Verenigde Staten en Centraal-Amerika... Een studentenorganisatie van de Universiteit van Arkansas, Fayetville, die al enige tijd onderzoek doet naar de Mena-affaire, slaagde erin om op grond van de F.O.I.A.-wetgeving de telefoongegevens van Nichol op te vragen bij de ADFA. Mark Swaney, een lid van die organisatie, beweert dat er in de betrokken periode geen telefoontjes naar Midden-Amerika werden gepleegd..."

"De Clintons - Bill en Hillary - worden aangeprezen als dynamisch en zorgzaam, en op de een of andere manier formidabel verenigd. Deze versie heeft de overhand gekregen ondanks het feit, tussen haakjes toegegeven door hun bewonderaars, dat ze enige tijd gescheiden waren en blijkbaar pas in de aanloop naar de presidentiële campagne bij elkaar kwamen. Was het de zucht naar macht die hen samenbracht? In tegenstelling tot de welwillende Clintons, worden we uitgenodigd om Flowers belachelijk te maken als een good-time girl..."

Van Sid Blumenthal in de "New Republic" (de spreekbuis van de socialisten), een van de meest uitbundige vleierijen in de geschiedenis van de public relations, tot de talloze lovende artikelen in de "Washington Post" en de "New York Times", via de grote bahuts van de eeuwige specialisten, het woord is eruit:

Clinton is gezond, bedachtzaam, pragmatisch, modern, blank,

mannelijk en veilig. [13]En voor alle Democratische tijdverdrijvers die twaalf lange jaren wegkwijnden, droeg hij - althans tot hij werd getroffen door de ziekte van Flowers - de geur van een mogelijke overwinning..."

Het lijkt erop dat er voor de nieuw benoemde speciale aanklager veel onontgonnen terrein is om te kammen, terrein dat eerdere speciale aanklagers Fiske weigerden te benaderen. Misschien verklaart dit de extreme nervositeit van de Democraten in het Congres over de terugtrekking van Fiske uit het onderzoek. Laten we hopen dat de waarheid aan het licht komt. Voorlopig lijkt dit de meest succesvolle doofpotaffaire in de geschiedenis van de Amerikaanse politiek.

---

[13] Verwijzing naar Clintons relatie met een jonge vrouw genaamd Flowers.

Hoofdstuk 7

PENETRATIE EN IMPREGNATIE VAN RELIGIE DOOR HET SOCIALISME

"De grote beschavingen in de wereld brengen niet als een soort bijproduct grote religies voort; in feite zijn grote religies de fundamenten waarop grote beschavingen rusten." Christopher Dawson, historicus."

"De Christelijke religie is geen religie die geschikt is voor onze tijd." Edward Lindeman. Christelijk socialistische schrijver."

Het is waar dat het Fabian Socialism er op uit was alle religies te penetreren, maar het echte doelwit was altijd de christelijke religie. In haar begindagen noemde de Fabian Society haar pamfletten van één pagina "traktaten", een term die door christelijke missionarissen werd gebruikt, om het publiek opzettelijk te misleiden over de afkeer van het fabiaans-socialisme van georganiseerde religie. De meest schadelijke invloed op religieus geloof was misschien wel de "Duitse rationalisatie" van Bismarck en Marx, die religie zagen als een louter sociale wetenschap.

In de Verenigde Staten werkte de kwaadaardige socialistische leider John D. Rockefeller eraan om de kerken naar links te bewegen, met behulp van geïnfiltreerde lekenpredikers. Een van zijn volgelingen, Paul Blanshard, werd gebruikt om een organisatie op te richten met de naam "Protestants and Other Americans United for Separation of Church and State." Deze doctrine is een van de meest succesvolle leugens en bedrog ooit gepleegd op het Amerikaanse volk. Een dergelijke bevoegdheid bestaat niet in de Grondwet.

Een van de eerste christelijke kerken in Amerika die "gesocialiseerd" werden, was Grace Church in South Boston, waar dominee W.D. Bliss voorganger was. Bliss was een grote vriend van Sydney Webb en zijn missionaire ijver namens de Fabian Society was prijzenswaardig, maar zijn beleden christendom strekte zich niet uit tot het onderwijzen van het Evangelie van Christus. Een andere verdorvene van de christelijke godsdienst was pater (later monseigneur) John Augustin Ryan, wiens evangelie dat van de Engelse socialist John Hobson was. Ryan vormde een groep genaamd de National Catholic Welfare Council, die door Fabiaanse socialisten werd gebruikt om katholieke kerken in heel Amerika binnen te dringen. Ryan werd later de "padre van de New Deal" en werd door Roosevelt gebruikt om de "zegen van de religie te krijgen voor zijn meest controversiële New Deal-wetten".

Maar het echte centrum van de socialistische religieuze activiteit in de Verenigde Staten was de Riverside Church, een "christelijk-sociale" kerk, gefinancierd door de Rockefeller Foundation uit New York. Vanuit dit gezichtspunt werd het politieke leven van de natie binnengedrongen, vooral via de familie Dulles, die de Federal Council of Churches of Christ in America (FCCA) domineerde. De FCCA was een van de allereerste "religieuze groepen" die enthousiast Roosevelts "New Deal" steunde.

In 1935 wees de US Naval Intelligence Service de FCCA aan als leider van het pacifisme:

"... Het is een grote radicale pacifistische organisatie... haar leiding bestaat uit een kleine radicale groep die altijd zeer actief is in elke zaak tegen de nationale defensie".

De Commissie Dies heeft een verklaring onder ede gehoord van een getuige-deskundige die het volgende heeft verklaard:

"Blijkbaar is het (de FCCA) eerder een enorme politieke machine dan dat het het christendom onder zijn vele leden bevordert en lijkt het zich te mengen in radicale politiek. Haar leiderschap geeft aan dat zij relaties onderhoudt met veel van de meest radicale organisaties."

In 1933 schreven dominee Albert W. Beaven en 44 mede-indieners een brief aan Roosevelt waarin ze hem aanspoorden Amerika te socialiseren. Een andere "man van het doek", dominee Dr. Kirby

Page, vertelde Roosevelt om de Bolsjewieken te steunen.

> "Het doel van het proletariaat in Rusland was om een beter leven te vestigen.... Het is moeilijk om een jeugd in de wereld te vinden die meer toegewijd is aan de zaak van Christus dan de jeugd in Rusland die toegewijd is aan Stalin...", aldus Kirby.

Dr. Harry F. Ward, een andere leidende figuur in de FCCA, nam in 1925 ontslag bij de American Civil Liberties Union (ACLU) omdat deze "totalitairen" uitsloot van haar lidmaatschap. Het jaar daarvoor had Ward - toen voorzitter van de ACLU - zich uitgesproken voor socialistische en communistische doelen. Dit was toen Ward hoogleraar christelijke ethiek was aan het Union Theological Seminary in New York. Dankzij zijn uitmuntendheid in de tactiek van penetratie en impregnatie. was Ward in staat om drie generaties van toekomstige Amerikaanse kerkleiders in het socialistische kamp te krijgen.

Dominee Niebuhr was een andere prominente socialist die werd voorgedragen door een deskundige die door de hoorzittingen van de Dies Commission werd opgeroepen. Niebuhr was hoogleraar toegepast christendom en decaan van Union Theological Seminary, en was een van de allereerste Amerikaanse Fabian Socialists die het boek "A New Deal" van Graham Wallas, een vooraanstaand schrijver van de Fabian Society, promootte. In 1938 sloot Niebuhr zich aan bij de Fabian Socialist Association of University Professors, die zichzelf een "progressieve onderwijsorganisatie" noemde. Zoals we nu weten is "progressief" gewoon een ander woord voor "socialist". Niebuhr wordt ook geïdentificeerd als de secretaris van de Students League for Industrial Democracy (SLID) (die later de League of Industrial Democracy werd), de ultra-socialistische studentenorganisatie die sterk betrokken was bij radicale politiek.

Veel studentleden van de EDLR sloten zich vervolgens aan bij de Democratische Partij, in plaats van te proberen een eigen socialistische partij op te richten. Vanaf dat moment werd de Democratische Partij overspoeld met socialisten, tot vandaag de dag, volgens mijn inlichtingencontacten, 86% van de Democratische Partij hardcore socialisten zijn. Niebuhr zou later een diepgaande invloed hebben op de gebroeders Kennedy, waarbij Robert Niebuhr's boek "Kinderen van het licht, kinderen van de duisternis" (een heidens cultusboek) aanhaalde als een van de boeken die hij mee naar de maan zou nemen als hij er ooit heen zou gaan.

De invloed van Niebuhr verspreidde zich wijd en zijd en zijn "progressieve" politiek werd verspreid onder socialistische leden van de Americans for Democratic Action (ADA) en de LID. Gedurende zijn hele politieke leven predikte Niebuhr het "Sociale Evangelie", later bekend als marxistische bevrijdingstheologie. Hij werd een goede vriend van Arthur Schlesinger Jr, die predikte dat "kapitalisme een ziekte was" en dat geweld in het oog van de toeschouwer zat. Schlesinger ging een zeer belangrijke rol spelen in de socialisatie van Amerika en bewees dat religieus socialisme een verwoestend wapen was in de juiste (of verkeerde) handen. Niehbur omarmde openlijk het marxisme (hoewel het een totaal goddeloos geloof was en een vreemd geloof voor een dominee die geacht werd een leraar van het Evangelie te zijn), en beweerde dat het

> "in wezen een correcte theorie en analyse van de economische realiteit van de moderne samenleving".

Deze zogenaamde "theoloog" was ook actief in het controleren van de pers, omdat hij door Rockefeller was benoemd in de "Commissie voor persvrijheid". Niehbur werd onvermijdelijk benoemd in de Council on Foreign Relations (CFR) in opdracht van David Rockefeller. In het religieuze theater van de socialistische operaties zien we dus dat het Fabiaanse socialisme het in de Verenigde Staten erg druk heeft gehad en goed de les heeft geleerd dat het gebruik van religie als middel om de samenleving als geheel binnen te dringen en te doordringen, erg belangrijk is. Ons werd wijsgemaakt dat de bolsjewieken en hun socialistische neven tegen alle vormen van religie waren. In feite is dit helemaal niet waar. De socialistische bolsjewistische haat tegen religie was meer gericht tegen het christendom dan tegen enige andere religie.

Een van de manieren waarop socialisten greep hebben kunnen houden op de georganiseerde religie is via de Fellowship of Faiths die in 1921 als socialistische organisatie werd opgericht en onlangs volledig nieuw leven werd ingeblazen ter voorbereiding op de komst van één wereldregering - de Nieuwe Wereldorde. Het is een organisatie die tot doel heeft de godsdienst te controleren - een oude doelstelling van het socialisme - die zich heeft gerealiseerd dat godsdienst nooit kan worden uitgeroeid. De leidende staatsman van het Comité van 300, Bertrand Russell, beschreef de socialistische houding tegenover religie als volgt:

"Als we het niet kunnen controleren, dan moeten we er vanaf.

Maar omdat het makkelijker gezegd is om van religie af te komen dan gedaan, is de gekozen methode "controle".

Alle op deze manier gevoerde oorlogen zijn er niet in geslaagd de wereld van religie te bevrijden. Er moesten andere tactieken worden ontwikkeld, zoals intensieve hersenspoeling, gebruikmakend van het bekende relativistische idee dat alle religies gelijk zijn. Het bewijs dat de oorlog tegen het christendom in hevigheid en intensiteit toeneemt, kan worden gevonden in de aanval op de Amerikaanse grondwet door socialisten als Lloyd Cutler - adviseur van president Carter, president Clinton en zijn procureur-generaal, Janet Reno. De socialist Cutler wil de grondwet verzwakken om de bescherming en vrijheid van godsdienst en religie voor iedereen te beperken.

De schokkende moordpartij op Amerikaanse burgers in Waco, Texas, is een recent voorbeeld van hoe ver socialisten bereid zijn te gaan om de godsdienstvrijheid te onderdrukken. De gebeurtenissen die leidden tot de moord op meer christelijke Amerikaanse burgers dan Chinese studenten op het Tiananmen-plein zijn te bekend om hier te herhalen, maar bepaalde aspecten moeten worden verduidelijkt en versterkt.

Het eerste punt van overweging is dit: Waar staat in de Grondwet dat de federale regering het recht heeft om zich te mengen in de religieuze zaken van ELKE kerk, zoals zij zich heeft gemengd en bemoeid met de zaken van de Branch Davidian Christian Church? Waar staat in de grondwet dat de federale regering het recht heeft om te beslissen wat een "sekte" is en wat niet? Laat procureur-generaal Reno ons zien waar die macht is gegeven aan federale wetshandhavers. De waarheid is dat we het niet kunnen vinden; het staat niet in de grondwet!

Nergens in de in artikel 1, sectie 8, clausule 1-18 aan het Congres gedelegeerde bevoegdheden staat de bevoegdheid om een "sekte" aan te vallen. Om een federale instantie toe te staan zich met de Branch Davidian Church te bemoeien en haar gewapenderhand aan te vallen, zoals in Waco, zou een amendement op de Amerikaanse grondwet nodig zijn. Wat in Waco gebeurde was verraad en opruiing tegen de grondwet en het Amerikaanse volk. Door militaire voertuigen te gebruiken om burgers in een christelijke kerk aan te vallen, moeten we aannemen dat het de bedoeling was de burgers te terroriseren en hun rechten te ontnemen.

Artikel 1 van de Bill of Rights van de grondwet van de Verenigde Staten luidt:

> "Het Congres zal geen wet maken die een godsdienst instelt, of de vrije uitoefening daarvan verbiedt; of die de vrijheid van meningsuiting of de persvrijheid beperkt; of het recht van het volk om vreedzaam bijeen te komen en de regering te verzoeken om herstel van zijn grieven."

Let op het gebruik van het woord "zullen", dat veel sterker is dan "zullen". Let ook op de woorden "betreffende de vestiging van een godsdienst". Het woord "vestiging" impliceert dat het ook verwijst naar de oprichting, of in gewone taal, een NIEUWE INSTELLING. In dit geval was de nieuw opgerichte entiteit de Branch Davidian Church. De federale regering was dus wettelijk verplicht om de Davidianen te beschermen, niet om ze aan te vallen.

De federale regering trok Waco binnen met de uitdrukkelijke bedoeling de vrije uitoefening van godsdienst door leden van de Branch Davidian Christian Church te verbieden. Het verbood leden van de tak Davidian om vreedzaam bijeen te komen. Wat de federale regering zei was "we zeggen dat jullie een sekte zijn en we houden niet van jullie religie, dus gaan we jullie kerk sluiten".

Hiertoe bracht de federale regering militaire voertuigen binnen die zij vervolgens gebruikte om de kerkgebouwen aan te vallen en de leden van de Branch Davidian-kerk te doden. Op pagina E7151 van het Congressional Record van 31 juli 1968 verklaarde rechter William O. Douglas:

> "... Het is onmogelijk voor de overheid om een lijn te trekken tussen goed en kwaad en trouw te zijn aan de Grondwet, beter is het om alle ideeën terzijde te laten."

De regering van de Verenigde Staten koos ervoor dit besluit te negeren en probeerde religie te vereenvoudigen, te reduceren tot wat goed of slecht is, met de federale regering als scheidsrechter. De federale regering heeft geprobeerd van religie een eenvoudige zaak te maken, terwijl het een zeer complexe zaak is waarin zij zich onder geen beding had mogen mengen.

De eerste tien amendementen van de Amerikaanse grondwet vormen een beperking voor de federale overheid. Daarnaast wordt de toestemming om wetten te maken over religie ook ontzegd door artikel 1, sectie 9 van de grondwet. De federale regering heeft geen absolute bevoegdheden. De Davidianen hadden recht op politiebescherming volgens de bevoegdheden die aan de staat zijn toegekend in het 10e Amendement. De sheriff van Waco verzaakte zijn plicht toen hij niet reageerde op de roep om hulp van een lid van de kerk van de Tak Davidianen. Hij deed zijn plicht om de burgers van de staat Texas te verdedigen tegen plunderende federale agenten. Als de sheriff zijn plicht had gedaan, zou hij zijn mannen naar het terrein hebben gebracht en de federale agenten van het terrein hebben verwijderd en de staat Texas, waar zij geen jurisdictie hebben, hebben verlaten. Helaas heeft de sheriff, uit onwetendheid over de grondwet of uit angst voor zijn eigen veiligheid, de gewapende en gevaarlijke federale agenten niet onderschept, zoals hij grondwettelijk verplicht was te doen.

Volgens de Amerikaanse grondwet ligt de verantwoordelijkheid voor de bescherming van "leven, vrijheid en eigendom" bij de staten, niet bij de federale regering. De zaak Emma Goldman regelde dat voorgoed. (De dader werd berecht en geëxecuteerd door de staat voor de moord op president McKinley, hoewel de moord op een president een federale misdaad was en nog steeds is). Het 14e Amendement, hoewel niet geratificeerd, probeerde niet de verantwoordelijkheid voor politiebescherming over te dragen van de staten naar de federale regering. Dus wat we hadden in Waco was een ongeoorloofde aanval op een religieuze gemeenschap, verergerd door het abjecte falen van de sheriff om de burgers van de staat Texas te beschermen tegen een illegale en onrechtmatige aanval door federale agenten.

Als gevolg daarvan zijn de burgers van de Davidiaanse tak van de staat Texas op illegale en kwaadwillige wijze beroofd van leven, vrijheid en eigendom, zonder eerlijk proces, en beroofd van een juryproces, terwijl de Sheriff van Waco, verantwoordelijk voor de uitvoering van de staatswet, heeft toegekeken en niets heeft gedaan om deze aanvallen te stoppen. Aanklachten van plichtsverzuim worden verwacht tegen de Sheriff van Waco. De immuniteitsclausule van artikel IV, deel I is op grove wijze geschonden:

"De burgers van elke Staat hebben recht op alle voorrechten en immuniteiten van de burgers van de verschillende Staten".

De federale regering heeft volgens de Amerikaanse grondwet niet de macht om te bepalen wat een kerk en wat een sekte is. De macht van de federale regering om te beslissen wat een sekte en wat een religie is, is de macht om ALLE RELIGIES te vernietigen, zoals socialisten zouden willen, wat hun uiteindelijke doel is. Het 1e Amendement van de Grondwet geeft deze macht NIET, noch delegeert het deze aan het Congres. In plaats daarvan is de publieke opinie door de media gemaakt, met de herhaling van dagen en dagen dat de Branch Davidian kerk een "sekte" was, alsof dat voldoende wettelijke sanctie was voor federale agenten om de kerkgebouwen te bestormen.

Waco is niet de eerste keer dat de federale regering zich met religieuze zaken bemoeit, en het zal zeker niet de laatste keer zijn. Op pagina's 11995-2209 van het Congressional Record, Senaat, 16 februari 1882, lezen we met afschuw hoe de regering probeerde te voorkomen dat sommige mormonen gingen stemmen. Op pagina 1197 lezen we een deel van het debat.

"... Dit recht (om te stemmen) behoorde tot de Amerikaanse beschaving en wetgeving lang voor de goedkeuring van de Grondwet. Het is zoals het recht om wapens te dragen, zoals vele andere rechten die hier genoemd zouden kunnen worden, die in naam van de burgers in koloniale tijden in alle Staten bestonden; en de bepalingen die in de Grondwet werden opgenomen door amendementen, evenals in de oorspronkelijke akte, met de bedoeling deze rechten te beschermen, waren slechts garanties van een bestaand recht, en waren niet de scheppers van het recht zelf."

De Mormonen werden toen door de federale regering beschouwd als de Branch Davidian Church. In 1882 probeerde de Senaat een wet aan te nemen die een vijfkoppige commissie zou hebben benoemd om als rechter en jury over de Mormonen op te treden en hen te beletten te stemmen. Afgezien van al het andere, was dit een overtreding van de wet van beschuldiging. Op pagina 1200 van 1195-1209 legde senator Vest de volgende verklaring af:

"... Bijvoorbeeld, niemand kan veronderstellen, zo zullen wij stellen, dat het Congres in enig Territorium een wet kan maken, die een instelling van godsdienst respecteert, of de vrije uitoefening van, of de persvrijheid beperkt, of het recht van de mensen van het Territorium om vreedzaam bijeen te komen, en om een verzoekschrift in te dienen bij de regering voor genoegdoening. Evenmin kan het Congres de mensen het recht ontzeggen wapens te dragen, of het recht op juryrechtspraak, of iemand dwingen tegen zichzelf te getuigen in een strafzaak. Deze bevoegdheden, en andere met betrekking tot de rechten van het volk, die hier niet hoeven te worden opgesomd, zijn, in uitdrukkelijke en positieve bewoordingen, ontzegd aan de algemene regering; en de rechten van privé-eigendom zijn met gelijke zorgvuldigheid bewaakt."

Na het bovenstaande overzicht van feiten betreffende de bescherming die door de Grondwet en haar Bill of Rights wordt geboden, worden wij getroffen door de gruwel van de situatie in Waco; de Branch Davidians hebben geen door de Grondwet gewaarborgde bescherming gekregen. De sheriff van Waco heeft afstand gedaan van zijn politiebescherming, de federale regering heeft de leden van de Branch Davidian Church aangevallen, hen op baldadige, wrede en barbaarse wijze van het leven beroofd, en hun eigendommen volledig verwoest in weerwil van hun "recht op privé-eigendom dat met gelijke zorg wordt bewaakt". We zien hoe ver we zijn teruggegaan sinds 1882, toen het wetsvoorstel om mormonen te beletten te stemmen werd verworpen.

Waarom werden de Branch Davidians al hun rechten ontnomen? Waarom werden zij behandeld als een vijand die onze kusten probeerde binnen te vallen; met militaire uitrusting, helikopters, tanks, bulldozers, en uiteindelijk met geweervuur dat hen allemaal vernietigde? Werd hun recht op een juryrechtspraak gerespecteerd, als de federale regering inderdaad legitieme aanklachten tegen hen had voordat haar agenten met getrokken wapens het terrein van de kerk betraden?

Het enige wat er gebeurd is, is dat de daders van de misdaden bijna onbeschaamd zeggen dat zij de verantwoordelijkheid op zich nemen voor de barbaarse daden van hun dienaren! Wat we zagen in het brute bloedbad van Waco was socialisme/communisme in actie. De godsdienst die David Koresh predikte zou ooit geaccepteerd kunnen zijn als een gevestigde godsdienst, net zoals Mary Baker Eddy's Christian Science en de Mormonen vandaag de dag geaccepteerde godsdiensten zijn. In hun begintijd zouden deze godsdiensten geclassificeerd kunnen zijn als "een sekte", hoewel het woord toen niet dezelfde connotatie had als nu. Maar de federale socialistische regering was bang dat dit met Koresh zou gebeuren, zoals met Mary Baker Eddy, dus greep zij in en smoorde de zaak in de kiem.

Het socialisme is vastbesloten de religie te controleren, en nergens is dit duidelijker dan in zijn zogenaamde "geloofsgemeenschap". De bolsjewieken hebben 60 miljoen Russen van het leven beroofd, waarvan de overgrote meerderheid christen was. Ze veranderden christelijke kerken in bordelen, ontdeden ze van hun kostbare artefacten en verkochten hun buit via de kantoren van verraders als Armand Hammer. Christenen zijn vervolgd en gedood in vreselijke slachtpartijen, van de Romeinen tot nu, zoals we hebben gezien in Waco.

De socialisten, die zich realiseerden dat ze religie niet konden vernietigen door haar gelovigen en volgelingen te doden, begonnen te proberen deze te controleren. Zij vormden de valse één-wereld regering "Fellowship of Faiths" om de controle over alle religies over te nemen. In combinatie met religieuze controle worden we verondersteld te geloven dat het communisme dood is en spoedig archaïsch zal zijn. Dit is niet het geval, het communisme zal nooit veranderen. Aan de oppervlakte misschien wel, maar diep van binnen zal er weinig veranderen. Wat zal veranderen is het socialisme, naarmate het de macht wint, en dan, wanneer het de totale controle over de wereld heeft overgenomen, zal het communisme opnieuw worden ingevoerd als de meesterbouwer van de volkeren op aarde.

Hoe past de Confessionele Alliantie in dit scenario? Hoe kan zij de politieke gebeurtenissen diepgaand beïnvloeden, zoals van haar verwacht wordt en zoals haar oprichters het voor ogen hadden? De taak om religie te verenigen, d.w.z. te "normaliseren", werd toevertrouwd aan de socialist Keddrantah Das Gupta, uitvoerend lid van de War Resisters League en voorstander van een gewapende revolutie tegen onze republiek. Hoewel opgericht in 1910, werd de eerste officiële zitting van de Fellowship gehouden in Chicago in 1933. De ware aard ervan werd ontmaskerd door Sir Rabindrath Tagore, oprichter van een pro-communistische politieke beweging in India.

Bisschop Montgomery Brown, de hoofdspreker op het eerste FF seminar, zei:

> "Er zal pas een volledige wereldwijde geloofsgemeenschap zijn als de goden uit de hemel zijn verbannen en de kapitalisten van de aarde."

Het is duidelijk dat de Fellowship vanaf het begin een socialistische onderneming was. Sir Rabinddrath benadrukte in zijn geschriften en woorden de noodzaak van seksuele voorlichting voor zeer jonge kinderen. Wij zijn geneigd seksuele voorlichting voor jongeren te beschouwen als een vloek die pas onlangs over ons is gekomen, maar in feite gaat het terug tot de priesters van Baäl en het Egyptische priesterschap van Osiris.

Het zou verrassend zijn geweest dat christelijke ministers en leiders het idee van een genormaliseerde religie aanvaarden en samenwerken met degenen die het christendom haten, als niet hetzelfde was gebeurd in de jaren 1980-1990. In 1910 werd de World Fellowship of Religions gepromoot door Sir Francis Younghusband, die benadrukte dat het idee van een Oost-West unie van religies moest worden bereikt. Sir Francis zei niet dat de initiatiefnemer van dit idee, Das Gupta, een rabiate communist was, die deze verachtelijke doctrine wilde bevorderen. Sir Francis gaf de geschiedenis van de "genormaliseerde" religie als volgt weer:

> "Het idee kwam van de heer Das Gupta, die er 25 jaar aan werkte en een hartelijke medewerker vond in de persoon van een Amerikaan, de heer Charles F. Weller.... In Amerika kwam in 1893 een Parlement van Religies bijeen. In Amerika kwam in 1893 een Parlement van Religies bijeen. In Parijs begon in 1904 een reeks zittingen van het Internationale Congres voor de Geschiedenis van de Religies. Andere zittingen werden gehouden in Basel, Oxford en Leiden.

(Allemaal centra voor de "normalisering" van religie, en

tegenwoordig de promotors van de marxistische doctrine van de bevrijdingstheologie).

"In Londen werd in 1924 een Conferentie van de Levende Religies van het Rijk (het Britse Rijk) gehouden. In 1913 in Chicago, voortgezet in 1934 in New York, een Wereldcongres van de Vriendschap der Geloven, bijeengeroepen onder voorzitterschap van de Eervolle Herbert Hoover en Miss Jane Addams."

Miss Addams' aanwezigheid op deze bijeenkomsten was een teken dat er rabiaat socialisme aan het werk was onder het mom van religie. Het verhaal van Miss Addams wordt verteld in de hoofdstukken over socialistische vrouwen. Het idee was om het christendom onder te dompelen in een vloed van andere religies. Maar het christendom kan niet "gestandaardiseerd" worden, het is uniek en staat op zichzelf. Haar leer vormt de basis van het kapitalisme, dat sindsdien is vervangen door het Babylonialisme, en vandaag de dag is het kapitalisme zo geprostitueerd en ontkracht dat het niet meer te herkennen is als het oorspronkelijke systeem.

Zonder het christendom zal de wereld in een nieuwe donkere periode terechtkomen, die veel erger is dan alles wat er ooit geweest is. Dit zou moeten helpen verklaren waarom de tegenstanders van het christendom er zo op gebrand zijn het te vernietigen, of op zijn minst onder controle te krijgen, zodat het verwaterd, uitgewist en irrelevant wordt. De Fellowship of Faiths heeft geprobeerd het christendom met andere religies te versmelten en daardoor zijn unieke identiteit te verliezen. Het idee van een "doctrine van scheiding van kerk en staat" is het werk van socialisten in de Amerikaanse regering. Wat gedefinieerd moet worden is DE ONDERBREKING VAN CHRISTIANISME IN DE STAAT.

Keith Hardie, een socialistisch lid van de Britse Labour Party, Felix Adler, oprichter van de Leftwing Ethical, Culture Society in New York, en H.G. Wells, de beroemde socialistische auteur, die Lord Bertrand Russell vertegenwoordigde, sloten zich ook aan bij het streven om religie te "normaliseren". Wells was lid van het geheime vrijmetselaarsgenootschap Kibbo Kift Kindred, "Clarte", dat zijn zetel had in de Negen Zusters Loge van de Grote Oriënt in Parijs, een loge die een hoofdrol speelde in de bloedige Franse Revolutie.

Moses Hess, een van de meest revolutionaire communisten van die tijd, sloot zich aan bij Wells' steun aan de Vereniging voor Culturele Betrekkingen met Sovjet-Rusland. Het was in de beslotenheid van de Nine Sisters lodge dat Wells een verklaring aflegde die hem als een tegenstander van het Christendom zou gaan bestempelen:

> "Van nu af aan zal de nieuwe wereldregering geen concurrentie dulden van rivaliserende religieuze systemen. Er zal geen plaats zijn voor het Christendom. Van nu af aan moet er maar één geloof in de wereld zijn, de morele uitdrukking van de wereldgemeenschap."

Annie Besant, een prominent lid van de Fabian Society, kwam naar voren om haar naam toe te voegen aan de lijst van tegenstanders van het christendom. Besant was de geestelijke opvolgster van Madame Blavatsky, stichtster van de Theosophical Society en vriendin van H.G. Wells. Charles Wells, van de Capitalist-Communist Alliance, was zelf miljonair op een moment in de geschiedenis dat de term "miljonair" echt iets betekende.

De taak van het organiseren van een Amerikaanse afdeling van de Fellowship of Faiths werd toevertrouwd aan de heer Weller, die prompt de zegen kreeg van Samuel Untermeyer, een vooraanstaande wereldzionist en vertrouweling van president Wilson, die het onmiddellijk goedkeurde nadat het aan hem was gepresenteerd in het Oval Office. Zoals de heer Samuel Landman van de New Yorkse Zionisten het uitdrukte,

> "Mr. Woodrow Wilson heeft om goede en voldoende redenen altijd het grootste belang gehecht aan het advies van een eminente zionist."

De "goede en voldoende redenen" waarnaar de heer Landmann verwijst, zijn een pakket liefdesbrieven van Wilson aan een mevrouw Peck, die in ruil voor Untermeyers beloofde hulp om haar zoon uit een criminele situatie te halen, het pakket brieven met een roze lint aan Untermeyer of Baruch overhandigde. Wilson had een grote passie voor affaires met getrouwde vrouwen, waarbij de romance met Peck bijzonder lang en heftig was. Dwaas maakte Wilson zijn amoureuze gevoelens schriftelijk kenbaar aan Mrs Peck. Het is deze indiscretie die wordt aangehaald als de methode die werd gebruikt om Wilson te chanteren om de Verenigde Staten te betrekken bij de Eerste Wereldoorlog, die de bloem van de Amerikaanse christelijke mannelijkheid in de velden van Vlaanderen begroef en die de natie vrijwel ruïneerde. Later leidde steun voor Wilson door de Liga van Buren, een socialistisch 'kerkelijk' front, bijna tot de oprichting van de Volkenbond.

De voorzitter van het Provinciaal Uitvoerend Comité voor Algemene Zionistische Zaken, Justice Brandeis, werd vervangen door rabbijn Stephen Wise, die toevallig lid was van het pro-socialistische front van de Emergency Peace Federation en van negentien andere fronten. Brandeis was ook lid van de Fabian Society in Londen. Veel van de oude "religieus-socialistische" organisaties bestaan nog steeds, hoewel ze hun naam hebben veranderd om aan de veranderende tijden en omstandigheden aan te passen.

Upton Sinclair, een rabiaat socialist die schrijver werd en schreef voor de "New Encyclopedia of Social Reform" en een stichtend lid was van de Amerikaanse Fabian League, was een groot voorstander van de Alliantie der Religies. Sinclair heeft het christendom gedurende zijn hele carrière consequent een minpunt gegeven. Wat noch Sinclair, noch Wise, noch Addams, noch zelfs veel aanhangers van de Fellowship het publiek vertelden, was dat het een door en door vrijmetselaars geïnspireerde beweging was. Tegen 1926 was de Fellowship of Faiths een gevestigde vriend van de wereldrevolutie, gedomineerd door Rozenkruisers in haar bestuur en commissies.

De Drievoudige Beweging, in 1924 begonnen door Charles Weller en Das Guptas, hield bijeenkomsten in heel de Verenigde Staten en Groot-Brittannië. In 1925 hadden zij 325 van dergelijke bijeenkomsten georganiseerd. Onder de leiders van de Drievoudige Beweging bevonden zich M.S. Malik, een lid van de Beni-Israël sekte; Dr. A.D. Jilla, die de Parsis vertegenwoordigde; M.A. Dard, die het Mahometisme vertegenwoordigde; Sir Arthur Conon Doyle (de auteur van de beroemde Sherlock Holmes), die het spiritualisme vertegenwoordigde (opmerking: dit is de eerste keer dat het als een religie werd gepresenteerd); het Boeddhisme, vertegenwoordigd door Angarika Dharmapala; en de Theosofie, vertegenwoordigd door Annie Besant. Het belangrijke punt bij dit alles is dat al deze religies in wezen antichristelijk waren en zijn. Een ander punt is dat

Fellowship of Faiths literatuur werd verkocht in communistische boekhandels in heel Groot-Brittannië, West-Europa en de Verenigde Staten.

Het eerste wereldcongres van de Fellowship of Faiths werd in 1933 in Chicago geopend, onder leiding van Miss Jane Addams. Een van de hoofdsprekers was bisschop Montgomery Brown, nationaal voorzitter van Communist Workers Relief en lid van vijftig andere communistische frontorganisaties. In zijn openingstoespraak zei Brown:

> "Er is één plaats op aarde waar mensen het aangedurfd hebben een einde te maken aan de uitbuiting van de mens: Rusland! De USSR is de voorloper van het internationale communisme dat geleidelijk alle kapitalistische staten die geleidelijk aan het ontbinden zijn, zal absorberen. Als enige regering, kerk of instelling zich tegen deze communistische staat verzet of deze tegenwerkt, moet deze meedogenloos omvergeworpen en vernietigd worden. Als men de wereldeenheid wil bereiken, moet dat gebeuren door het internationale communisme, dat alleen kan worden bereikt met de slogan: "Verban de goden uit de hemel en de kapitalisten van de aarde". Dan, en alleen dan, zal er een volledige wereldgemeenschap van geloof zijn."

Weller en Brown waren vol lof over bisschop Brown, waarbij Das Gupta zei:

> "Ik weet zeker dat er anderen zijn die hetzelfde voelen als ik, die dezelfde overtuigingen hebben als bisschop Brown, maar niet de moed hebben gehad om het te zeggen en toe te geven. Ik wil zeggen dat ik het volledig eens ben met de gevoelens van de bisschop."

Brown schreef een aantal boeken, waaronder een getiteld "Marx's Teachings for Boys and Girls", plus zeventien korte boeken over seks voor kinderen die op grote schaal werden verspreid. Uit een onderzoek van de autoriteiten bleek dat alle betrokkenen bij de structuur en het lidmaatschap van de Fellowship of Faiths ook vrijmetselaars waren.

De Vrijmetselaars creëerden een dekmantel voor hun activiteiten tijdens de Volkenbondconferentie in Parijs, die de Volkenbond Unie werd genoemd. Het speelde een belangrijke rol in de beraadslagingen van de Parijse Vredesconferentie, die vrijwel zeker was dat er weer een wereldoorlog zou komen. Zoals Sir Francis Younghusband het uitdrukte,

> "We zijn hier om een solide geestelijke basis te leggen voor de Volkenbond".

We kunnen de TYPE van spirituele basis die geleverd is beter beoordelen door eenvoudigweg de structuur van de Verenigde Naties, de opvolger van de Vereniging, te bestuderen. Het is binnen de Verenigde Naties en haar religieus uitvoerend orgaan, de Wereldraad van Kerken (WCC), dat de vernieuwing van de Alliantie der Religies plaatsvindt.

Wij in de Verenigde Staten en het Westen in het algemeen kunnen het ons niet veroorloven de ogen te sluiten voor deze opleving. Of we geloven dat de christelijke godsdienst de basis is van de Amerikaanse grondwet en houden daaraan vast, of we gaan ten onder. Tolerantie" en "begrip" mogen ons niet blind maken voor de waarheid, en als we nu geen standpunt innemen, kan het morgen wel eens te laat zijn. Zo ernstig is de situatie geworden voor de toekomst van de Natie. Ofwel is het christendom de ware godsdienst zoals Jezus Christus verklaarde, ofwel is het totaal zonder inhoud. Tolerantie" en "begrip" mogen dit belangrijke principe niet verdoezelen.

Het christendom bracht de wereld een perfect economisch systeem dat opzettelijk is geprostitueerd, zodat het vandaag de dag bijna onherkenbaar is. Socialisten, marxisten en communisten willen ons doen geloven dat hun systeem superieur is, maar als we kijken naar de landen die zij hebben gecontroleerd - Rusland, Groot-Brittannië, Zweden - zien we ruïne en ellende op grote schaal. De socialisten proberen met alle macht hun systeem op te leggen, dat tot slavernij zal leiden. Religie is een van de belangrijkste terreinen waarop zij zijn doorgedrongen, en daarom het gevaarlijkst. Dit is niet alleen een religieuze kwestie, maar ook een kwestie van het voortbestaan van de Republiek, gebaseerd op de wetten van God, die onveranderlijke politieke en economische wetten omvatten, en niet een kwestie van "democratie" gebaseerd op de wetten van de mens. We moeten dit in gedachten houden: alle zuivere democratieën in de wereldgeschiedenis zijn mislukt.

Het is belangrijk om deze elementen met elkaar in verband te brengen, vooral omdat ik ontdekte dat de leden van de Alliantie van het Geloof en bloc op het socialistische ticket stemden tijdens de verkiezingen van 1932, die het succes zagen van Roosevelt, hun socialistische idool. Dit gold vooral in New York en Chicago. De anti-christelijke kruistocht werd intensiever toen de grote leugen zich over de wereld verspreidde dat het communisme dood was. Hoewel het waar is dat het communisme op zijn retour is, viert het SOCIALISME hoogtij, vooral in de Verenigde Staten, waar onze kerken diep doordrongen zijn van socialistische veranderaars. Om de Nieuwe Wereld Orde te aanvaarden, zouden we het christendom moeten opofferen.

Een zeer ernstige revolutie vindt plaats in de Verenigde Staten. De revolutie van Weishaupt tegen de christelijke kerk heeft een nieuw niveau van bestialiteit bereikt met de bevordering van homoseksualiteit en lesbianisme, "vrije liefde" (abortus) en een algemene verlaging van de morele normen van de natie. Een van de belangrijkste leiders van deze revolutie is de Wereldraad van Kerken (WCC), de religieuze tak van de Verenigde Naties. De activiteiten van de WCC hebben geleid tot ingrijpende veranderingen in het politieke, religieuze en economische leven van de natie. De WCC heeft altijd geweten dat religie niet ophoudt bij de kerkdeur.

De Federal Council of Churches (FCC), de voorloper van de WCC, wilde doordringen tot de burgerlijke overheid, vooral op het gebied van onderwijs en arbeidsverhoudingen. Mark Starr, de Britse socialist die door Roosevelt op een aantal regeringsposten was benoemd, werd door de VGC gebruikt om fabrieken te bezoeken en de publicatie van de Fabian Society "What the Church Thinks of Labor" te verspreiden, een diep marxistische tirade tegen het kapitalisme. De VGC werd geleid langs radicaal socialistische lijnen, in overeenstemming met de methoden die waren vastgelegd door Sydney en Beatrice Webb, haar oprichters, en haar lidmaatschap van de Derde Internationale laat er geen twijfel over bestaan dat de VGC/WCC antichristelijk was en is.

De FCC/WCC werd geleid door heidenen voor heidenen, zoals haar geschiedenis laat zien, en zoals we vandaag de dag zien. Eén zo'n heiden was Walter Rauschenbach, die Sydney en Beatrice Webb bezocht en vervolgens hun ideeën, plus wat hij geleerd had van het lezen van Marx, Mazzini en Edward Bellamy, naar de Second Baptist Church in New York bracht. In plaats van het evangelie van Christus predikte Rauschenbach het evangelie van het socialisme volgens Marx, Engels, Ruskin en het vrijmetselaars-socialisme van Mazzini.

De VGC/WCC claimde twintig miljoen leden, maar uit onderzoek blijkt dat haar ledental aanzienlijk kleiner was en nog steeds is. Wat betreft de financiële steun die de FCC ontving en die de WCC vandaag ontvangt, blijkt uit onderzoek dat deze afkomstig was van talrijke pro-communistische organisaties zoals het Laura Spellman Fund, het Carnegie Endowment Fund en de Rockefeller Brothers Foundation.

De VGC heeft het pad geëffend voor de plaag van homoseksualiteit en lesbianisme, om nog maar te zwijgen van de "vrije liefde" (abortus) die over de natie is neergedaald. De FCC was, en de WCC is, de grootste voorstander van homoseksualiteit en lesbianisme, en heeft de zogenaamde "grondwettelijke" bescherming van deze groepen krachtig ondersteund. Homoseksualiteit wordt nergens in de Amerikaanse grondwet genoemd als een "recht", en is dus verboden. Homoseksuele rechten" zijn een hersenspinsel van socialistische wetgevers en bepaalde rechters van het Hooggerechtshof.

Daarbij werd de WCC gesteund door de American Civil Liberties Union (ACLU), die probeerde de grondwet te verdraaien en te knijpen om onbestaande "rechten" te creëren voor degenen die kozen voor de homoseksuele levensstijl. Zoals we zullen zien in de hoofdstukken over de wet, de rechtbanken en het Congres, kwam iedereen die opstond en protesteerde tegen de aanvaarding van deze niet-bestaande "rechten" al snel in de problemen.

De Fellowship of Faiths werd opgericht om standpunten over met het socialisme gekleurde religieuze kwesties uit de hele wereld te consolideren Een van haar bolwerken is de Baha'i-beweging Het Baha'isme werd in 1844 gelanceerd in Perzië (nu bekend als Iran), door Mirza Ali Muhammad, ook bekend als "Rab" of "Poort". Helaas voor "Rab" werd hij gedood door de veiligheidstroepen in Tabriz. Het Bahá'ísme leert dat Zoroaster, Boeddha, Confucius en Jezus Christus leiders waren die de weg voorbereidden voor de komst van de machtige wereldleraar, Bahá u'lla (de Glorie van God), wiens voorloper, Abdul Bahá, in 1921 stierf.

De Bahá'í-beweging is zeer sterk in Iran en Australië, en in mindere mate in Engeland. Aangezien vrijmetselarij en theosofie vrijwel niet van elkaar te onderscheiden zijn, en elementen bevatten die ook in het Bahá'í-geloof voorkomen, is het niet verwonderlijk dat de Bahá'í-religie zich zo snel heeft verspreid. Madame Petrova Blavatsky, een vrijmetselaar, vice-president van de Hoge Raad en Grootmeester van de Hoge Raad voor Groot-Brittannië, en de stichter van de Theosofie, heeft de Bahá'í-beweging, die een samengaan is van deze drie stromingen, sterk aangemoedigd.

Wat is er gebeurd met de Gelovigenbeweging? Kort voor de Eerste Wereldoorlog ging zij bijna op in het wereldzionisme en kwam vervolgens op in de Volkenbond. Daarna, vlak voor de Tweede Wereldoorlog, kwam zij op in de vorm van de Bahá'í-beweging in Engeland, en vormde zij de Oxford Groep in Engeland, die werd opgevolgd door Moral Rearmament. Na het einde van de Tweede Wereldoorlog speelde zij een sleutelrol bij de vorming van de Verenigde Naties (VN) en drong zij door tot het hart van het Amerikaanse politieke leven via uitgesproken socialistische organisaties als de volgende:

- ➤ American Association of University Professors
- ➤ American Civil Liberties Union (ACLU)
- ➤ Amerikanen voor Democratische Actie (ADA)
- ➤ Hull House Economic Development Committee (centrum voor radicaal feminisme)
- ➤ Nationale Vrouwenraad
- ➤ De Liga voor Industriële Democratie
- ➤ De Amerikaanse sociaal-democraten
- ➤ NAVO-Instituut voor Beleidsstudies, politieke vleugel Club van Rome
- ➤ De Cini Stichting
- ➤ Cambridge Institute of Political Studies

- Comité voor een democratische meerderheid
- Lucius Trust
- Nieuwe democratische coalitie
- League of War Resisters Aspen Institute
- Onderzoek bij Stanford
- Nationale Vrouwen Organisatie

De Fellowship of Faiths is een "Olympisch" project (Committee of 300), wat garandeert dat de rijkste en machtigste mensen ter wereld haar doelstellingen zullen bevorderen, zoals we hebben gezien tijdens de "klassenvergadering" van de Fellowship of Faiths in Chicago in 1993. Het Amerikaanse volk zal moeten kiezen tussen het opofferen van de christelijke beginselen of het riskeren van een wereldrevolutie. Dit is wat Michail Gorbatsjov voorstelde toen hij paus Johannes Paulus II ontmoette. Gorbatsjov stelde een "convergentie van religieuze idealen" voor die de eerste stap zou zijn naar een heropleving van de Fellowship of Faiths in zijn oorspronkelijke naam.

Maar paus Johannes Paulus II herinnerde hem eraan dat "het christendom dat door de apostelen naar dit continent is gebracht, en dat op verschillende plaatsen is doorgedrongen door toedoen van Benedictus, Cyrillus, Methusalem, Adalbert en talloze heiligen, aan de wortel ligt van de Europese cultuur". De paus had het niet over een andere godsdienst die Europa de voordelen van de beschaving heeft gebracht: hij had het over het christendom. Hij zei niet dat de groei van een grote Europese cultuur te danken was aan de Katharen of de Albigenzen; alleen het christendom, zei hij, heeft Europa beschaving gebracht.

Dit ligt ten grondslag aan de haat tegen het christendom van communisten, marxisten en socialisten, die vrezen dat de verenigende kracht van het christendom het struikelblok zal zijn waarop hun ene wereldregering kan rusten - de Nieuwe Wereldorde zal struikelen en vallen. Daarom is het verlangen van de socialisten om het christendom te ontkennen en uiteindelijk te vernietigen een zaak van dringende noodzaak. De opdracht van Lord Bertrand Russell aan het socialisme om de religie te grijpen of te vernietigen is de basis van de wereldwijde campagne van het socialisme om de christelijke religie in het bijzonder binnen te dringen en te doordringen en, op de wijze van Weishaupt, van binnenuit weg te vreten, totdat er alleen nog maar een broos, uitgehold bouwwerk overblijft dat met een paar strategische klappen op het juiste moment zal instorten.

Het meest succesvolle model van deze tactiek is te vinden in Zuid-Afrika, waar een zelfbenoemde kerkleider, dominee Heyns, het binnenste van de Nederlands Hervormde Kerk verveelde, terwijl een zelfbenoemde Anglicaanse 'bisschop', Desmond Tutu, een frontale aanval op de Anglicaanse Kerk inzette. Geholpen door vrijmetselaars op hoge posities in de Zuid-Afrikaanse regering, die bereid waren hun volk te verraden, werd Zuid-Afrika omvergeworpen en gedwongen zich te onderwerpen aan de communistische heerschappij in de persoon van Joe Slovo, een voormalige KGB-kolonel die Nelson Mandela als marionet gebruikt. Het oude gezegde "pas op voor Grieken die geschenken brengen" kan worden gewijzigd in "pas op voor priesters en geestelijken die frauduleuze socialistische valse beloften brengen". Het succesvolle gebruik van religie om het socialisme aan de macht te brengen is ruimschoots aangetoond in Nicaragua, Peru, de Filippijnen, Rhodesië en Zuid-Afrika. De Verenigde Staten is de volgende.

DE DICTATUUR VAN DE SOCIALISTISCHE WERELDORDE

Hoofdstuk 8

DE GEPLANDE VERNIETIGING VAN DE VERENIGDE STATEN DOOR VRIJHANDEL

Er is geen groter Trojaans paard in onze Republiek dan "vrijhandel". We hebben het elders al vaak terloops genoemd. In deze rubriek willen we ingaan op de details van dit monsterlijke plan om de vernietiging van de Verenigde Staten te bewerkstelligen, een droom die lang gekoesterd is door de Fabiaanse Socialisten van Engeland en hun bekeerlingen in eigen land. De socialistische vernietiging van onze Republiek vindt plaats op vele fronten, maar op geen enkel vlak zo giftig, opruiend, heimelijk en verraderlijk als bij de zogenaamde "vrije handel".

Iedereen die gelooft in "vrije handel" moet worden gedeprogrammeerd en bevrijd van socialistische propaganda en hersenspoeling. Ga terug naar het begin van deze natie: Clausule 1 van Sectie 8 van Artikel 1:

> "Om belastingen, invoerrechten en accijnzen te innen. Om de schulden te betalen en te zorgen voor de gemeenschappelijke verdediging en het algemeen welzijn van de Verenigde Staten, maar alle rechten, invoer en accijnzen moeten uniform zijn in de Verenigde Staten."

Gouverneur Morris schreef afdeling 8 en het is interessant op te merken dat hij impliceerde dat douanerechten gekoppeld zijn aan het betalen van de rekeningen van het land. Er is geen sprake van progressieve inkomstenbelasting voor dit doel

De socialisten kwamen met hun verraderlijke plannen en probeerden dit deel van de grondwet teniet te doen en te herroepen via het nog niet geratificeerde 16e Amendement op de Amerikaanse grondwet. Zij wisten dat Artikel I, Sectie 8, Clausule 1 van de Grondwet bedoeld was om te voorkomen dat de Britten de kolonisten "vrije handel" zouden opleggen. Als we de Annalen van het Congres en de Globes van het Congres van eind 1700 en begin 1800 lezen, wordt snel duidelijk dat een van de belangrijkste oorzaken van de Amerikaanse Revolutie een poging was van de Britse Oost-Indische Compagnie (BEIC) om de "vrije handel" van Adam Smith op te leggen aan de koloniën.

Wat is "vrije handel"? Het is een eufemisme voor het strippen en plunderen van het Amerikaanse volk van hun rijkdom in strijd met de Amerikaanse grondwet. Het is het oude dwaze spel, geactualiseerd! Vrijhandel" was de truc die de Britse Oost-Indische Compagnie (BEIC) gebruikte om de Amerikaanse kolonisten van hun rijkdom te beroven, waarbij zij haar rooftrucs verhulde met mooie economische frasen die op zichzelf nietszeggend waren.

De Founding Fathers hadden niet het voordeel van directe ervaring om hen te waarschuwen voor de "vrijhandelsoorlogen" die over de koloniën zouden neerdalen, maar ze hadden wel het inzicht en de vooruitziende blik om te weten dat "vrijhandel", indien toegestaan, de jonge natie zou vernietigen. Daarom verklaarde president George Washington in 1789, na getuige te zijn geweest van de verschrikkelijke verwoesting die in Frankrijk was aangericht door de "vrije handel" en die de "Franse Revolutie" werd genoemd, dat het noodzakelijk en gepast was voor de jonge Republiek om zichzelf te beschermen tegen de machinaties van de Britse regering:

> "Een vrij volk moet fabrieken bevorderen die hen onafhankelijk maken van anderen voor essentiële goederen, vooral militaire."
> - George Washington, Eerste Congres van de Verenigde Staten, 1789.

De Founding Fathers zagen vanaf het begin dat de bescherming van onze handel van het allergrootste belang was, en maakten dit vrijwel tot de eerste zaak. Geen enkele natie die haar soevereiniteit en de bescherming van het welzijn van haar bevolking serieus neemt, zou "vrije handel" toestaan. Zoals Joseph Chamberlain zei in zijn voorwoord van "The Case Against Free Trade" in 1911:

> "Vrije handel is de ontkenning van organisatie, van gevestigd en samenhangend beleid. Het is de triomf van het toeval, de wanordelijke en zelfzuchtige concurrentie van directe

individuele belangen zonder oog voor het permanente welzijn als geheel."

Alexander Hamilton en de Founding Fathers begrepen dat de natie haar binnenlandse markt moest beschermen als zij soeverein en onafhankelijk wilde blijven. Dit is wat Amerika in de eerste plaats groot maakte: de explosie van industriële vooruitgang binnen de natie, onafhankelijk van enige externe "wereldhandel". Washington en Hamilton wisten dat het opgeven van onze binnenlandse markten aan de wereld zou betekenen dat we onze nationale soevereiniteit zouden opgeven.

Socialisten wisten hoe belangrijk het was om de beschermende handelsbarrières van onafhankelijke naties af te breken, in plaats van ze slechts geleidelijk af te breken, en zij wachtten op hun kans om daartoe Woodrow Wilson te kiezen. Als nieuwe president moest Wilson eerst actief stappen ondernemen om de door Washington opgerichte en vervolgens door Lincoln, Garfield en McKinley uitgebreide en in stand gehouden tariefmuren af te breken.

Zoals we eerder zagen, was de eerste taak van de Fabiusiaanse socialist die president Woodrow Wilson aan de macht bracht, het afbreken van de handelsbelemmeringen en de beschermende tarieven die de Verenigde Staten in relatief korte tijd tot een grote natie hadden gemaakt, vergeleken met de tijd van de grote Europese mogendheden. NAFT en GATT gaan verder waar Wilson en Roosevelt ophielden. Beide overeenkomsten schenden de Amerikaanse grondwet en zijn het werk van de Fabian Society en hun Amerikaanse neven.

De Noord-Amerikaanse Vrijhandelsovereenkomst is een project van het Comité van 300 en een natuurlijke uitbreiding van de oorlog tegen de Amerikaanse industrie en landbouw, zoals uiteengezet in de strategiedocumenten van de Club van Rome uit 1969 over post-industriële nulgroei, onder leiding van Cyrus Vance en een team van wetenschappers van Eén Wereldregering en de Nieuwe Wereldorde. Het ontmantelen van de handelsbarrières, opgericht door Washington, Lincoln, Garfield en McKinley is al lang een gekoesterd doel van de Fabian Society. NAFTA is hun verzinsel, hun grote kans om de Amerikaanse markten open te stellen voor "vrijhandel" in één richting en daarbij de Amerikaanse middenklasse een fatale klap toe te brengen.

NAFTA is een andere triomf voor Florence Kelley in die zin dat het de Grondwet omzeilt door middel van wetgeving. Zoals rechter Cooley zei in zijn boek over constitutioneel recht, pagina 35:

> "De Grondwet zelf zwicht nooit voor een verdrag of een wet. Zij verandert niet met de tijd en buigt niet mee met de omstandigheden".

Daarom kan noch NAFTA, noch enig ander verdrag de grondwet veranderen. NAFTA is niets anders dan een verdraaid, leugenachtig, achterbaks plan om de Grondwet te omzeilen, wat ook een accurate beschrijving is van GATT.

De eerste bekende aanval op de VS door "vrijhandel" dateert van 1769, toen de Townsend Act werd bedacht door Adam Smith om inkomsten te onttrekken aan de Amerikaanse koloniën. De NAFTA-overeenkomst is ontworpen om meer inkomen uit Amerikaanse arbeiders te persen of, als zij dat niet willen, hen naar het buitenland te verplaatsen waar de lonen en de kosten van levensonderhoud over het algemeen lager zijn. In feite heeft de NAFTA veel gemeen met de strijd van de kolonisten tussen 1769 en 1776. Tragisch genoeg hebben verschillende presidenten de laatste jaren afstand genomen van het handelsbeleid dat de Amerikaanse industrie beschermde en de VS tot de grootste geïndustrialiseerde natie ter wereld maakte.

Globalisme heeft niet geholpen Amerika groot te maken. Globalisme is een sleutelwoord van de Madison Avenue media brainwashers om te maskeren dat de zogenaamde wereldeconomie, aangeprezen door Wilson, Roosevelt, Bush en Clinton, uiteindelijk de levensstandaard van de Amerikanen zal verlagen tot die van derde wereldlanden. Hier hebben we een klassiek geval waarin Amerikanen door het socialisme opnieuw de Amerikaanse Revolutie van 1776 uitvechten om de natie te bevrijden uit de greep van de fraude die NAFTA heet, met een nog grotere fraude die GATT heet en op het slagveld wacht om zich over te geven.

In 1992 greep Bush de NAFTA bal en ging ermee aan de haal. Canada werd gebruikt als maatstaf om te zien hoe goed NAFTA zou worden ontvangen door het Canadese volk. Bush werd daarbij vakkundig geholpen door voormalig premier Brian Mulroney. Het doel van NAFTA is om de industriële en agrarische basis van beide landen te vernietigen en zo de middenklasse naar beneden te halen.

De postindustriële plannen van het Comité van 300 zijn niet snel genoeg gegaan. De situatie is vergelijkbaar met die welke Bertrand Russell beschreef in zijn wens om miljoenen "nutteloze eters" te doden. Russells plan riep op tot een terugkeer van de Zwarte Dood om de wereld te verlossen van wat hij "overbevolking" noemde.

NAFTA vertegenwoordigt een hoogtepunt van de herschikking van de transnationale politiek en de heropvoeding van de toekomstige leiders van de Amerikaanse industrie en handel die vers uit onze onderwijsinstellingen komen. NAFTA kan worden vergeleken met het Congres van Wenen (1814-1815) dat werd gedomineerd door Prins Klemmens von Metternich. Men zal zich herinneren dat Metternich een leidende rol speelde in Europese zaken. Hij was verantwoordelijk voor het huwelijk van aartshertogin Marie Louise met Napoleon, dat de politieke en economische gebeurtenissen in Europa voor minstens 100 jaar bepaalde. In wezen "trouwde" Clinton de Verenigde Staten met "vrijhandel", wat ook een diepgaand effect zal hebben op deze natie voor meer dan 1000 jaar.

Het Congres van Wenen werd gekenmerkt door uitbundige feesten en schitterende evenementen, met een reeks schitterende geschenken voor degenen die bereid waren om met Metternich samen te werken in plaats van te vechten voor de belangen van hun land. Soortgelijke tactieken werden gebruikt om NAFTA door het Huis en de Senaat te drukken, en net als de besluitvormingsdebatten die achter gesloten deuren in Wenen werden gehouden (de vier grote mogendheden lieten de kleinere landen nooit deelnemen), werd elke overeenkomst, elke belangrijke beslissing over NAFTA in het geheim, achter gesloten deuren genomen. De NAFTA zal voor de Verenigde Staten zeer schadelijke gevolgen hebben, waarvan wij de omvang en de diepte nog niet beseffen.

De NAFTA is een keerpunt in de geschiedenis van Noord-Amerika, een keerpunt voor de Amerikaanse en Canadese middenklasse. Wanneer het wordt gecombineerd met de EG-landen zal fase twee van de socialistische strategie om de handel volledig onder controle te krijgen zijn voltooid. NAFTA zal 100 miljard dollar aan inkomsten voor Mexico betekenen; het zal de Amerikaanse economie verwoesten met een grote achteruitgang van de industriële basis. Er wordt verwacht dat 100.000 Amerikaanse banen verloren zullen gaan in de eerste twee jaar dat de NAFTA volledig is geïmplementeerd, waardoor de levensstandaard van de middenklasse op een nooit eerder geziene manier zal dalen. Vervuiling zal opnieuw naar de Verenigde Staten worden geëxporteerd via produkten en voedsel uit Mexico.

Voedingsmiddelen uit Mexico zullen hoeveelheden van allerlei giftige stoffen bevatten die volgens de USDA-voorschriften voor Amerikaanse producten verboden zijn. Alles bij elkaar is er ongeveer 150 miljoen dollar besteed aan lobbyen voor NAFTA. De NAFTA-lobby was de meest geconcentreerde in de Amerikaanse geschiedenis en omvatte een waar leger van specialisten en advocaten die het Parlement overspoelden om het voor de zogenaamde overeenkomst te laten stemmen.

De Algemene Overeenkomst inzake Tarieven en Handel (GATT) is een in de Verenigde Staten bedacht instrument, gebaseerd op Fabiaanse socialistische beginselen. Ik kan mij de laatste keer niet herinneren dat iets door wetgevers zo slecht werd begrepen als deze verraderlijke overeenkomst. Ik heb contact opgenomen met tientallen wetgevers, en zonder uitzondering kon niet één van hen mij uitleg geven, of mij de feiten geven die ik zocht. De GATT werd opgesteld op de Conferentie van de Verenigde Naties over Handel en Werkgelegenheid, die op 24 maart 1948 in Cuba werd gehouden. De elegante mensen op de conferentie verdedigden Adam Smiths zaak van de "vrije handel", die volgens hen de wereld voor de gewone man beter zou maken. Hoewel de titel, GATT, later kwam, werden de fundamenten van dit socialistische bedrog in 1948 in Cuba gelegd.

Toen het in Cuba bereikte akkoord aan het Huis en de Senaat werd voorgelegd, werd het aangenomen, om de eenvoudige reden dat het niet werd begrepen. In het algemeen, wanneer het Huis en de Senaat een aan hen voorgelegde maatregel niet begrijpen, wordt deze zo snel mogelijk aangenomen. Dit was het geval met de Federal Reserve Act, het Verenigde Naties Verdrag, het Panama Kanaal Verdrag en NAFTA.

Door voor NAFTA te stemmen, droeg het Huis de soevereiniteit van de Verenigde Staten over aan de één-wereld regering in Genève, Zwitserland. Deze opruiende daad had een precedent. In 1948 namen een Republikeins gedomineerd Huis en Senaat de Handelsovereenkomstenwet aan als gevolg van de bijeenkomst van de Verenigde Naties in Cuba. Tot dan toe had de Republikeinse partij zich gepresenteerd als de beschermer van de Amerikaanse industrie en banen, maar dat bleek net zo vals te zijn als het standpunt van de Democraten, en voorstander van de socialistische "vrijhandel" van Adam Smith. Een grote slag werd toegebracht aan de Amerikaanse industrie en handel door de Fabiaanse socialisten in Groot-Brittannië en hun Amerikaanse neven in de Verenigde Staten. Het feit dat de Trade Agreement Act 100% ongrondwettelijk was en toch werd aangenomen, was een bron van zoete tevredenheid voor de Fabian Society.

In 1962 noemde president John F. Kennedy de uitverkoop van het Amerikaanse volk "een geheel nieuwe aanpak, een gedurfd nieuw instrument van de Amerikaanse handelspolitiek". In zijn fataal foute inschatting van de richting die de Fabiaanse socialisten met het Amerikaanse volk opgingen, werd Kennedy volledig gesteund door vakbondsleider George Meaney op de AFL-CIO-conventie in Florida eerder dat jaar. Het Congres keurde de wetgeving plichtsgetrouw goed, zich blijkbaar niet bewust van de ongrondwettelijkheid ervan.

Het was ongrondwettelijk omdat het de president bevoegdheden gaf die aan het Congres toebehoorden, bevoegdheden die niet konden worden overgedragen tussen de drie takken van de regering. De regering Kennedy stelde onmiddellijk radicale tariefverlagingen in, sommige tot 50% op een groot aantal geïmporteerde goederen. We zagen dezelfde ongrondwettelijke acties van Bush en Clinton met NAFTA. Beide presidenten bemoeiden zich op ongrondwettelijke wijze met de wetgevende macht. Steekpenningen kunnen ook een rol hebben gespeeld. Dit is verraad.

Toen de Verenigde Staten de twintigste eeuw ingingen, waren ze op weg naar succes zoals geen enkel ander land sinds de oudheid. Maar de spionnen, de socialisten en hun naaste neven, de communisten, hielden Amerika in de gaten. De Verenigde Staten waren gebouwd op een stevig fundament van protectionisme en gezond geld; er was een snel groeiende industriële basis, en dankzij de mechanisatie was de landbouw klaar om ons volk eeuwenlang te voeden, ongeacht de bevolkingsgroei.

De maatregel ter bescherming van de handel, de Tariff Act van 1864, die Lincoln ondertekende, verhoogde de douanerechten met meer dan 47%. Tegen 1861 waren de douane-inkomsten goed voor 95% van de totale inkomsten van de VS. Met de oorlog in zijn handen, was Lincoln vastbesloten om de traditionele tariefbescherming te versterken en te beschermen tegen elke prijs. Meer dan wat dan ook, zetten zijn acties inzake tariefbescherming de Verenigde Staten op weg naar twee decennia van vooruitgang in industrie, landbouw en handel, vooruitgang die Engeland verstomde en de Verenigde Staten tot een voorwerp van afgunst - en haat - maakte. Het lijdt geen twijfel dat Benjamin Disraeli, de Engelse premier, betrokken was bij het complot om Lincoln te vermoorden, en dat de beslissing om Lincoln te vermoorden in Engeland werd genomen vanwege het vastberaden standpunt van de president tegen verlaging van de tarieven op goederen uit dat land.

De Verenigde Staten zijn verwikkeld in een oorlog op leven en dood. We beseffen het niet, want er zijn geen grote trommels van patriottisme, geen vlaggen die wapperen, geen militaire parades en, misschien wel de sleutel tot alles, de jakhalzen in de pers presenteren de "vrije handel" als een voordeel en niet als de aartsvijand van de Verenigde Staten. Dit is een oorlog op vele fronten; bijna de hele wereld is tegen de Verenigde Staten gericht. Het is een oorlog die we snel aan het verliezen zijn, dankzij plannen die slim zijn opgesteld door het Comité van 300 en waarvan de uitvoering is toevertrouwd aan de socialisten. Lincoln was een van de eerste slachtoffers van de handelsoorlog.

In 1873 veroorzaakten de investeringsbankiers en financiers van de City of London samen met hun bondgenoten op Wall Street een volledig kunstmatige paniek. De daaropvolgende langdurige depressie bracht grote schade toe aan de landbouw, precies zoals onze vijanden van plan waren. De meeste historici zijn het erover eens dat de anti-Amerikaanse actie van 1872 werd genomen om het protectionisme te verzwakken. De weg van de gele journalistiek om protectionisme de schuld te geven van de depressie was open en nooit gesloten. Door schunnige leugens in de pers werd boeren wijsgemaakt dat hun problemen te wijten waren aan handelsbelemmeringen die de stroom van "vrije handel" belemmerden.

Agenten van de City of London en Wall Street, geholpen door een reeds goed gevulde pers, begonnen op de trom van de publieke opinie te slaan en onder druk van een onwetend publiek werd in 1872 een bres geslagen in de Amerikaanse tariefbarrière. De douanerechten werden met 10% verlaagd op een groot aantal ingevoerde artikelen en met 50% op zout en kolen. Zoals elke econoom weet, en zoals elke goed opgeleide middelbare scholier zou weten, volgt hieruit snel een afname van de productieactiviteit, omdat investeerders stoppen met investeren in echte rijkdom - industriële installaties, landbouwwerktuigen, gereedschappen.

Maar de indringers werden gedeeltelijk afgeslagen in de jaren 1900, en de schade bleef beperkt tot een bres in onze redoute, zonder kans voor de vijandelijke troepen om uit te breiden naar het achterland. Toen kwam Wilson en de eerste massale en grote aanval van de anti-tarifaire beschermingstroepen die niet alleen onze redoutes brak, maar de Filistijnen midden in ons kamp plaatste.

Toen president Roosevelt in het Witte Huis kwam, werd de tweede grote aanval op onze tariefbescherming ingezet. Wilson had de weg vrijgemaakt voor Roosevelt, en was erin geslaagd een bres te slaan die rechtstreeks naar het einddoel leidde. Hoewel Wilson veel schade had aangericht, die door Roosevelt werd uitgebreid, bleef een te groot deel van de tariefmuren bestaan naar de smaak van de Fabiaanse socialisten, Ramsey McDonald, Gunnar Myrdal, Miss Jane Addams, Dean Acheson, Chester Bowles, William C. Bullitt, Stuart Chase, J. Kenneth Galbraith, John Maynard Keynes, Professor Harold Laski, Walter Lippmann, W. Averill Harriman, Senator Jacob Javitts, Florence Kelley en Trances Perkins.

Toen George Bush door de CFR werd aangesteld om in het Oval Office te zitten, begon hij met energie en enthousiasme aan zijn "Eén Wereld - Nieuwe Wereld Orde" missie, waarbij hij de NAFTA overeenkomst tot één van zijn topprioriteiten maakte. Maar hadden Wilson, Roosevelt en Bush het recht om op eigen houtje over handelsverdragen te onderhandelen zonder de procedure van kennisgeving en instemming van de grondwet te volgen? Duidelijk niet.

Laten we dus eens kijken naar de Grondwet en zien wat deze over deze belangrijke kwestie te zeggen heeft: Artikel VI, Sectie 2

> "... Deze Grondwet en de wetten van de Verenigde Staten die op grond daarvan zullen worden gemaakt, en alle verdragen die

onder het gezag van de Verenigde Staten zijn of zullen worden gemaakt, zullen de hoogste wet van het land zijn...".

De woorden, "Deze Grondwet en de wetten van de Verenigde Staten", zeggen dat een verdrag slechts een wet is. De "wet van het land" verwijst naar de Magna Carta, "en de rechters van elke Staat zijn daaraan gebonden, onverminderd enige andersluidende bepaling van de Grondwet of wetten van enige Staat."

Het woord "supreme" in het tweede deel is NIET "oppermachtig", maar behoort tot het gewoonterecht. Om dit volledig te begrijpen, moet men vertrouwd zijn met de Amerikaanse Grondwet en de historische context ervan, die alleen te vinden is in de Annalen van het Congres, de Congresgidsen en de Congressional Records. Een volledige en correcte studie van deze documenten is een eerste vereiste om te begrijpen wat een verdrag is. Helaas nemen onze wetgevers nooit de moeite zich te scholen door deze prachtige documenten te bestuderen. Hoogleraren in de rechten weten nog minder over deze mijnen van informatie en onderwijzen daardoor vaak constitutioneel recht dat ver van de werkelijkheid afstaat. De blinden leiden de blinden.

Het woord "oppermachtig" werd ingevoegd om ervoor te zorgen dat de Franse, Britse en Spaanse regeringen niet konden terugkomen op overeenkomsten die waren gesloten over grondgebied dat aan de Verenigde Staten was afgestaan. Dit was een afdoende manier om te voorkomen dat toekomstige regeringen van deze landen op de overeenkomsten zouden terugkomen, maar helaas leidde het er ook toe dat veel Amerikanen begrepen dat een verdrag "oppermachtig" recht is. Het is onmogelijk dat een verdrag "oppermachtig" is als het alleen maar wordt toegepast. Kan de nakomeling groter zijn dan de ouder? De grondwet van de Verenigde Staten is altijd oppermachtig, te allen tijde en in alle omstandigheden. Wetten kunnen nooit "oppermachtig" zijn, omdat ze veranderlijk zijn en verkeerd kunnen zijn aangenomen. Het kind kan niet groter zijn dan de ouder.

Ondanks wat rechter Ruth Ginsberg zei over de flexibiliteit van de grondwet, is de Amerikaanse grondwet niet flexibel, maar ONMOGELIJK. We weten dat de eerste regel van elk verdrag zelfbehoud is. We weten nu ook dat in de Verenigde Staten alle verdragen zonder uitzondering gewone wetten zijn en op elk moment ingetrokken kunnen worden. Elk verdrag dat de Verenigde

Staten ernstig schaadt, schendt de regel van zelfbehoud en kan worden herroepen, al was het maar door het geld waarmee het wordt gefinancierd af te snijden. Daarom zijn verdragen als de VN, NAFTA, GATT, ABM, het Panamakanaalverdrag nietig en oneerlijk, en moeten ze worden herroepen door het Congres; in feite zouden ze worden herroepen als het Congres niet werd gedomineerd door socialisten.

Lezers worden uitgenodigd om een exemplaar van Vattel's "Law of Nations" te pakken, de "Bijbel" gebruikt door onze Founding Fathers, en zij zullen snel overtuigd zijn dat een verdrag niet meer is dan een wet die kan worden gewijzigd door het Congres. In feite kan een verdrag worden omschreven als een "precaire wet", omdat het in wezen zonder inhoud is. Thomas Jefferson zei dat

> "de macht om verdragen te sluiten onbeperkt houden is de Grondwet door constructie tot een blanco stuk papier maken". Congresverslag, Huis, 26 februari 1900.

Bovendien verbiedt de Amerikaanse grondwet uitdrukkelijk de overdracht van bevoegdheden van de ene naar de andere tak van de overheid. Dit was het geval tijdens de vrijhandelsoorlogen, en is het nog steeds. De langzame en vaak onopgemerkte overdracht van wetgevende macht aan de uitvoerende macht is wat de kracht van de voorstanders van handelsoorlogen heeft ondermijnd. Dergelijke acties zijn ongrondwettelijk en komen neer op opruiing en verraad tegen het Amerikaanse volk.

Het afstaan van bevoegdheden die uitsluitend toebehoren aan de wetgevende macht begon met de Payne Aldrich Tariefwet, en het misvormde schepsel begon te groeien als een groene laurierboom. Hoewel de Payne Aldrich Act zijn eerste doel niet bereikte, slaagde hij er meer dan goed in het tweede doel te bereiken: de overdracht van wetgevende bevoegdheden aan de uitvoerende macht. Het gaf de president bevoegdheden die verboden waren door de grondwet, omdat hij nu de tarieven op importen kon controleren. Het Huis deelde een fatale klap uit aan de mensen die het geacht werd te beschermen en stond toe dat "vrije handel" onze arbeiders van hun baan beroofde, aangezien fabrieken die niet opgewassen waren tegen het dumping- en prijsbeleid van buitenlandse producten gedwongen werden te sluiten.

Het verraad en de opruiing van degenen die de Payne Aldrich Tariff Act van 1909 als "wet" aanvaardden, blijken vandaag uit de NAFTA- en GATT-overeenkomsten. Artikel 1, Sectie 10 van de Amerikaanse Grondwet vertrouwt handelskwesties duidelijk toe aan het Huis van Afgevaardigden. Sectie 10 versterkt de controle van het Huis over handelsaangelegenheden. De bevoegdheden van het Huis waren en zijn niet overdraagbaar! Zo eenvoudig is het. Alle "wetten", alle "uitvoerende orders", alle presidentiële besluiten over handel, alle internationale overeenkomsten, zijn nietig en moeten uit de boeken worden geveegd zodra de regering weer in handen is van Wij het Volk. We zullen de enorme schade zien, veroorzaakt door de presidentiële usurpatie van handelsbevoegdheden.

De Payne Aldrich Tariefwet is typerend voor de manier waarop het Fabiaans Socialisme te werk gaat, door altijd zijn ware bedoelingen te verbergen achter een façade van leugens. Zoals ik al eerder heb gezegd, is het Amerikaanse volk het meest bedrogen volk ter wereld, en de Payne Aldrich Tariefwet was het hoogtepunt van de leugens van het tijdperk. Voorgesteld aan het Huis als een tariefbeschermingsmaatregel, was de werkelijke betekenis van de wet precies het tegenovergestelde: het was een gigantische stap voorwaarts voor de vijanden van het Amerikaanse volk, de "vrije handelaren" en hun bondgenoten in de City van Londen - of zijn meesters een betere omschrijving van hun vereniging?

De Payne Aldrich Tariefwet droeg ogenschijnlijk bevoegdheden over aan de uitvoerende macht, een overdracht die niet kon en mocht plaatsvinden zonder dat een grondwetswijziging werd aangenomen. Sinds dat niet gebeurde, is elke handelsovereenkomst sinds 1909 ultra-vires. Als we een hooggerechtshof hadden dat niet in Filistijnse handen was, hadden we het om hulp kunnen vragen, maar dat kunnen we niet.

Sinds de dagen van Brandeis en "Fixer" Fortas is het Hooggerechtshof een rechtbank geworden vol socialisten die geen oren hebben naar de pleidooien van Wij het Volk. Met de goedkeuring van de Payne Aldrich Tariff Act, kregen de Verenigde Staten een ernstige terugslag in de handelsoorlogen, waarvan ze nooit zijn hersteld. De Payne Aldrich maatregel was socialistisch "gradualisme" in de beste tradities van die oneerlijke politieke entiteit.

Deze stiekeme aanvallen op het volk van de Verenigde Staten vonden plaats in een tijd dat we relatief onschuldig waren. We wisten weinig over het Fabiaanse socialisme of zijn werkwijze. Het boek "The Case Against Socialism: A Handbook for Conservative Speakers" is een gids voor de smerige trucs die het socialisme gebruikt om zijn wetten door te voeren, en er is geen grotere socialistische smerige truc dan president Clinton.

De burgers van dit grote land, de Verenigde Staten, werden door hun leiders - te beginnen met Woodrow Wilson - misleid door te geloven dat "driehoekshandel" gunstig was voor alle naties. Zij zullen ons vertellen dat dit het idee was van Adam Smith en dat David Ricardo, de favoriete econoom van de socialisten, de grenzen en de betekenis van vrije handel heeft verfijnd. Maar dit is allemaal rook en spiegels. De mythologie van de "vrijhandel" zit zo ingebakken in de hoofden van het Amerikaanse volk dat het gelooft dat het eigenlijk gunstig is! De leiders van het land, te beginnen met de president, hebben het volk op grove wijze misleid om in deze verschrikkelijke val te lopen. ZIJN DE VERLIEZEN VAN DEZE OORLOG AL VEEL GROTER DAN DIE VAN DE TWEE WERELDOORLOGEN SAMEN. Miljoenen Amerikaanse levens zijn al verwoest. Miljoenen leven in wanhoop terwijl deze meedogenloze oorlog ons volk blijft slaan. Vrije handel" is de grootste bedreiging voor de infrastructuur van de natie - een bedreiging groter dan welke nucleaire aanval dan ook.

Enkele statistieken

Zevenhonderdvijftigduizend Amerikaanse staalarbeiders hebben hun baan verloren sinds het Comité van 300 in 1950 graaf Etienne Davignon op dit specifieke front liet vallen.

De dood van de staalindustrie betekende het verlies van een miljoen en een kwart van de best betaalde, stabiele industriële banen die verband hielden met en gebaseerd waren op staalproducten. Het is niet zo dat de Amerikaanse staalarbeiders geen goede arbeiders waren; gezien de oude fabrieken waarmee sommigen van hen moesten werken, konden ze zelfs heel goed tegen oneerlijke handelspraktijken. Maar ze konden niet concurreren met "gratis" importproducten die voor minder dan Amerikaanse producten werden verkocht omdat buitenlandse regeringen ze zwaar subsidieerden. Veel buitenlandse staalfabrieken werden zelfs gebouwd met geld van het "Marshallplan"! In 1994 hadden in totaal veertig miljoen Amerikanen hun baan verloren als gevolg van de "vrije handel"-aanvallen op hun fabrieken, textielfabrieken en productielocaties.

Amerika werd een industriële reus en had in de jaren 1880 Engeland ingehaald als 's werelds grootste industrienatie. Dit was volledig te danken aan de bescherming van de lokale industrie door handelsbarrières. Tegen de tijd van de Amerikaanse Burgeroorlog, en tot het einde van de negentiende eeuw, waren er 140.000 fabrieken die zware industriële goederen produceerden met een beroepsbevolking van 1,5 miljoen Amerikanen, waarschijnlijk veruit de best betaalde ter wereld in enige periode in de westerse geschiedenis.

In de jaren vijftig hadden industrie en landbouw de beste levensstandaard gecreëerd voor de grote, stabiele en goedbetaalde middenklasse van Amerika, de grootste in haar soort ter wereld. Zij hadden ook een enorme markt voor hun producten gecreëerd, een binnenlandse markt die de goedbetaalde middenklasse, in banen met gegarandeerde werkzekerheid voor het leven, ondersteunde en hielp uitbreiden en ontwikkelen. WELVAART EN WERKZEKERHEID IN AMERIKA ZIJN NIET HET RESULTAAT VAN DE WERELDHANDEL. De Verenigde Staten hadden de wereldmarkten niet nodig om zich te ontwikkelen. Dit was een valse belofte die aan het Amerikaanse volk werd verkocht, eerst door Wilson, daarna enthousiast door Roosevelt, Eisenhower, Kennedy, Johnson, Bush en Clinton.

Dankzij het verraad en de opruiing door deze presidenten en het Congres is de invoer blijven stijgen, tot we vandaag, in 1994, nauwelijks ons hoofd boven de vloed van door goedkope arbeidskrachten geïmporteerde produkten kunnen houden. In het komende jaar (1995) zullen we de verliezen zien toenemen naarmate de aanval van de "vrije handelaren" de broodwinning van miljoenen Amerikanen decimeert. Het einde is niet in zicht, maar onze wetgevers blijven zich terugtrekken, miljoenen en miljoenen levens vernietigd achterlatend. Deze kwestie, meer dan alle andere, bewijst dat de regering niet serieus is over het beschermen van onze nationale soevereiniteit, welke de eerste taak is van een regering.

In dit hoofdstuk zullen we slechts enkele van de belangrijkste handelsverdragen, charters en "overeenkomsten" onderzoeken die aan de Verenigde Staten zijn opgelegd door Britse en Amerikaanse socialistische medeplichtigheid, bedrog, achterbaksheid, leugens en opruiing. We beginnen met de zogenaamde "handelsverdragen". De grondwet verbiedt de overdracht van macht van de ene naar de andere tak van de regering. Het heet de scheiding der machten en het is heilig en onveranderlijk, althans zo schreven de Founding Fathers het. Het is illegaal, zelfs verraderlijk, om bevoegdheden over te dragen, maar we worden verondersteld te geloven dat het legaal was voor Bush om te overleggen met Mexico en Canada en de NAFTA-overeenkomst op te zetten. We worden verondersteld te geloven dat, op dezelfde manier, Clinton alle recht had om zich te bemoeien met NAFTA en nu GATT. Fout op beide punten! Noch Bush noch Clinton hadden het recht zich te mengen in handelskwesties die onder de bevoegdheid van het Parlement vallen.

Alleen al om die reden zijn NAFTA en GATT onwettig, en als we een Hooggerechtshof hadden dat niet zijn eigen voorkeuren maakte in plaats van de Grondwet te handhaven, zou het zo worden verklaard. Een van de meest gebruikte tactieken van "vrijhandel"-generaals om de Verenigde Staten aan te vallen is "handelsbelemmeringen" de schuld te geven van economische moeilijkheden. Dit is duidelijk onjuist. Bij het bestuderen van artikelen in de "New York Times", "Washington Post" en andere kranten ontdekte ik dat zij nooit en te nimmer een nauwkeurig beeld gaven van de ernstige schade die de "vrijhandel" aan ons land toebracht. De opruiende liberalen suggereerden nooit dat de Verenigde Staten systematisch waren leeggebloed sinds Wilson de eerste aanval op onze handelsbescherming lanceerde.

Het veelgeroemde "Marshallplan", dat Europa van de ondergang had moeten redden, was in feite een "vrijhandelszwendel". Het Britse volk, moe van oorlogsmisdadiger Winston Churchill, stemde Labour leider Clement Attlee, Churchill's vice-premier en een Fabian socialistische ellust, om hem op te volgen. Het was Attlee die Ramsey McDonald opvolgde, die eind jaren 1890 was uitgezonden om het socialisme in de Verenigde Staten te bespioneren. Attlee stond op de lijst van Fabiaanse sterren naast professor Harold Laski en Hugh Gaitskell, de laatste een favoriet van de Rockefellers, die Gaitskell kozen om in 1934 naar Oostenrijk te gaan om te zien wat Hitler van plan was.

Toen Chamberlain werd afgezet omdat hij weigerde de oorlogsplannen van het Comité te volgen, wachtte Attlee in de coulissen, en zijn beurt kwam toen hij werd opgeroepen om Churchill te vervangen. Op dat moment had Groot-Brittannië zijn leningen uit de Eerste Wereldoorlog aan de Verenigde Staten nog niet terugbetaald, zoals het op de Conferentie van Lausanne was overeengekomen. Maar ondanks deze enorme uitstaande schuld had Groot-Brittannië miljarden en miljarden dollars schuld opgelopen die Roosevelt wilde vergeten: "Laten we die stomme dollartekens vergeten," verklaarde Roosevelt, terwijl hij er bij de natie op aandrong zijn toevlucht te nemen tot lend-lease.

Toen Labour in Engeland aan de macht kwam, bracht de elite van de Fabian Society onmiddellijk hun gekoesterde socialistische projecten in praktijk door belangrijke industrieën te nationaliseren en sociale diensten te verlenen "van de wieg tot het graf". Natuurlijk kon de Britse schatkist de enorme nieuwe financiële verplichtingen die de Fabians haar oplegden niet aan zonder de belastingen sterk te verhogen. Attlee en zijn socialistische collega John Maynard Keynes wendden zich daarom tot de Verenigde Staten voor hulp. Het eerste spervuur op de Amerikaanse belastingbetaler kwam in de vorm van een lening van 3,75 miljard dollar, die Roosevelt prompt en vrolijk verstrekte.

De 3,75 miljard dollar aan Amerikaanse leningen werden gebruikt om schulden af te lossen die de socialistische regering had gemaakt in haar waanzinnige streven naar onbeperkte socialistische uitgaven en socialistische overdrachtsprogramma's. Ze hadden de realiteit nog niet ingezien, en toen Labour nog steeds niet genoeg geld had om aan zijn verplichtingen te voldoen, kwamen de Fabian Brain Trusters bij elkaar en bedachten het Marshallplan.

Het Marshallplan werd toepasselijk onthuld aan de Harvard Universiteit - de bakermat van het socialisme in de Verenigde Staten - door de socialistische generaal George Marshall. Kosten voor de Amerikaanse belastingbetaler? Een duizelingwekkende 17 miljard dollar in de komende vijf jaar, waarvan een groot deel naar Europese landen ging om hun door de staat gesubsidieerde industrieën te financieren, zodat ze hun goedkopere buitenlandse producten op de Amerikaanse markt konden dumpen, wat resulteerde in het verlies van miljoenen langdurige, goedbetaalde industriële banen.

Deze situatie was voorzien door de socialistische plannenmakers van Fabian, die Woodrow Wilson nodig hadden om de poorten van de Amerikaanse handelsbarrières te openen, zodat in het buitenland geproduceerde goederen de Amerikaanse markt konden overspoelen in de jaren direct na de Tweede Wereldoorlog, om Frankrijk, Polen, Hongarije en het Verenigd Koninkrijk te helpen hun nationale inkomens te stabiliseren ten koste van de Amerikaanse arbeider!

Is het mogelijk dat een regering als de onze haar eigen volk zoiets verschrikkelijks aandoet? Niet alleen is het mogelijk, maar in werkelijkheid heeft onze regering zich tegen haar eigen volk gekeerd, waardoor miljoenen van hen in de rij stonden om te eten, werkloos en hopeloos. Onze beroepsbevolking is veranderd in een rij bedelaars, die wanhopig proberen uit te vinden wat er met hun banen is gebeurd, en hoe het komt dat zij in plaats van hun oude baan nu in de rij staan of bij een of ander arbeidsbureau bedelen om een niet-bestaande baan.

De Founding Fathers moeten zich in hun graf hebben omgedraaid! Als ze er waren geweest, zouden ze zich ongetwijfeld hebben afgevraagd hoe de nakomelingen van de kolonisten, die zo hard hadden gevochten om van de belastingen van koning George III af te komen (inclusief een theebelasting van één penny per pond), nu achterover konden leunen en zich gedwee lieten belasten en hun nationale inkomsten uit douane-inkomsten zagen opdrogen. Ze zouden waarschijnlijk ook met afschuw terugdeinzen voor het verlies van zo'n 17 miljard dollar aan leaseschulden, die het door socialisten gecontroleerde Congres uit de boeken heeft geveegd om hun Britse medesocialisten te redden en de één-wereldregering, de nieuwe wereldorde, de Fabiaanse en socialistische droom in stand te houden.

Eerder hebben wij gewezen op de grote schade die ons industriële hart is toegebracht door de overdracht van handelsbevoegdheden van de Kamer naar de uitvoerende macht. Enkele concrete voorbeelden zullen onze conclusies kracht bijzetten. Maar voordat we in detail treden, is het goed om op te merken dat drie

Amerikaanse presidenten, Lincoln, Garfield en McKinley, allen overtuigde voorstanders van tarieven en handelsbelemmeringen, zijn vermoord omdat zij stelling namen tegen de vijanden van de "vrije handel" in hun land. Dit is algemeen bekend, maar wat minder bekend is, is dat Senator Russell B. Long, een van de beste mannen ooit in de Senaat, fel gekant was tegen "vrije handelaren".

President Gerald R. Ford probeerde de ernstige wonden te helen die de industrie had opgelopen toen allerlei geïmporteerde producten de nationale markten begonnen te overspoelen. Hiervoor werd hij door de jakhalzen van de pers afgeschilderd als een nietsnut, een stumper die zijn eigen begroting niet onder controle kon houden, laat staan de natie leiden. De vijanden van "vrije handel" zorgden ervoor dat Ford's tijd in het Witte Huis kort was, vooral nadat Ford de Handelswet van 1974 ondertekende, die het hoogtepunt was van Senator Huey Long's inspanningen om de stijgende vloed van geïmporteerde goederen tegen te houden.

Long, voorzitter van de Commissie Financiën van de Senaat, heeft maatregelen voorgesteld om de bestaande tariefbescherming via sectie 201 te versterken. Volgens de "vrijstellingsclausule" van Long (sectie 201) hoeven bedrijven die schade ondervinden van invoer niet langer hun zaak te bewijzen. Maar zij moesten nog wel aantonen dat "de aanzienlijke schade, of dreigende schade, voor hun bedrijf werd veroorzaakt door de invoer". Voordat afdeling 201 van de Trade Act 1974 van kracht werd, leidde de omslachtige, tijdrovende en kostbare aard van de bewijsvoering ertoe dat veel fabrieken liever hun deuren sloten dan zich te onderwerpen aan een procedure die buitenlandse regeringen sterk bevoordeelde. Een schande en een schandaal? Ja, maar het zijn onze wetgevers die verantwoordelijk zijn voor deze ongelooflijke stand van zaken, niet een buitenlandse regering of een aantal regeringen.

Het weerzinwekkende feit is dat sinds het presidentschap van Wilson buitenlandse regeringen meer inspraak hebben gehad in de Amerikaanse wetgeving dan onze eigen fabriekseigenaren en hun arbeiders op het gebied van handelswetgeving. Vooruitlopend op de overgang naar "wereldhandel" veranderde de Amerikaanse regering zelfs de naam van het agentschap dat toezicht houdt op handelskwesties van de Tariff Commission in de US International Trade Commission (ITC). Niemand protesteerde tegen deze kleine

stap om wat er nog over was van onze industrieën te verkopen aan de wereldhandel. Omdat president Ford de Trade Act van 1974 ondertekende, werd hij verguisd als "anti-vrijhandel" en werd zijn termijn ingekort.

In de praktijk bracht clausule 201 niet de beloofde verlichting. Tegen de tijd dat de Senaat, vol socialisten vermomd als "liberale democraten", klaar was met de behandeling van het wetsvoorstel, was het toch al ongelijke speelveld veranderd in een steile helling in het nadeel van de plaatselijke fabrikanten. Ondanks de bewoordingen van de Long Act die het tegendeel beweren, bleek in de praktijk dat een bedrijfstak pas een klacht kon indienen NADAT hij enige tijd schade had geleden, en zelfs dan was er geen garantie op succes, omdat de ITC zich misschien niet tegen de beledigende invoer zou uitspreken. Erger nog, zelfs als de ITC in het voordeel van de plaatselijke industrie oordeelde, kon de president nog steeds zijn veto over de maatregel uitspreken.

Ondertussen zijn honderden Amerikaanse bedrijven gedwongen te sluiten vanwege oneerlijke concurrentie van buitenlandse producten.

Het is moeilijk te geloven dat een president van dit land buitenlandse belangen boven die van zijn eigen volk zou stellen, maar dat is wat er keer op keer is gebeurd, en het gebeurt nu weer met de socialisten van Clinton aan de macht. De Amerikaanse grondwet, Artikel 11, Sectie 3, zegt: "Hij (de President) zorgt ervoor dat de wetten getrouw worden uitgevoerd..." Geen van de presidenten van Wilson tot Clinton zorgde ervoor, dat de wetten ter bescherming van onze handel werden uitgevoerd.

Nadat hij ervan was beschuldigd "anti-vrijhandel" te zijn, kwam Ford terug op zijn voorstel om de schoenindustrie te verdedigen, die had aangetoond dat ingevoerd schoeisel een duidelijk probleem vormde. Tijdens de regeringen van Johnson, Ford, Carter, Reagan en Bush werden honderden beroepen op grond van de Handelswet van 1974 verworpen, waaronder die van fabrikanten van auto's, schoeisel, kleding, computers en televisies, alsmede staal. Clinton blijkt een nog ergere vijand van zijn eigen volk te zijn dan Wilson en Roosevelt. Het Congres en de presidenten hebben hun troepen in de rug geschoten.

Een specifiek geval dat het vermelden waard is, betreft de schoenenindustrie, en er zijn letterlijk tientallen soortgelijke gevallen in andere sectoren. Toen Lincoln naar het Witte Huis kwam, werden schoenen en laarzen gemaakt in kleine huisindustrieën verspreid over het land. Dat veranderde met de komst van de Burgeroorlog, maar duizenden kleine producenten die niet aan legercontracten konden voldoen, bleven in bedrijf en deden het erg goed. Het was duidelijk niet nodig om schoenen te importeren.

De "vrije handelaren" richtten hun pijlen op de schoenenindustrie, die in kleine steden vaak de enige werkgever was. Via het Congres werden handelsbarrières tegen geïmporteerd schoeisel aangevallen. Lokale fabrikanten werden beschuldigd van het veroorzaken van "inflatie" door het verhogen van de prijzen. Dit was helemaal niet waar. De schoenindustrie maakte een goed product tegen een zeer concurrerende prijs. Maar toen Lyndon Johnson in het Witte Huis kwam, hadden de "vrije handelaren" 20% van de lokale markt in handen. Dus diende de Footwear Industries of America, gealarmeerd, een klacht in bij de ITC om onmiddellijke verlichting te vragen, maar, zoals eerder vermeld. Ford gaf hen geen respijt.

Toen Carter het podium betrad, kreeg hij ook een petitie van de Footwear Industries of America. Wat hier natuurlijk fout is, is dat de president NOOIT iets te zeggen zou mogen hebben over handelszaken die rechtmatig aan het Congres toebehoren. Maar omdat hij de grondwet al op honderd manieren had geschonden, was er geen houden meer aan voor Carter. In plaats van zijn eigen volk te helpen, sloot Carter een overeenkomst met Taiwan en Korea die hun schoenenexport naar de VS moest beperken, maar die in de praktijk niets aan de situatie bijdroeg. De importmarkt voor schoenen steeg tot 50% van de Amerikaanse markt. Carter was doof, blind en stom als het ging om de bescherming van het levensonderhoud van honderdduizenden Amerikanen. Toch was dit dezelfde Carter die op 15 juli 1979 de natie toesprak op de televisie:

> "De dreiging is bijna onzichtbaar op een gewone schaal. Het is een vertrouwenscrisis. Het is een crisis die het hart, de ziel en de geest van onze nationale wil raakt. We kunnen deze crisis zien in de groeiende twijfel over de zin van ons eigen leven en in het verlies van eenheid van doel voor onze natie."

Door "vrijhandel" aan te moedigen was Carter verantwoordelijk voor de crisis.

Er is nog nooit een hypocrieter bericht uit het Oval Office gekomen. In de Koreaanse oorlog werd generaal Douglas MacArthur verraden door Dean Acheson en Harry Truman. In de Vrijhandelsoorlog werd de Schoenenslag verloren omdat we werden verraden door Jimmy Carter en Robert Strauss.

Toen kwam de "conservatieve" president Ronald Reagan, die niets deed om te voorkomen dat de markt werd overspoeld door enorme hoeveelheden schoenen uit Korea en Taiwan, twee landen die nog nooit één paar schoenen van Amerikaanse makelij hebben ingevoerd! Tot zover de "vrije handel". Door Reagan's bestudeerde verwaarlozing bereikte de invoer van schoenen in 1982 een nieuw record: 60% van onze markt. Van groot nationaal belang is dat hierdoor ook het handelstekort met maar liefst 2,5 miljard dollar toenam en meer dan 120.000 schoenenarbeiders werkloos werden. Ondersteunende industrieën verloren 80.000 banen, waardoor in totaal 200.000 werknemers op de schroothoop belandden.

Zoals gebruikelijk bij socialistische propaganda, werden degenen die de aandacht vestigden op de benarde situatie van de schoenenindustrie voortdurend belasterd. "Ze willen de inflatie verhogen - waarom kan de lokale schoenenindustrie niet concurrerend worden?" scandeerden de *Wall Street Journal*, de *New York Times* en de *Washington Post*. Dat is natuurlijk de functie van de jakhalzen in de pers: de socialistische besluitvormer in de regering beschermen en iedereen die de aandacht vestigt op het verraad van politici uitschelden als "fascisten" of erger.

De waarheid is dat de Amerikaanse schoenenindustrie zeer concurrerend was en producten van goede kwaliteit produceerde. Waar de industrie niet mee kon concurreren waren de inferieure en zwaar gesubsidieerde producten uit Taiwan en Korea, waarvan de regeringen miljarden dollars aan subsidies in hun schoenenindustrie pompten. Dit wordt "vrije handel" genoemd. Het enige "vrije" eraan is dat buitenlandse fabrikanten hun gesubsidieerde producten gratis op de Amerikaanse markt mogen dumpen, maar dat onze fabrikanten door wetten en beperkingen van buitenlandse markten worden uitgesloten - in dit geval was er geen schijn van kans dat Amerikaanse schoenfabrikanten aan Taiwan en Korea konden verkopen. Tot op de dag van vandaag worden in Taiwan en Korea geen schoenen van Amerikaanse makelij verkocht. Dit is wat men noemt "vrije handel".

Ondanks vijf succesvolle beroepen bij de ITC, die concludeerde dat de Amerikaanse schoenenindustrie onherstelbare schade leed door een stortvloed van importen uit Korea en Taiwan, weigerde Reagan iets te doen aan de vloedgolf die nu werknemers en werkgevers verdronk. De schoenenindustrie bleef weerloos achter. Zij kon zich niet wenden tot het Congres, want het Congres had zijn soevereiniteit overgedragen aan de uitvoerende macht, en Reagan, onder de invloed van zijn socialistische adviseurs, keerde zijn troepen de rug toe en liet hen overrompelen door de vijandelijke troepen van de "vrije handel".

De strijd van de schoenindustrie is de zoveelste die ons volk heeft verloren in de voortdurende handelsoorlog, en het zal niet lang meer duren voordat we worden overspoeld door de GATT en de NAFTA. Het Trojaanse paard van de "vrijhandel" in het Congres zal de vijandelijke troepen tevreden hebben gesteld. Onze gehavende troepen zullen geen andere keus hebben dan zich terug te trekken, miljoenen verwoeste levens achterlatend. En al deze verwoesting gebeurt in naam van de "wereldhandel".

Het is de moeite waard te wijzen op de gelijkenis van de methoden die werden gebruikt om de Trade Expansion Act van 1962 en de NAFTA in 1993 erdoor te drukken. Naast de inmenging van de president in de wetgevende macht werd een enorme public relations campagne opgezet met behulp van de crème de la crème van Madison Avenue. Een spervuur in de pers werd ondersteund door Howard Peterson van het Witte Huis, de Senaat en het Ministerie van Handel. Het patroon werd herhaald met NAFTA in 1993. NAFTA is vergelijkbaar met Carter's verraad van de Monetaire Controle Wet van 1980.

NAFTA is een illegale "overeenkomst" die een grondwettelijke toets niet kan doorstaan. Pagina's 2273-2297, Congressional Record, House, 26 februari 1900 geven het constitutionele standpunt over "overeenkomsten" zoals NAFTA, het Panamakanaal, GATT, enz:

> "Het Congres van de Verenigde Staten ontleent zijn

bevoegdheid om wetten te maken aan de Grondwet, die de maatstaf van zijn gezag is. Elke handeling van het Congres die in strijd is met de bepalingen daarvan, of die niet binnen de door de Grondwet verleende bevoegdheden valt, is ongrondwettelijk en derhalve geen wet en voor niemand bindend...".

Justice Cooley, een vooraanstaand constitutioneel geleerde, zei:

"De Grondwet zelf zwicht nooit voor een verdrag of een wet. Zij verandert niet met de tijd en buigt niet mee met de omstandigheden".

Het Congres heeft geen grondwettelijke bevoegdheid om zijn verdragsbevoegdheden over te dragen aan de president, zoals gebeurde met NAFTA. Dit is pure opruiing. Handelsbesprekingen behoren tot het Huis: Artikel 1, Sectie 8, Clausule 3, "om de handel te regelen met vreemde naties, en tussen de verschillende Staten, en met de Indiaanse stammen." Bush noch Clinton hadden het constitutionele recht om zich met NAFTA te bemoeien. Dit is zeker verraad en opruiing.

[14]Op blz. 1148-1151, Congressional Record, House, 10 maart 1993, "Foreign Policy or Trade, the Choice is Ours", waarin het kwaad van de "vrije handel" wordt blootgelegd. Het kostte de socialisten 47 jaar om de wijze handelsbarrières af te breken die door Washington, Lincoln, Garfield en McKinley waren opgericht. De oorzaak van de "Franse" revolutie was "vrije handel". Britse socialisten veroorzaakten depressie en paniek in Frankrijk, wat de deuren opende voor opruiing en verraad, Danton, Marat, de Graaf van Shelburne en Jeremy Bentham.

Op pagina 1151 van bovengenoemd congresdossier lezen we:

"In 1991 verdienden de Amerikaanse arbeiders een gemiddeld weekloon dat 20% lager lag dan in 1972. Ondertussen verloren de textiel- en kledingindustrie meer dan 600.000 banen, terwijl de staal- en automobielindustrie er nog eens 580.000 verloren. Gemeten in termen van dalende inkomens en banen viel de last van het mondiale leiderschap zwaar op laaggeschoolde

---

[14] Buitenlands beleid of handel, de keuze is aan ons.

Amerikaanse arbeiders. Arbeidsintensieve productiebanen zijn verplaatst naar lagelonenlanden in de derde wereld, waardoor een kaste van laaggeschoolde Amerikaanse werknemers overbleef...".

Het socialistische doel om de levensstandaard van de Amerikaanse middenklasse te verlagen tot die van een derdewereldland is voor ongeveer 87% voltooid en als alles volgens plan verloopt, zal de regering-Clinton binnenkort de laatste hand leggen aan de handelsoorlog, ten koste van het in de rug steken van het Amerikaanse volk. Zoals ik al vaak heb gezegd, werd president Clinton gekozen om een Fabiaans socialistisch mandaat uit te voeren, en "vrijhandel" is slechts een van de verraderlijke beleidsmaatregelen die hij heeft moeten uitvoeren.

"We hebben allemaal gevoeld hoezeer we de Verenigde Naties nodig hebben als we werkelijk willen toewerken naar een nieuwe wereld en naar soorten betrekkingen in de wereld die in het belang zijn van alle landen. De Sovjet-Unie en de Verenigde Staten hebben meer dan één reden om betrokken te zijn bij de opbouw ervan, bij de ontwikkeling van nieuwe veiligheidsstructuren in Europa en in de regio Azië-Stille Oceaan. En ook bij de totstandbrenging van een werkelijk mondiale economie, ja zelfs bij de schepping van een nieuwe beschaving." - Michail Gorbatsjov, toespraak aan de Stanford Universiteit, 1990.

Vervang de Sovjet-Unie door "socialisten" en het is gemakkelijk te zien dat er niets is veranderd.

Het langetermijnplan van het socialisme om de Amerikaanse grondwet te verbreken door toetreding van buitenlandse entiteiten is vrij goed vastgelegd, nergens meer dan in de geschriften van Fabiaanse socialisten en internationale socialisten. Wij weten dat de socialisten verwachten een werelddictatuur te vestigen door de acties van het communisme en het socialisme, het ene met openlijke en directe methoden, het andere met subtielere en verborgen middelen. Zij hopen te zegevieren via de financiële dictatuur van het Internationaal Monetair Fonds (IMF), dat regeringen kan controleren door vrije landen, via de sabotage van hun monetaire structuren, te dwingen zich aan te sluiten bij internationale organen zoals de kortstondige Volkenbond, zijn opvolger, de Verenigde

Naties, en een groot aantal perifere internationale organisaties.

Ze hebben allemaal een gemeenschappelijk doel: het vernietigen van de soevereiniteit van de doelnatie - slachtoffer van de opschorting van het krediet, het gebrek aan werkgelegenheid, de stagnatie van industrie en landbouw, en het opleggen van de wetten van een internationaal orgaan aan de wetten van individuele naties. In dit boek kunnen we alleen de Verenigde Naties behandelen als een voorbeeld van socialistische overproductie van het levenssap van onafhankelijke natiestaten.

Het valt buiten het bestek van dit boek om te onderzoeken hoe het Handvest van de Verenigde Naties tot stand is gekomen, behalve dat het van meet af aan een socialistische onderneming is geweest. Sommigen beschouwen het als een communistische onderneming. De opstellers van het project van de Verenigde Naties waren weliswaar twee Sovjetburgers, Leo Rosvolsky en Molotov, en een Amerikaanse socialist, Alger Hiss, maar het handvest is socialistisch, een grote overwinning voor de Fabian Society en haar Amerikaanse neven. Het Handvest van de Verenigde Naties is in lijn met het Communistisch Manifest van 1848.

Als het VN verdrag/overeenkomst/hart was gepresenteerd als een communistisch document, zou het niet zijn aanvaard door de Amerikaanse Senaat. Maar de socialisten kennen hun spel, en dus werd het gepresenteerd als een organisatie die "de vrede moet bewaren". Ik heb elders gezegd dat wanneer we het woord "vrede" zien in een document van een wereldregering, we moeten herkennen dat het van socialistische of communistische oorsprong is. Dat is precies de aard van het Handvest van de Verenigde Naties. Het is een communistische/socialistische organisatie. Bovendien voeren de Verenigde Naties oorlog, ze bewaren de vrede niet.

Hoewel het Handvest door een meerderheid van de Amerikaanse senatoren is ondertekend en tot wet is verheven, zijn de Verenigde Staten geen lid van dit Nieuwe Wereld Orde orgaan - Eén Wereld Regering - en zijn dat ook geen minuut geweest. Er zijn een aantal doorslaggevende redenen waarom dit zo is: De "Law of Nations" van Vattel, de "Bijbel" die de som en de inhoud leverde waarop het internationale recht van onze stichters was gebaseerd, is in dit geval van toepassing en nog steeds geldig. Het gaat terug tot het Romeinse en Griekse recht en is op zich de studie van een mensenleven.

Hoeveel van onze zogenaamde senatoren en vertegenwoordigers weten iets over deze zaken? Het onschatbare boek van Vattel maakt geen deel uit van het curriculum van de rechtenfaculteit en komt niet voor in school- of universiteitsboeken. Het ministerie van Buitenlandse Zaken heeft geen enkele kennis van dit onschatbare boek, en daarom maakt het de ene puinhoop na de andere in een poging de zaken van deze natie te organiseren zonder enige kennis van Vattel's Law of Nations. De grondwet van de Verenigde Staten is superieur aan alle verdragen, handvesten en overeenkomsten van welke aard dan ook en kan niet worden vervangen door het congres of de uitvoerende macht.

Om de Verenigde Staten lid te maken van de Verenigde Naties, had een amendement op de Amerikaanse grondwet moeten worden aangenomen door alle 50 staten. Aangezien dit niet is gebeurd, zijn we geen lid van de VN en zijn we dat ook nooit geweest. Een dergelijk amendement zou het Huis en de Senaat de bevoegdheid hebben ontnomen om de oorlog te verklaren en deze aan een internationaal orgaan hebben gegeven. Omdat voormalig president Bush dit ten tijde van de Golfoorlog probeerde, had hij aangeklaagd moeten worden wegens verraad aan de Verenigde Staten en het breken van zijn ambtseed.

Het tweede vermeldenswaardige punt is dat niet meer dan vijf senatoren de documenten van het VN-Handvest hebben gelezen, laat staan dat ze er een behoorlijk constitutioneel debat over hebben gevoerd. Een dergelijk constitutioneel debat zou minstens twee jaar in beslag hebben genomen, terwijl dit gedrocht in 1945 in drie dagen werd aangenomen! Wanneer een dergelijke overeenkomst of wetsvoorstel of wat dan ook aan de Senaat wordt voorgelegd en de Senatoren er niet naar behoren over debatteren, is er sprake van een willekeurige machtsuitoefening. Pagina's 287-297, Senaat, Congresverslag, 10 december 1898:

> "De Verenigde Staten zijn soeverein, soevereiniteit en nationaliteit zijn correlatieve termen. Er kan geen nationaliteit zijn zonder soevereiniteit, en er kan geen soevereiniteit zijn zonder nationaliteit. In alle zaken bezitten de Verenigde Staten, als natie, de soevereine macht, behalve in die gevallen waarin de soevereiniteit is voorbehouden aan de Staten en of het volk."

Ook uit Pomeroy, (over de grondwet) pagina 27:

"Er kan geen natie zijn zonder politieke soevereiniteit en geen politieke soevereiniteit zonder een natie. Daarom kan ik deze ideeën niet van elkaar scheiden en ze als verschillend presenteren...".

Vervolg op pagina 29:

"Deze natie bezit politieke soevereiniteit. Zij kan elke organisatie hebben, van de zuiverste democratie tot de meest absolute monarchie, maar beschouwd in haar betrekkingen tot de rest van de mensheid en tot haar eigen individuele leden, moet zij bestaan, in die mate dat zij voor zichzelf wetten vaststelt als een integrale en onafhankelijke soevereine samenleving onder de andere soortgelijke naties op aarde."

Dr Mulford, een van de beste historici en constitutionalisten, zei in zijn boek over de soevereiniteit van een natie, op pagina 112:

"Het bestaan van de soevereiniteit van een natie, of politieke soevereiniteit, wordt aangegeven door bepaalde tekens of noten die universeel zijn. Dit zijn onafhankelijkheid, gezag, suprematie, eenheid en majesteit. De soevereiniteit van een natie, of politieke soevereiniteit, impliceert onafhankelijkheid. Zij is niet onderworpen aan enige externe controle, maar haar optreden komt overeen met haar eigen vastberadenheid. Het impliceert gezag. Het heeft de kracht die inherent is aan zijn eigen vastberadenheid om het te doen gelden en te handhaven. Het impliceert suprematie. Dit veronderstelt niet de aanwezigheid van andere inferieure machten..."

Zoals wijlen senator Sam Ervin, een van de grote constitutionele geleerden van deze eeuw, bij verschillende gelegenheden heeft gezegd,

"het is onmogelijk dat we bij volle bewustzijn tot de Verenigde Naties zijn toegetreden".

Als we de hierboven uiteengezette voorwaarden voor soevereiniteit onderzoeken, wordt het duidelijk dat de Verenigde Naties geen natie zijn en totaal verstoken zijn van soevereiniteit. Zij maken geen individuele wetten voor de natie, omdat zij geen natie zijn. Zij heeft geen eigen grondgebied, zij heeft geen eenheid en majesteit. Het is onderworpen aan externe controle.

Bovendien kan het verdrag van de Verenigde Naties geen stand houden, omdat de Verenigde Naties niet soeverein zijn. Volgens Vattel's "Law of Nations", de "Bijbel" die onze Founding Fathers gebruikten om de Grondwet te schrijven, is het de Verenigde Staten verboden een verdrag te sluiten met IEDERE PERSOON, IEDERE ENTITEIT die niet soeverein is. Niemand zal betwisten dat de Verenigde Naties niet soeverein zijn, dus het VN-"verdrag" dat in 1945 door de Senaat werd goedgekeurd is nietig, ultra vires. Als juridisch instrument is het noch een verdrag, noch een handvest en als zodanig heeft het absoluut geen waarde, net zomin als een blanco stuk papier.

De Verenigde Naties is een buitenlands orgaan dat in stand wordt gehouden door een verzameling surrogaatwetten, die geen voorrang kunnen hebben op de wetten van de Verenigde Staten. Een standpunt verdedigen dat de wetten van de Verenigde Naties voorrang hebben op de wetten van de Verenigde Staten is een daad van opruiing en verraad. Een studie van Vattel's Law of Nations en Wheaton's International Law in samenhang met de Grondwet zal geen twijfel laten bestaan over de juistheid hiervan. Elk congreslid, senator of regeringsfunctionaris die de Verenigde Naties steunt, is schuldig aan opruiing.

Op blz. 2063-2065, Congressional Record, House, 22 februari 1900, vinden we deze autoriteit: "Een verdrag is niet superieur aan de grondwet." In diplomatieke uitwisselingen tussen de Amerikaanse ambassadeur in Frankrijk en de toenmalige staatssecretaris Marcy, staat opnieuw duidelijk:

> "De Grondwet moet voorrang hebben op een verdrag wanneer de bepalingen van het ene in strijd zijn met het andere...".

Toen John Foster Dulles, een door en door socialistische agent van de Britse kroon, werd gedwongen te verschijnen voor een selecte commissie van de Amerikaanse Senaat over de Verenigde Naties, probeerde hij zich, als de gladde socialist die hij was, er doorheen te bluffen door te suggereren dat "internationaal recht", net als nationaal recht, zou kunnen worden toegepast in de Verenigde Staten. De toepassing van "internationaal recht" is het fundament van de Verenigde Naties, maar kan niet worden toegepast op de Verenigde Staten.

Onze bewering dat de Verenigde Staten geen lid zijn van de

Verenigde Naties wordt versterkt door het lezen van het Congressional Record, Senaat, 14 februari 1879 en blz. 1151-1159, Congressional Record, Senaat, 26 januari 1897. We zullen dit essentiële materiaal in geen enkel wetboek vinden. De extreem linkse marxistische rechtenprofessoren aan Harvard willen niet dat hun studenten op de hoogte zijn van deze essentiële zaken.

Het feit dat de Amerikaanse Senaat het VN-"verdrag", de charterovereenkomst, heeft "geratificeerd", maakt geen verschil. Het Congres kan geen wetten aannemen die ongrondwettelijk zijn, en de Amerikaanse wet koppelen aan de onderwerping van het VN-verdrag is duidelijk ongrondwettelijk. Elke wet van het Congres (Huis en Senaat) die de Grondwet ondergeschikt maakt aan een andere instantie of entiteit heeft geen kracht van wet en geen effect. Het is duidelijk dat de Verenigde Staten een dergelijke overeenkomst niet uitsluitend op basis van artikel 25 van het VN-verdrag hadden kunnen sluiten.

De Annals of Congress, de Congressional Globes en de Congressional Records staan vol met informatie over soevereiniteit en een gedetailleerd onderzoek van dit materiaal, waarvan veel afkomstig is uit Vattel's "Law of Nations", maakt overduidelijk dat de Verenigde Staten nooit lid zijn geweest van de Verenigde Naties en dat ook nooit kunnen worden, tenzij de stemming in de Senaat in 1945 wordt onderworpen aan een grondwetswijziging en vervolgens door alle 50 staten wordt geratificeerd. Voor verdere bevestiging dat de Verenigde Staten geen lid zijn van de Verenigde Naties, wordt verwezen naar pagina's 12267-12287 van het Congressional Record, House 18 december 1945.

Wat doorging voor een constitutioneel debat over het VN-Verdrag in 1945 is te vinden in het Congressional Record, Senaat, pagina's 8151-8174, 28 juli 1945 en in pagina's 10964-10974 Congressional Record, Senaat, 24 november 1945. Een studie van deze verslagen van de VN "debatten" zal zelfs de meest verstokte scepticus overtuigen van de ongelooflijke onwetendheid van de grondwet, getoond door de Amerikaanse senatoren die het VN verdrag "ratificeerden".

Rechter Cooley, een van de grootste grondwetgevers aller tijden, zei:

"Het Congres van de Verenigde Staten ontleent zijn wetgevende macht aan de Grondwet, die de maatstaf van zijn gezag is. En elke wet van het Congres die in strijd is met de bepalingen daarvan, of die niet binnen de reikwijdte valt van de bevoegdheden die daarin zijn toegekend, is ongrondwettelijk en heeft daarom geen kracht van wet en is voor niemand bindend."

De stemming van de Senaat in 1945 voor toetreding tot de Verenigde Naties is dus "zonder kracht van wet en zonder verplichting voor wie dan ook".

De stemming van 1945 over de VN-overeenkomst was een willekeurige uitoefening van de macht en is daarom nietig, aangezien er geen grondwettelijk debat over heeft plaatsgevonden voordat de Senaat de overeenkomst in drie dagen goedkeurde:

"Geen enkel verdrag/overeenkomst kan de grondwet van de Verenigde Staten verzwakken of intimideren, welke overeenkomsten/verdragen niet meer zijn dan wetten, en net als elke andere wet kunnen worden ingetrokken."

Dus, verre van een onveranderlijk document te zijn, is het Handvest/de Overeenkomst van de Verenigde Naties (onze wetgevers hadden niet de moed om het een verdrag te noemen) nietig, zonder gevolg en voor niemand bindend. Het is het leger uitdrukkelijk verboden de wetten van enige buitenlandse entiteit, instantie of organisatie te gehoorzamen, en onze militaire leiders hebben de plicht hun eed om de burgers van de Verenigde Staten te beschermen na te komen. Ze kunnen dat niet doen en de wetten van de Verenigde Naties gehoorzamen.

Van alle internationale agentschappen van een wereldregering in het buitenland is er geen eenduidiger kwaadaardiger dan het IMF. We zijn geneigd te vergeten dat het IMF het bastaardkind is van de Verenigde Naties, die beide verlengstukken zijn van het Comité van 300, en het IMF wordt, net als de Raad voor Buitenlandse Betrekkingen (CFR), steeds brutaler over zijn ware doelen en bedoelingen. Dezelfde sinistere krachten die het bolsjewisme aan christelijk Rusland oplegden, zitten achter het IMF en zijn plannen om de controle over de zogenaamde "wereldeconomie" over te nemen.

Hoofdstuk 9

EEN VERSLAGEN NATIE

De overgrote meerderheid van het Amerikaanse volk weet niet dat de natie sinds 1946 in oorlog is, of dat we die aan het verliezen zijn. Aan het einde van de Tweede Wereldoorlog richtte het Tavistock Institute for Human Relations van de Universiteit van Sussex en het Tavistock Centre in Londen zijn aandacht op de Verenigde Staten. De president is koningin Elizabeth II en haar neef, de hertog van Kent, zit ook in het bestuur. De oude methoden die tijdens de Tweede Wereldoorlog tegen Duitsland werden gebruikt, zijn nu tegen de Verenigde Staten gebruikt. Tavistock is het erkende centrum voor "hersenspoeling" in de wereld en heeft in wezen sinds 1946 een massale hersenspoeloperatie tegen het volk van de Verenigde Staten uitgevoerd en voert die nog steeds uit.[15]

Het hoofddoel van deze onderneming is het ondersteunen van socialistische agenda's op alle niveaus van onze samenleving, waarmee de weg wordt vrijgemaakt voor het nieuwe duistere tijdperk van één wereldregering en de nieuwe wereldorde. Tavistock is actief in het bankwezen, de handel, het onderwijs en de godsdienst, en probeert met name de Amerikaanse grondwet te breken. In deze hoofdstukken bekijken we enkele van de programma's die bedoeld zijn om van Amerika een slavenstaat te maken. Hier zijn enkele van de belangrijkste socialistische organisaties en instellingen die vechten tegen het Amerikaanse volk:

---

[15] Zie *The Tavistock Institute of Human Relations: Shaping the Moral, Spiritual, Cultural, Political and Economic Decline of the United States of America*, John Coleman, Omnia Veritas Ltd, www.omnia-veritas.com.

BANK- EN ECONOMISCH BELEID:

DE FEDERAL RESERVE BOARD

"*Mr. Chairman, we hebben in dit land een van de meest corrupte instellingen die de wereld ooit gekend heeft. Ik heb het over de Federal Reserve Board en de Federal Reserve Banks. De Federal Reserve Board, een staatsbestuur, heeft de regering van de VS en de mensen van de VS genoeg geld ontnomen, om de nationale schuld af te betalen. .... Deze slechte instelling heeft de mensen van de VS verarmd en geruïneerd... Deze 12 particuliere kredietmonopolies zijn op bedrieglijke en oneerlijke wijze aan dit land opgelegd door bankiers uit Europa die onze gastvrijheid hebben terugbetaald door onze Amerikaanse instellingen te ondermijnen...*". Toespraak gehouden in het Huis door Congreslid Louis T. McFadden, Voorzitter van het House Banking Committee, vrijdag 10 juni 1932.

Zoals vaak is gezegd, kwam de grootste triomf van de socialisten met het bankmonopolie van de Federal Reserve. Socialistische bankiers kwamen uit Europa en Engeland, om het volk van dit land te ruïneren door bedrog, door te dringen in elk facet van ons monetaire systeem. Deze socialistische veranderaars hadden niets kunnen bereiken zonder de volledige medewerking van verraders binnen onze grenzen, en die vonden ze bij honderden, mannen en vrouwen die bereid waren het Amerikaanse volk te verraden. Een opmerkelijke verrader was president. Woodrow Wilson, die gaten sloeg in de handelsbarrières die waren opgericht door president Washington en intact werden gehouden door Lincoln, McKinley en Garfield. In 1913 introduceerde Wilson het marxistische systeem van progressieve inkomstenbelasting om de verloren inkomsten uit tarieven te vervangen en opende de poorten om de filistijnse bankiers van Europa toe te laten in onze citadel door het aannemen van de Federal Reserve Act van 1913.

Weinig mensen beseffen dat het Amerikaanse banksysteem gesocialiseerd werd met de goedkeuring van de Federal Reserve Act van 1913. De handelsbanken (we hebben geen handelsbanken in de Britse betekenis van het woord) zijn aan het werk gezet sinds de socialistische roofbankiers ze dat jaar in handen kregen. Wat we in dit land hebben, is een welvaartsbankstelsel, bijna identiek aan het banksysteem dat de bolsjewieken in Rusland instelden. De Federal Reserve banken creëren schuldbewijzen, wat wij "geld" noemen. Dit geld komt niet terug naar de Federal Reserve door handel, maar door diefstal van het volk. Fictief geld wordt rechtstreeks van het volk gestolen. Het geld dat de Federal Reserve banken controleren, is geen eerlijk geld, maar denkbeeldig geld, dat altijd inflatoir is.

Wie kunnen we verantwoordelijk houden? Wie kunnen we de schuld geven voor het stelen van ons geld? Niemand weet wie de aandeelhouders zijn van 's werelds grootste banksysteem. Kun je dat geloven? Helaas is het maar al te waar, en toch laten we deze duivelse situatie jaar na jaar voortduren, grotendeels uit onwetendheid over hoe het systeem werkt. Ons, het volk, wordt verteld om het geld met rust te laten, omdat het voor ons te ingewikkeld is om te begrijpen. "Laat het over aan de experts" zeggen de dieven.

Wat doet de socialistische Federal Reserve met ons gestolen geld? Ze laat ons onder andere woeker betalen, wat het systeem de nationale schuld noemt, die ze omzet in 30-jarige obligaties. Deze socialistische bankiers doen NIETS om rijkdom te creëren, het zijn parasieten, die leven van het eten van de inhoud van het Amerikaanse volk. Deze parasieten hebben het "recht" om geld uit het niets te creëren en dat vervolgens met woekerrente uit te lenen aan commerciële banken en dat doen ze op het krediet van het volk.

Dit is onvrijwillige dienstbaarheid, want het persoonlijke krediet van de burger behoort toe aan de burger, niet aan de Federal Reserve. Door de Federal Reserve zogenaamd het recht te geven, om zich het individuele krediet van de burger toe te eigenen, staat de regering van de Verenigde Staten deze parasitaire organisatie toe, om de rechten van het volk te schenden, de grondwettelijk gegarandeerde rechten van "leven, vrijheid en eigendom".

Bovendien heeft de Federal Reserve Board de grondwet vernietigd. Onthoud, een aanval op één deel van de grondwet is een aanval op de hele grondwet. Als één deel van de grondwet wordt vernietigd, worden alle delen van de grondwet ontheiligd. Bevoegdheden gedelegeerd aan het Congres, door Wij het Volk: Sectie 8, Artikel 5. "Om geld te munten, de waarde ervan en van buitenlandse munten te regelen, en de standaard van maten en gewichten vast te stellen." Dit artikel staat bij de 17 opgesomde bevoegdheden die het volk aan het Congres heeft gedelegeerd. Nergens hebben we het Congres het recht gegeven deze macht over te dragen aan een particuliere bankinstelling.

Toch is dat precies wat het Congres deed in 1913. Het wetsvoorstel werd enkele dagen voor de kerstvakantie ter bespreking ingediend. Het bestond uit 58 pagina's in drievoudige kolom en 30 pagina's fijnmazig drukwerk. Niemand kon het lezen, laat staan begrijpen, in de paar dagen dat het op tafel lag. Zo kwam de Federal Reserve Act door het Congres en werd een daad van willekeurige macht - zo noem je een wetsvoorstel dat niet goed is besproken en wet wordt zonder volledig te zijn besproken.

Er zijn honderden uitstekende boeken geschreven om de ongrondwettelijkheid van de Federal Reserve Act van 1913 aan te tonen, dus het heeft geen zin daar in dit boek op terug te komen. Het volstaat te zeggen, dat ondanks deze wet, de grootste zwendel in de geschiedenis, de Federal Reserve banken stevig op hun plaats blijven, alsof de geschiedenis ervan nog geheim is. Waarom is dat zo? Waarschijnlijk uit angst. Zij die deze monsterlijke socialistische creatie op zinvolle manier wilden aanvechten, zijn vermoord. Leden van het Huis en de Senaat weten, dat de Federal Reserve DE overval van de 20e eeuw is, maar ze doen niets om de zaak aan te wakkeren, uit angst uit het Congres gezet te worden, of erger.

De Federal Reserve banken waren gemodelleerd naar de Bank of England, een socialistische Rothschild instelling die zich na de Burgeroorlog aan de Verenigde Staten kon hechten en in die tijd beide kanten van de oorlog financierde. Het monetaire systeem dat Jefferson en Hamilton voor de jonge Amerikaanse natie ontwikkelden, was een systeem van bimetallisme, 16 ons zilver voor 1 ons goud. Het was ons CONSTITUTIONELE monetaire systeem, beschreven in Artikel I, Sectie 8, Clausule 5, en het gaf dit land ongekende welvaart, totdat de hoeren van het Europese centrale bankwezen het wisten te ondermijnen. Ze deden dit door het geld te demoniseren in 1872, wat leidde tot de paniek van 1872, allemaal gepland door de socialisten.

De socialisten slaagden erin ons monetaire systeem te devalueren tot de waarde ervan nul was, waarna ze socialistisch (Keynesiaans) geld drukten waarmee ze alle blue chip bedrijven en onroerend goed opkochten. In universitaire economiecursussen leren de uiterst linkse professoren van Marx dat het Congres ons monetaire systeem beheert, maar dat doet het niet, het Congres heeft die verantwoordelijkheid afgestaan en het in handen gegeven van Shylock-achtige internationale bankiers om een commercieel welvaartsbankstelsel in Amerika te creëren. De Rothschilds en hun socialistische collega's in het internationale bankwezen van de Shylocks, hebben het Amerikaanse volk voor altijd in de schulden gestoken - tenzij we de juiste leider vinden, die dit keurslijf zal doorbreken.

De internationale bankiers van Shylock, lang voor de komst van de Federal Reserve Board, beschouwden de rijkdom van deze natie met grote begerigheid en waren vastbesloten door te gaan tot zij die in handen hadden. De internationale Shylock-bankiers verhinderden dat de nationale bank, tijdens de ambtstermijn van president Andrew Jackson, de schuld van de Burgeroorlog betaalde, om het Amerikaanse volk aan handen en voeten gebonden te houden, wat we nog steeds zijn. Het staat vast dat de Britse geheime dienst de Amerikaanse burgeroorlog, die de internationale oorlog van de corrupte bankiers had moeten heten, heeft aangewakkerd en vervolgd. De Britse geheime dienst had zijn agenten in de zuidelijke staten, die elk aspect van het leven binnendrongen en doordrongen.

Toen president Jackson de centrale bank sloot, stond de Britse geheime dienst klaar. De Bankwet van 1862 was een Rothschild "stunt" die deel uitmaakte van een langetermijnplan om het Amerikaanse volk in eeuwige armoede te houden. Hoewel het Congres en een patriottisch Hooggerechtshof de Rothschild oplichters afwees, was het uitstel van korte duur.

Dankzij het Trojaanse paard Wilson namen zij in 1913 de macht over en stortten deze natie in financiële slavernij, de toestand waarin wij ons nu bevinden. Zoals we zeiden in onze hoofdstukken over onderwijs, gebruikten de socialisten het onderwijs om het Amerikaanse publiek voor te liegen over de Federal Reserve banken, wat één van de redenen is, waarom deze nog steeds wordt getolereerd. Haar flagrante excessen en misdaden tegen het Amerikaanse volk zijn niet bekend, hoewel ze gedetailleerd beschreven staan in de honderden uitstekende boeken over dit onderwerp.

Maar deze boeken zijn niet beschikbaar voor mensen zonder een bepaald opleidingsniveau, beheerst door de socialistische controle van de leerboekenindustrie, en daarom vinden miljoenen Amerikanen van alle leeftijden troost bij de televisie. Als Larry King open en eerlijk zou spreken over het kwaad van de socialistische Federal Reserve, en als de populairste talkshow-hosts op radio en televisie hetzelfde zouden doen, zouden we ons volk misschien enthousiast genoeg maken om iets te doen aan de sluiting van het Federal Reserve-systeem.

Het Amerikaanse publiek zou leren dat de eerste plicht van het Congres is om een gezond monetair systeem voor de Verenigde Staten op te zetten en te handhaven. Het publiek zou leren dat we geen enkele eerlijke dollar in omloop hebben. Ze zouden leren dat de Britse Oost-Indische Compagnie en de Bank van Engeland samenzwoeren met Adam Smith om al het goud en zilver uit de koloniën te verwijderen, om de kolonisten te verslaan in een economische oorlog die voorafging aan de gewapende oorlog.

Het Amerikaanse publiek zou leren, dat om de Federal Reserve Board en de Federal Reserve Banks grondwettelijk te maken, er een grondwetswijziging moet worden opgesteld en geratificeerd door alle 50 staten.

Ze zullen vragen gaan stellen, "Waarom is dit niet gedaan? Waarom staan we nog steeds toe, dat de particulieren, die de Federal Reserve bezitten, ons grote sommen geld afhandig maken?" Ze kunnen zelfs genoeg druk uitoefenen op het Congres, om de Federal Reserve af te schaffen. Het Amerikaanse volk zou in de Larry King Show of de Phil Donahue Show kunnen horen, dat de Federal Reserve banken geen inkomstenbelasting betalen, nooit gecontroleerd zijn, en slechts 1,95 dollar betalen voor elke duizend dollar die ze van de schatkist ontvangen. "Wat een koopje," zouden we boos kunnen schreeuwen.

Een ontwaakte en woedende bevolking zou zelfs het Congres tot actie kunnen aanzetten en de sluiting van dit Mammonbeest afdwingen. [16]Het Amerikaanse volk zou leren, dat de grootste

---

[16] Herhaalde verwijzing naar de woekeraar in Shakespeare's *De koopman van Venetië, waarbij* de term "koopman" eigenlijk verwijst naar de jood in het

periode van welvaart lag tussen de sluiting van Shylock's centrale bank door Andrew Jackson en het uitbreken van de Burgeroorlog. Ze zouden leren dat de Federal Reserve Banks het commerciële bankieren in dit land hebben gesocialiseerd en dat onze banken werken op basis van het systeem beschreven in Shakespeare's "Merchant of Venice".

President Roosevelt vertelde het Amerikaanse volk dat hij een vriend was van de armen en de middenklasse van Amerika, maar hij was vanaf de eerste dag een agent van de internationale Shylock banken en het Fabian socialisme. Hij regelde enorme leningen om de socialistische regering van Engeland, failliet door het falende socialistische beleid van dat land, overeind te houden, terwijl zijn eigen volk in de rij stond voor voedsel. In 1929 manipuleerden dezelfde buitenlandse belangen de beurscrash, waardoor de aandelenkoersen met miljarden dollars daalden. De Federal Reserve banken orkestreerden de crash via de Federal Reserve Bank van New York. Op pagina's 10949-1050 van het Congressional Record, House, 16 juni 1930, vinden we het volgende:

"Meer recentelijk heeft de Federal Reserve Board de Amerikaanse industrie het slachtoffer gemaakt van één enkele reeks manipulaties in het belang van het Europese krediet, die de ineenstorting van de aandelenmarkt en de huidige industriële depressie hebben veroorzaakt. Deze manipulaties begonnen in februari 1929 met het bezoek aan dit land van de gouverneur van de Bank of England en zijn overleg met het hoofd van de Federal Reserve Board; het onderwerp van deze conferenties was bezorgdheid over de financiële situatie van Groot-Brittannië (geschokt door de socialistische programma's die het land failliet hadden gemaakt) en de val van het Britse pond.

De Britten en de Fransen hadden 3 miljard dollar geïnvesteerd in de Amerikaanse aandelenmarkt, en hun doel was de goudvlucht naar de Verenigde Staten te stoppen door Amerikaanse effecten op te breken. Hun eerste poging in maart 1929, ingegeven door openbare verklaringen van de Federal Reserve (van haar kantoor in New York) die erop gericht waren

beroemde toneelstuk. Nde.

de beleggers angst aan te jagen, veroorzaakte een kleine paniek in maart. De tweede poging, vanaf augustus 1929, kwam tot stand door de verkoop en het short gaan van Britse en Franse beleggers door Amerikaanse bankiers en de paniek van oktober 1929...".

De Federal Reserve banken waren verantwoordelijk voor de crash van 1929 en de daaropvolgende depressie.

Vandaag, in 1994, verstikt de Federal Reserve Board, onder het voorzitterschap van de socialist Alan Greenspan, het zwakke leven van de Amerikaanse economie, omdat Greenspan's meesters in Londen hem hebben opgedragen de inflatie op 1,5% te houden, zelfs als dat het verlies van 50 miljoen banen betekent. Ons lidmaatschap van de Wereldbank, de Bank voor Internationale Betalingen en onze bereidheid om onze soevereiniteit te compromitteren door ons te onderwerpen aan de dictaten van het Internationaal Monetair Fonds (IMF) voorspellen weinig goeds voor de toekomst en geven aan dat het Comité van 300 zich opmaakt voor een nieuwe wereldoorlog.

Nergens in de grondwet staat een bevoegdheid die de regering van de VS machtigt om zogenaamde internationale banken zoals de Wereldbank en het IMF te financieren. Om deze bevoegdheid te vinden, moet je kijken in artikel 1, sectie 8, clausules 1-18, maar het zou zinloos zijn ernaar te zoeken, want ze is er niet. Wij hebben geen grondwettelijke bevoegdheid om de financiering van buitenlandse banken toe te staan, dus een dergelijke actie is illegaal.

Onder leiding van Britse socialisten heeft president George Bush de handelswetten NAFTA en GATT doorgedrukt, die de VS van hun soevereiniteit beroven en banen in de industrie en de landbouw vernietigen, waardoor miljoenen Amerikanen zonder werk komen te zitten. "Wereldhandel" is een oud doel van het Fabiaanse socialisme, dat het al sinds 1910 nastreeft in zijn streven om de gunstige handelspositie van de Verenigde Staten te breken en de levensstandaard van de arbeiders- en witteboordenmiddenklasse Amerikanen te verlagen tot die van de derdewereldlanden.

Bush had echter geen tijd meer en dus werd de estafettestok doorgegeven aan president Clinton, die het NAFTA-"verdrag" erdoor wist te drukken met de hulp van 132 "progressieve (socialistische) leden van de Republikeinse Partij". In 1993 nam de droom van de Fabiaanse socialisten over "wereldhandel" een grote stap voorwaarts met de goedkeuring van NAFTA en de ondertekening van de Algemene Overeenkomst inzake Tarieven en Handel (GATT), die een einde maakte aan de unieke positie van Amerika om zijn unieke middenklasse een goede levensstandaard en banen te bieden.

Om de NAFTA en GATT verdragen legaal te maken is een wijziging van de Amerikaanse grondwet nodig. Ten eerste is er geen bepaling of bevoegdheid in de grondwet die president Bush en president Clinton toestaat 100% ongrondwettelijk te handelen door zich te bemoeien met de details van deze verdragen, die uitsluitend onder de wetgevende macht vallen. Er is een grondwettelijk verbod voor de drie takken van de regering om hun bevoegdheden aan elkaar te delegeren, blz. 108-116, Congressional Globe, 10 dec. 1867:

> "Wij zijn het eens over de stelling dat geen enkel departement van de regering van de Verenigde Staten, noch de President, noch het Congres, noch de rechtbanken, enige macht zullen bezitten die niet door de Grondwet is gegeven."

De grondwet voorziet niet in het opgeven van de soevereiniteit van de VS, maar dat is wat onze vijanden van het Trojaanse paard deden toen zij rechtstreeks onderhandelden met de NAFTA- en GATT-pleitbezorgers van een wereldregering en de Nieuwe Wereldorde als onderdeel van hun internationale socialistische programma.

BUITENLANDSE HULP

De "heilige koe" van de Fabiaanse socialisten was het verkrijgen van andermans geld (OPM) om hun socialistische excessen te financieren. We weten van John Maynard Keynes' lening van 7 miljard dollar om de mislukte socialisatie van het Britse volk via de Labour Party te redden. We weten ook van het socialistische plan om andere buitenlandse landen te financieren via de Foreign Assistance Appropriations Bill, een gebeurtenis die het Amerikaanse volk bijna 20 miljard dollar per jaar kost, waarbij we de kerstman spelen voor enkele van de minst verdienende landen ter wereld, wier mislukte socialistische beleid we blijven steunen. Het Huis en de Senaat doen jammerlijk niet eens alsof ze de grondwettelijkheid van wetsvoorstellen controleren, voordat ze die aannemen. Als ze hun werk goed zouden doen, zouden wetsvoorstellen voor buitenlandse hulp nooit de vloer van het Huis en de Senaat bereiken. Dit is een misdaad tegen het Amerikaanse volk, die omschreven kan worden als opruiing.

Buitenlandse hulp dient twee doelen: het destabiliseert Amerika en het helpt het Comité van 300 zich meester te maken van de natuurlijke hulpbronnen van landen die door de dwang van de Amerikaanse belastingbetaler worden gefinancierd. Natuurlijk zijn er landen die geen natuurlijke hulpbronnen hebben, zoals Israël en Egypte, maar in die gevallen wordt buitenlandse hulp een geopolitieke overweging, maar het blijft altijd, onvrijwillige dienstbaarheid of slavernij. Buitenlandse hulp begon serieus met president Roosevelt toen hij ongeveer 11 miljard dollar gaf aan het bolsjewistische Rusland en 7 miljard dollar aan de Britse Labourregering.

Voorziet de grondwet van de VS in een toewijzing van macht voor deze verbazingwekkende jaarlijkse gift?

Het antwoord is "NEE" en er zou een amendement op de Grondwet nodig zijn om buitenlandse hulp legaal te maken, maar het is twijfelachtig of een dergelijk amendement naar behoren kan worden opgesteld, aangezien buitenlandse hulp in strijd is met de clausule die slavernij (onvrijwillige dienstbaarheid) verbiedt. Kortom, buitenlandse hulp is verraad en opruiing. Leden van het Huis en de Senaat weten het, de president weet het, maar dat houdt de jaarlijkse diefstal van miljarden dollars van Amerikaanse arbeiders niet tegen. Buitenlandse hulp is diefstal. Buitenlandse hulp is onvrijwillige dienstbaarheid. Buitenlandse hulp is socialisme in actie.

DE MIDDENKLASSE

Van alle mensen die het meest gehaat worden door marxistische/Fabische socialisten/communisten en hun Amerikaanse neven, overtreft niemand de unieke Amerikaanse middenklasse, die lange tijd de vloek van het bestaan van het socialisme is geweest. Het was de middenklasse die Amerika maakte tot de machtige natie die het is geworden. De handelsoorlogen waren en zijn gericht tegen de middenklasse, verpersoonlijkt door de zogenaamde "wereldeconomie". De misdadig ontaarde pogingen van de presidenten Wilson en Roosevelt, en later Carter, Bush en Clinton, om de handelsbarrières af te breken die de middenklasse ontwikkelden en beschermden, worden elders in dit boek verhaald. Wat we in dit hoofdstuk willen doen is kijken naar de toestand van de middenklasse medio 1994.

De middenklasse is de grootste sociale triomf van de 20e eeuw voor onze Confederale Republiek, die tot 1913 goed en wel beheerd werd. Geboren uit een gezond monetair beleid, handelsbarrières en protectionisme, was de middenklasse het bolwerk tegen alle hoop van Karl Marx om een revolutie naar Amerika te brengen, die in duigen viel. De expansie van de middenklasse, die serieus begon tussen de tijd dat Andrew Jackson de centrale bank verbood en de Burgeroorlog, ging door tijdens beide wereldoorlogen. Maar sinds 1946 is er iets misgegaan. We hebben elders de oorlog uitgelegd die het Tavistock Instituut sinds 1946 voert tegen de Amerikaanse middenklasse, een oorlog die we ruimschoots aan het verliezen zijn.

De gelijkheid van arbeiders in goed betaalde industriële banen met een zekere toekomst was het eerste doel van het postindustriële nulgroeiplan van de Club van Rome voor de vernietiging van onze industriële basis. De arbeiders genoten een inkomen dat gelijk was aan dat van de bedienden, en samen vormden zij een formidabele middenklasse, niet de "arbeidersklasse" van de Europese socialistische landen. Dit was HET politieke feit dat door de socialisten werd erkend als een belangrijk obstakel voor hun plannen om Amerika te ruïneren. Dus moest de industrie, die de middenklasse ondersteunde, worden ontmanteld, en dat gebeurde, en gebeurt nog steeds, stukje bij beetje, waarbij NAFTA en GATT het vuile werk van de ontmanteling opknappen.

Eén ding dat ik altijd heb benadrukt is dat socialisten nooit opgeven. Als ze eenmaal hun doelen hebben gesteld, streven ze die na met een bijna beangstigende vasthoudendheid. Ik heb het verval van de economische en politieke macht van de middenklasse getraceerd tot het begin van de jaren 1970, na de implementatie van het post-industriële nulgroeiplan van de Club van Rome. In 1973 begon het fundament waarop de middenklasse was gebouwd ernstige tekenen van instorting te vertonen, toen de werkgelegenheid en de inkomensvooruitzichten instortten. Zozeer zelfs dat in 1993 voor het eerst het banenverlies onder bedienden gelijk was aan het banenverlies onder arbeiders. Sinds de jaren zeventig, en vooral in 1980, heeft het Bureau voor de Statistiek gemeld dat de inkomens van de middenklasse instortten.

Wat het socialisme heeft bereikt door de vernietiging van handelsbarrières, hogere belastingen en een voortdurende aanval op de werkplek is de opkomst van een nieuwe klasse in Amerika, de werkende armen. Miljoenen en miljoenen voormalige arbeiders en bedienden zijn letterlijk gevallen door de gapende scheuren in hun eens zo solide basis van middenklasse, op industriële werkgelegenheid gebaseerde, door handel beschermde banen. De middenklasse vormt nu de meer dan 60 miljoen Amerikanen, ongeveer 23% van de bevolking, die nauwkeurig kunnen worden omschreven als de werkende armen, zij wier inkomen onvoldoende is om de kosten van de eerste levensbehoeften te dekken (en toch kunnen we het ons veroorloven 20 miljard dollar aan "buitenlandse hulp" aan buitenlanders te geven).

Een van de meest vernietigende klappen voor de middenklasse in de handelsoorlog was het zogenaamde olietekort dat werd veroorzaakt door het bewust geplande Arabisch-Israëlische conflict van 1973, in combinatie met de oorlog tegen kerncentrales. De socialisten legden kernenergie stil - de goedkoopste, veiligste en minst vervuilende vorm van energie - en lieten ons industriële hart kloppen op olie - beter nog, geïmporteerde olie. Als het kernenergieprogramma van dit land niet volledig was vernietigd door de socialistisch gecontroleerde "groene" stoottroepen, zou het land geen olie meer hoeven te importeren, die zo schadelijk is voor onze economie in het algemeen en onze betalingsbalans in het bijzonder. Bovendien hebben de socialisten door het sluiten van kerncentrales ongeveer een miljoen banen per jaar geschrapt.

De stijgende olieprijzen, gevoed door de Arabisch-Israëlische oorlog en het verlies van kernenergie, leidden tot een daling van de productiviteit, die op haar beurt leidde tot een aanzienlijke daling van de lonen, met gevolgen voor de economie, aangezien lagere lonen uitgaven ontmoedigen. Vanaf 1960 zien we dat het mediane gezinsinkomen met bijna 3% per jaar steeg tot de Arabisch-Israëlische oorlog van 1973. Het lijdt geen twijfel dat Kissinger dit bedoelde toen hij zei dat de oorlog een veel groter effect had op de

Amerikaanse economie dan aanvankelijk werd gedacht.
Sinds 1974 zijn de reële lonen van arbeiders en bedienden met 20% gedaald. In 1993 verdubbelde het aantal werknemers dat van een voltijdse arbeidersbaan een deeltijdbaan moest aannemen bijna ten opzichte van het voorgaande jaar. Evenzo zijn werknemers met een vaste baan in de industrie in steeds grotere aantallen "tijdelijke werknemers" geworden. Het aantal voormalige tijdelijke arbeiders bedraagt nu ongeveer 9%, en witteboordenwerkers in dezelfde categorie maken ongeveer 10% van de totale beroepsbevolking uit. De fundamenten waarop de middenklasse rustte, zijn niet alleen gebarsten en verzonken, maar beginnen zelfs helemaal uit elkaar te vallen.

Hoewel de overheidsstatistieken slechts een gemiddeld werkloosheidspercentage tussen 6,4 en 7% toestaan, ligt het werkelijke percentage dichter bij 20%. Met de vermindering van de defensiecontracten is een verlies van naar schatting 35 miljoen banen de realiteit wanneer rekening wordt gehouden met de gevolgen van NAFTA en GATT voor de arbeidsmarkt. De textielindustrie van North Carolina zal naar verwachting twee miljoen banen verliezen in het tweede jaar van een volledig operationele GATT.

Irving Bluestone van het Institute for Policy Studies zegt dat uit zijn onderzoek naar stabiele industriële banen, de enige bron van lonen om een middenklasse gezin te onderhouden, bleek dat van 1978 tot 1982 elk jaar 900.000 goedbetaalde industriële banen verloren gingen, oftewel bijna 5 miljoen banen van blauweboordenkwaliteit in vijf jaar. Er zijn geen andere statistieken van vergelijkbare aard voor de periode 1982 tot 1994, maar als we uitgaan van hetzelfde cijfer, 900.000 - en we weten dat het cijfer hoger is - dan is het redelijk om aan te nemen dat over een periode van 12 jaar het aantal van deze banen dat verloren ging en nooit meer terugkwam, 10 miljoen langdurig goed betaalde industriële banen bedroeg. We beginnen nu de echte werkloosheidscijfers te krijgen, en niet alleen dat, we hebben het echte beeld van KWALITEITsbanen die voor altijd verloren gaan, dankzij de aanval van de Club van Rome en het Tavistock Instituut op de Amerikaanse werkplek.

President Clinton zal een prijs betalen voor zijn handelsoorlog tegen het Amerikaanse volk, en die prijs omvat één ambtstermijn. Clinton heeft gekozen voor een wereldeconomie, wat onvermijdelijk banenonzekerheid in Amerika betekent. De opheffing van de laatste handelsbarrière door de GATT stuurde onze economie in de maalstroom van dalende bestedingen als oorzaak van stijgende werkloosheid. Clinton leert nu op de harde manier dat je niet alles kunt hebben. Wereldwijde economie + tekortreductie = groot banenverlies. Het land kan onmogelijk nog vier jaar Clintons socialistische regering aan, met een opkomende vloed van tijdelijke, laagbetaalde banen die de oude, langdurige, goedbetaalde industriële banen overspoelen.

De middenklasse verdwijnt, maar haar stem kan nog steeds worden gehoord, en haar boodschap moet zijn "naar de hel met de wereldeconomie en tekortreductie. WIJ WILLEN GOED BETAALDE, STABIELE, LANGDURIGE BANEN!"

Ook al zijn de Verenigde Staten nog maar kort geleden gedwongen zich in een wereldeconomie te integreren, de verwoesting is duidelijk zichtbaar: honderden solide, stabiele bedrijven hebben massaal geschoold personeel moeten ontslaan.

Wat we vandaag in 1994 hebben - en dit heeft zich ontwikkeld sinds de Arabisch-Israëlische oorlog - is een economie onder de paraplu van Wall Street/Las Vegas. De aandelen van McDonald's staan hoog, maar hamburgers omdraaien is geen vervanging voor een goedbetaalde, langdurige industriële baan. Dus terwijl de aandelen van McDonald's het goed doen op Wall Street, kan de VS tevreden zijn met een economie waarin goedbetaalde banen een bedreigde soort aan het worden zijn? Volgens een artikel in de *Los Angeles Times* was in 1989 één op de vier Amerikaanse banen parttime, een schrikbarende stijging ten opzichte van de cijfers van 1972, maar in 1993 was dat één op de drie, oftewel een derde van alle banen in de VS. Het komt erop neer dat geen enkele industriële natie het verloop van goedbetaalde industriële banen kan overleven zonder zich in een afgrond van vernietiging te storten.

De Verenigde Staten verliezen de strijd tegen de krachten van het socialisme onder leiding van het Tavistock Instituut. In de komende twee jaar zullen we geconfronteerd worden met een dramatische toename van de concurrentie, opgelegd door de "wereldeconomie", waar naties met miljoenen halfgeletterden zullen leren goederen te produceren tegen slavenlonen. Wat zal de Amerikaanse beroepsbevolking dan doen? Laten we u eraan herinneren dat dit het logische resultaat is van Woodrow Wilson's beleid om de Amerikaanse binnenlandse markt te vernietigen. Onze geschoolde arbeiders zullen spoedig worden achtervolgd door het schrikbeeld van totale werkloosheid, en we zullen zien dat deze arbeiders zich vastklampen aan elke vorm van werk om te voorkomen dat hun levensstandaard daalt, of zelfs gewoon om brood op de plank te houden.

Clinton voerde campagne met beloftes aan de middenklasse. Hoeveel werklozen herinneren zich haar toespraak "De rijken hebben de goudmijn en de arbeiders de boom"? Dat was voordat hij Jay Rockefeller en Pamela Harriman moest ontmoeten, die hem heel bot vertelden: "Je brengt de verkeerde boodschap. DEFICIT is de boodschap die je moet brengen". Toen begon Clinton plotseling het socialistische evangelie van tekortreductie te prediken, om nog maar te zwijgen over het feit dat dit alleen ten koste kon gaan van miljoenen banen.

Toen deed Clinton het andere dat socialisten weten te doen: hij beloofde dat de overheid alles opnieuw zou vormgeven. Maar de bezorgdheid groeide; Clinton slaagde er niet in de werkende mensen ervan te overtuigen dat een lager tekort de voorkeur verdient boven volledige werkgelegenheid. Uit een recente peiling bleek dat 45% tegen 26% van de Amerikanen werkloosheid een groter probleem vond dan het tekort. Clinton vertelde ons ook dat er sprake was van een herstel, maar dat komt niet overeen met de werkelijkheid, want in tegenstelling tot de normale trend, wanneer herstel betekent dat er minder mensen onvrijwillig in een lager betaalde deeltijdbaan werken, is dit keer het percentage toegenomen. In 1993 werkten meer dan 6,5 miljoen mensen in laagbetaalde tijdelijke banen.

Wat betreft de veelgeprezen bewering dat de regering-Clinton vorig jaar 2 miljoen banen heeft gecreëerd, zij opgemerkt dat 60% van deze banen in restaurants, gezondheidszorg, bars en hotels (piccolo's, portiers, portiers) werden gecreëerd. Het streven naar "globalisering" (lees: vernietiging) van de Amerikaanse binnenlandse markt, begonnen door Woodrow Wilson, is met Clinton in de hoogste versnelling gekomen. De dramatische resultaten van dit destructieve programma kunnen als volgt worden gemeten:

- In de automobielsector steeg de invoer tussen 1960 en 1986 van 4,1% tot 68%.
- De invoer van kleding steeg van 1,8% in 1960 tot 50% in 1986.
- De invoer van gereedschapsmachines steeg van 3,2% in 1960 tot 50% in 1986.
- Werktuigmachines zijn DE belangrijkste indicator van de reële economie van een industriële natie.
- De invoer van elektronische produkten steeg van 5,6% van de markt in 1960 tot 68% in 1986.

Fabiaanse socialisten hebben met hun valse beloften van een "wereldeconomie" de Verenigde Staten, de grootste industriële natie die de wereld ooit gekend heeft, volledig ondermijnd. De tragedie in deze cijfers vertaalt zich in miljoenen stabiele, langdurige, goedbetaalde banen die nu voorgoed verloren zijn gegaan, geofferd op het altaar van de droom van het Fabiaans socialisme van een één-wereld regering - de dictatuur van de Nieuwe Wereld Orde. De Amerikaanse arbeider is voorgelogen door de presidenten Wilson, Roosevelt, Kennedy, Johnson, Bush en Clinton, die gezamenlijk en hoofdelijk hoogverraad hebben gepleegd tegen de Verenigde Staten. Als gevolg van dit beleid van verraad, uitgevoerd door een opeenvolging van presidenten, daalden de nationale investeringen, zowel in de publieke als in de particuliere sector, tussen 1973 en 1986 met de helft, waardoor miljoenen goedbetaalde banen voor de lange termijn verloren gingen.

Momenteel, medio 1994, is en wordt de crisis van de middenklasse, afgezien van de zielige slogans van de kandidaten van beide partijen, niet aangepakt. Dat wil niet zeggen dat politici zich er niet van bewust zijn. Integendeel, elke dag horen zij van hun kiezers, die steeds bozer worden over problemen die zij niet begrijpen, een woede die hen weinig geduld geeft voor het onvermogen van de regering in Washington om greep te krijgen op deze problemen die hen zo radicaal treffen. Politici zullen niets doen om oplossingen voor de crises te vinden, omdat de beschikbare oplossingen in strijd zijn met het dictatoriale postindustriële nulgroeiplan van de Club van Rome. Elke poging om nationale aandacht te vestigen op de ramp van de middenklasse zal worden vernietigd voordat het zelfs maar kan beginnen.

Er is geen andere crisis die te vergelijken is met de middenklasse crisis. Amerika is stervende. Zij die dingen zouden kunnen veranderen zijn niet bereid of bang om dat te doen, en de situatie zal blijven verslechteren totdat de patiënt terminaal ziek is, een punt dat binnenkort bereikt zal worden, waarschijnlijk in minder dan 3 jaar. Toch wordt er geen aandacht besteed aan deze verandering, die de belangrijkste is en die echt te vergelijken is met de enorme veranderingen die de burgeroorlog teweeg heeft gebracht. De laatste verkiezingen weerspiegelden de opkomst; de mensen waren het beu om te stemmen en geen resultaten te zien. De staat van crisis in de Verenigde Staten blijft, dus waarom de tijd en moeite nemen om te gaan stemmen? Er is geen vertrouwen in de toekomst van Amerika - dat is wat zinvol werkloos zijn of überhaupt werkloos zijn doet met de menselijke geest.

Sinds de jaren dertig zijn de machtswellustelingen steeds meer macht blijven grijpen. De Amerikaanse Communistische Partij, ook bekend als de Democratische Partij, kreeg haar socialistische president Roosevelt zover dat hij het Hooggerechtshof vulde met rechters die de Grondwet slechts zagen als een instrument dat kon worden verdraaid en afgeknepen om de socialistische agenda's te volgen. Het 10e Amendement werd hun voetbal, waar ze mee konden schoppen. Ik heb de belangrijkste beslissingen van het Hooggerechtshof sinds de oprichting van dit "pakhuis" geanalyseerd en ik heb ontdekt dat dit Hof nooit, in geen enkel geval, heeft voorkomen dat de machtswellustelingen namen wat zij wilden.

De rechten van de staten werden met voeten getreden door de Roosevelt stormloop en dat gaat door tot op de dag van vandaag. Vanaf de regering Roosevelt heeft de regering de Grondwet uitgebreid en ingekrompen als een accordeonspeler die het juiste deuntje speelt. Wat het Hooggerechtshof heeft gedaan, en nog steeds doet, is de rechten en bevoegdheden van ons, het volk, herverdelen ten gunste van de federale regering. Daarom staan we voor de dreigende dood van de middenklasse en de vernictiging van de Amerikaanse grondwet.

Wat nodig is, is een dringend programma dat het land zou keren en de middenklasse zou redden. Zo'n programma vereist de totale nederlaag van de Democratische Partij, die het Amerikaanse volk sinds de regering Wilson heeft voorgelogen en misleid: een onderwijsprogramma dat het socialisme in zijn geheel afschaft, de ongrondwettelijke valse "scheiding van kerk en staat" afschaft, het Hooggerechtshof opruimt (dat tijdens het proces kan worden gesloten), de Federal Reserve opheft en de nationale schuld wegwerkt.

Toen Warren G. Harding in het Witte Huis werd gekozen, was er in de Verenigde Staten evenveel chaos als nu. De schuldenlast was te hoog, de Federal Reserve manipuleerde de munt en veroorzaakte inflatie met de bijbehorende faillissementen. De grondstofprijzen waren kunstmatig verlaagd door buitenlandse druk, en de werkloosheid was wijdverspreid. De nationale schuld, gecreëerd door de Federal Reserve, steeg enorm. We zijn nog steeds in oorlog met Duitsland, een list om meer "herstelbetalingen" van dat land af te persen. Wilson's belastingen zijn nog nooit zo hoog geweest.

Meteen na zijn aantreden stelde Harding een lijst op van de problemen van Amerika en dwong hij het Congres om twee jaar in zitting te blijven om ze op te lossen. Harding nam het op tegen de Shylock internationale bankiers en hun Wall Street bondgenoten. Hij zei wat Jezus Christus voor hem had gezegd: "Ik zal jullie uit de tempel werpen". Harding vertelde de Shylock-bankiers dat er geen buitenlandse verwikkelingen meer zouden zijn, geen buitenlandse oorlogen meer, geen nationale schuld meer, "waarvan de laatste de Republiek bijna vernietigde".

Harding verlicht de kredietcrisis en vaardigt nieuwe tariefbelastingen uit die de lokale industrieën beschermen. Het overheidspersoneel wordt tot een minimum beperkt en er wordt een begroting opgesteld. De immigratie werd beperkt om onze grenzen te beschermen tegen de hordes anarchisten die uit Oost-Europa binnenstromen en om onze arbeidsmarkt te beschermen. Harding stelde nieuwe belastingregels in die de inkomstenbelasting met honderden miljoenen dollars per jaar verminderden, tekende een vredesverdrag met Duitsland en vertelde de Volkenbond zijn tent op te vouwen en onze kusten te verlaten.

Maar Harding leefde niet lang genoeg om te profiteren van zijn schitterende overwinningen op de Filistijnen, die hij in totale wanorde uit ons kamp had verdreven.

Op 20 juni 1923, tijdens een politieke reis naar Alaska, werd hij ziek en stierf. Zijn dood werd veroorzaakt door nierfalen, de duidelijkste aanwijzing dat hem op de een of andere manier een krachtig gif was toegediend. We hebben een man als Warren Harding nodig, wiens moed geen grenzen kende. We moeten de "nieuwe Warren Harding" zoeken en vinden, die de programma's zal herstellen die Amerika zouden hebben gered van de monsterlijke greep van de kwaadaardige socialisten.

Het absurde idee "tekortreductie is koning" moet worden gerelativeerd. Als het tekort morgen nul zou zijn, zou de crisis van de middenklasse niet worden verlicht. Zelfs Clintons openbare investeringsprogramma van 50 miljard dollar is vergeten. Wall Street's vernietiging van onze industrieën moet gestopt worden, en dat betekent het ontmaskeren van de kabouters van de obligatiemarkt. De door Washington opgerichte en door Lincoln, Garfield en McKinley gehandhaafde handelsbarrières moeten worden hersteld. Het publiek moet worden voorgelicht over de gevolgen voor onze economie van onbeperkte, onbelaste invoer van goederen, ook bekend als "vrijhandel". Dit zou een dramatische terugkeer naar volledige werkgelegenheid mogelijk maken: het zou de natie ook in directe confrontatie brengen met de buitenlandse machten die dit land besturen.

Clintons "brave new world" heeft geen inhoud. Er zijn geen buitenlandse markten voor Amerikaanse producten, en die zijn er altijd geweest. Het enige dat is veranderd met de "globale economie" is dat onze verdediging is doorbroken en dat geïmporteerde goederen binnenstromen door gapende gaten in de dijken. Dit is de hoofdoorzaak van de crisis van de middenklasse. Terwijl Amerikaanse fabrikanten altijd aan de groeiende lokale vraag hadden kunnen voldoen met stabiele arbeiders- en bediendenbanen, werd onze positie onhoudbaar toen Wilson verklaarde dat we niet bang moesten zijn voor "concurrentie!". In 1913 hadden de Verenigde Staten een gesloten markt met volledige werkgelegenheid, een groeiende economie en langdurige welvaart, douane-inkomsten betaalden de rekeningen van de regering tot 1913, toen de socialisten Wilson zover kregen de dijken af te breken die onze levensstandaard beschermden.

In een gesloten markt konden onze fabrikanten het zich veroorloven goede lonen te betalen: daardoor creëerden zij koopkracht en effectieve vraag naar hun producten, wat volledige werkgelegenheid en permanente werkzekerheid op lange termijn betekende. Alles wat de socialistische (democratische) presidenten, van Wilson tot Clinton, de Amerikaanse arbeider hebben aangeboden is een kleine kans om een paar producten te verkopen aan China, Japan of Engeland, in ruil voor een of andere laagbetaalde baan, zodat zij beetje bij beetje, vooral met de uitvoering van NAFTA en GATT, een gestage daling van hun levensstandaard zullen accepteren en dankbaar zullen zijn voor de mogelijkheid om elke baan aan te nemen, wat die ook moge zijn. Dit heet "vrije handel". Het is de toekomst van de Amerikaanse middenklasse.

Het netto-effect van "vrijhandel in een wereldeconomie" is het verdwijnen van de Amerikaanse middenklasse (kantoorpersoneel, arbeiders en bedienden), de klasse die Amerika groot heeft gemaakt. De Fortune 500 hebben de afgelopen 13 jaar meer dan 5 miljoen werknemers uit de middenklasse ontslagen. Het is mogelijk dat een toekomstige leider met alarm zal reageren wanneer de omvang van de verwoesting van de middenklasse duidelijker wordt. Op dat moment zal het enige alternatief voor de leider van dat land erin bestaan het tij van de "vrijhandel" te keren, wat een terugkeer naar harde handelsbelemmeringen betekent. Het zal een vernederende nederlaag zijn voor de socialisten die de Democratische Partij leiden, maar een die ze zullen moeten accepteren als Amerika niet wil worden als Rusland: de bezetenen en de bezitlozen.

Om de tragedie die Amerika is overkomen samen te vatten: Een mondiale samenleving betekent een samenleving zonder middenklasse in Amerika. Vrijhandel' heeft de levensstandaard van de middenklasse al zodanig uitgehold dat deze niet meer te vergelijken is met die van 1969. De Amerikaanse middenklasse is niet ontstaan door "vrije handel" of een "globale economie". De middenklasse is ontstaan door handelsbelemmeringen en een beschermde, veilige markt voor lokaal geproduceerde goederen. Handelsbarrières creëerden geen inflatie. Sinds Woodrow Wilson heeft een reeks presidenten tegen het Amerikaanse volk gelogen en er doorgaans in geslaagd deze flagrante leugen als waarheid te laten aanvaarden.

Socialisme is een verschrikkelijke mislukking. Vrome

gemeenplaatsen over het verrijken van het leven van gewone mensen daargelaten, is het enige doel van het socialisme altijd geweest om mensen tot slaaf te maken en geleidelijk het nieuwe duistere tijdperk van één wereldregering - De Nieuwe Wereld Orde - tot stand te brengen. Zelfs toen het onder de volledige controle van de Britse regering stond, en ondanks miljarden dollars "buitenlandse hulp" die Amerika aan de Britse schatkist betaalde om socialistische programma's te steunen, bleek het socialisme een kolossale mislukking.

Zweden is een van de landen die het Fabiaanse pad hebben gekozen. We maakten al kennis met de idealistische socialisten, Gunnar Myrdal, en zijn vrouw, die beiden een grote rol speelden bij de ontmanteling van het onderwijs in Amerika. Meer dan 50 jaar lang was Stockholm de trots van socialisten over de hele wereld. Myrdal was jarenlang minister in het Zweedse kabinet en speelde een leidende rol bij de invoering van het socialisme in Zweden, waarvan de leiders tevreden waren dat ze hadden bewezen dat het socialisme werkte.

Vanaf de jaren dertig was Zweden synoniem met socialisme. Alle politici, ongeacht hun partij, waren overtuigde socialisten; de verschillen waren slechts gradueel en niet principieel. Franse, Britse, Indiase en Italiaanse socialisten stroomden naar Stockholm om het "wonder" te bestuderen. Het fundament van de Zweedse socialistische staat was het welzijnsprogramma. Maar waar staat Zweden's trotse socialisme vandaag, in 1994? Wel, het staat niet echt rechtop, het lijkt meer op de toren van Pisa, die met de maanden meer en meer overhelt naar het kapitalisme.

Zweedse politici leren dat kiezers niet altruïstisch stemmen en dat het tijdperk van het ideale socialisme dood is en alleen nog maar begraven hoeft te worden. Zweedse socialisten, die zich schaamteloos bemoeiden met de Zuid-Afrikaanse politiek en demonstreerden tegen de Amerikaanse betrokkenheid in Vietnam, ontdekken dat hun socialistische vocabulaire achterhaald is in een land waar alles naar de knoppen is. Zweedse socialisten zaten aan tafel om over internationaal socialisme te discussiëren, om vervolgens te ontdekken dat hun gast met het tafelzilver was vertrokken. Zweden werd het slachtoffer van de leugens en valse beloften van het socialisme. Nu ligt het land in een economische

puinhoop en het zal Zweden vijftig jaar kosten om zich eruit te
trekken, aangenomen dat het daarvoor toestemming krijgt. Engeland
werd lang geleden vernietigd door het socialisme. Nu is het de beurt
aan Amerika. Kunnen de Verenigde Staten een bijna fatale
overdosis socialistisch gif overleven, toegediend door de
Democratische Communistische Socialistische Partij van de
Verenigde Staten? Alleen de tijd zal het leren, en tijd is wat de
Amerikaanse middenklasse van arbeiders, bedienden en
kantoorpersoneel niet meer heeft.

Het is impliciet in alle programma's van de presidenten Wilson,
Roosevelt, Kennedy, Johnson, Carter, Bush en Clinton, hoewel niet
expliciet, dat de socialisatie van de Verenigde Staten het grote doel
is waarnaar het socialisme streeft. Dit zal worden bereikt door
nieuwe vormen van eigendom, controle over de productie - wat
betekent dat de keuze om industriële fabrieken te vernietigen aan
hen is - is essentieel als de socialisten hun plan om de Verenigde
Staten, en vervolgens de rest van de wereld, steeds sneller en
zekerder in de richting van een één-wereldregering, een nieuwe
wereldorde van het nieuwe donkere tijdperk van totale slavernij,
vooruit willen helpen.

Het volstrekt onjuiste beeld dat socialisten van zichzelf hebben
geschetst als een goedaardige en vriendelijke organisatie die er
alleen op uit is het lot van de gewone mensen te verbeteren, is niet
correct ..... Het socialisme heeft een ander brutaal en wreed gezicht,
en de geschiedenis laat zien dat het niet zal aarzelen om te doden als
dat nodig is om de Verenigde Staten te socialiseren.

Niets beschrijft beter de gemene kant van het socialisme dan de
uitspraak van Arthur Schlesinger: "Ik weet niet waarom president
Eisenhower Joe McCarthy niet liquideert zoals Roosevelt Huey
Long deed". De 'misdaad' van Huey Long was dat hij echt van
Amerika en al zijn inwoners hield, de allereerste Amerikaanse
politicus die volledig begreep wat Roosevelt Amerika aandeed.
Huey Long kwam op voor de middenklasse, die hij terecht zag als
het doelwit van de socialist, en hij sprak zich bij elke mogelijke
gelegenheid uit tegen het socialisme.

De socialistische, marxistische en communistische machine in de
Verenigde Staten koestert grote haat tegen Long en noemt hem "de
personificatie van de fascistische dreiging - de man die het meest

waarschijnlijk de Hitler of Mussolini van Amerika zal worden". Het Amerikaanse volk was zo hongerig naar een woordvoerder voor hun benarde situatie dat Long wel 100.000 brieven per dag zou ontvangen. Roosevelt werd woedend bij het noemen van Huey Long's naam en vreesde dat Long hem zou opvolgen als de volgende president van de Verenigde Staten.

Een sneeuwstorm van socialistische propaganda daalde neer op Huey Long. Nooit eerder was zo'n ongekende campagne van totale haat gericht tegen één individu; het was beangstigend, het was indrukwekkend. Roosevelt kreeg bijna epileptische aanvallen, telkens als Huey Long nieuwe waarheden onthulde over de socialistische programma's die Roosevelt wilde opleggen. Huey Long valt Roosevelts Fabiaanse Britse socialistische "overeenkomsten" aan, en spoort het volk aan om: "Trotseer dit soort autocratie, trotseer tirannie." Roosevelt probeert Long aangeklaagd te krijgen wegens belastingontduiking, maar Long blijft ongestraft.

Het Roosevelt kamp had maar één optie: "Vermoord Huey Long." De oorzaak van grote bezorgdheid was Long's stap om de rechten van de staten te doen gelden. Hij weigerde het zogenaamde "federale geld" en vertelde een enthousiast publiek in Louisiana dat hij de federale regering zou aanklagen en een bevel zou verkrijgen om alle federale agentschappen en hun kantoren te verwijderen van de grenzen van de staat Louisiana. Roosevelt werd bang; dit was een actie waar de federale regering dagelijks bang voor was, een actie die de staten zou kunnen wegvagen en de functies van de federale regering zou kunnen beperken tot de grenzen van de eerste 10 amendementen op de Amerikaanse grondwet, de vleugels geknipt, de agentschappen beperkt tot het District of Columbia.

"Tart dat soort autocratie, tart dat soort tirannie," riep Long toen hij ontdekte dat de federale regering probeerde de verkoop van staatsobligaties van Louisiana te blokkeren, obligaties die de staat de inkomsten zouden opleveren die hij nodig had ter vervanging van de "federale fondsen" die hij de staat had opgedragen niet te accepteren In 1935, toen Roosevelt zo nerveus was als een kat in een boom, ging Long naar Baton Rouge om zijn vriend, gouverneur Allen, te bezoeken. Toen hij het kantoor van de gouverneur verliet, schoot een man hem neer. De aanvaller, een goede vriend van

Roosevelt, was Dr Carl Weiss, die door Longs bewakers te laat werd neergeschoten om hem te redden, en Weiss lag dood.

Huey Long werd naar het ziekenhuis gebracht, waar hij zweefde tussen leven en dood. In zijn bijna-dood toestand had Long een visioen van Amerikanen van alle rangen en standen die zijn leiderschap nodig hadden. Hij riep tot God: "Oh Heer, ze hebben me nodig. Laat me alstublieft niet sterven. Ik heb nog zoveel te doen, God, ik heb nog zoveel te doen." Maar Long sterft, neergeslagen door een socialistische moordenaar. Lincoln, Garfield, McKinley, allen probeerden Amerika te beschermen tegen de socialisten, allen betaalden met hun leven. Zoals congreslid L.T. McFadden, Senator William Borah, Senator Thomas D. Schall en President Kennedy, nadat ze het socialisme hadden afgezworen.

Het socialisme is veel gevaarlijker dan het communisme, vanwege de inherente en kwaadaardige traagheid waarmee het de bevolking van de Verenigde Staten drastische en ongewenste veranderingen oplegt. Er is maar één manier om deze gewelddadige gevaarlijke dreiging te overwinnen, en dat is dat het hele volk zodanig wordt opgevoed dat het inziet waar het tegenop ziet en het socialisme halsstarrig verwerpt. Dit kan en MOET gebeuren. "Er is kracht in aantallen." Er zijn meer patriotten dan socialisten. Alles wat we nodig hebben is leiderschap en een opgeleid volk om stand te houden tegen de gemene tirannie die elke president sinds Woodrow Wilson heeft geholpen om ons om de nek te binden. Socialisten kunnen ons niet allemaal vermoorden! Laten we opstaan en de Filistijnen verslaan in een show van grote eenheid. We hebben de grondwettelijke macht om dat te doen.

EPILOOG

De Amerikanen en de hele wereld wachtten op de hamer van het communisme, zonder te beseffen dat het socialisme een groter gevaar vormde voor een republikeinse natiestaat als de onze. Wie vreesde in het tijdperk van de Koude Oorlog het socialisme? Het aantal schrijvers, commentatoren en voorspellers die dat zeiden is op de vingers van één hand te tellen. Niemand vond het socialisme iets om je zorgen over te maken.

De communisten hebben een grote truc uitgehaald door onze collectieve ogen op Moskou gericht te houden, terwijl thuis de grootste schade werd aangericht. In de vijfentwintig jaar dat ik schrijf, heb ik altijd volgehouden dat het grootste gevaar voor het toekomstige welzijn van onze natie in Washington ligt, niet in Moskou. Het "kwade rijk" waarnaar voormalig president Reagan verwees is niet Moskou, maar Washington en de socialistische kamarilla die het controleert.

De gebeurtenissen aan het eind van de twintigste eeuw bevestigen de juistheid van deze bewering. In 1994 hebben we een socialist aan het roer van de natie, bijgestaan door een Democratische Partij die in 1980 het communisme/socialisme omarmde, en met meer dan 87% van de Democraten in het Huis en de Senaat die hun socialistische kleuren tonen, gaan de pogingen van het volk om de koers van de natie te veranderen via de stembus nergens heen.

De "overtollige" wereldbevolking - met inbegrip van de Verenigde Staten - wordt reeds gedecimeerd door in het laboratorium gemaakte mutante virussen die honderdduizenden mensen doden. Dit proces zal worden versneld, in overeenstemming met het genocidale Global 2000-plan van de Club van Rome, zodra de mobs hun missie hebben volbracht. De in Sierre Leone begonnen experimenten met gemuteerde Lassa-koorts en visna media virussen werden in augustus 1994 afgerond in de laboratoria van de Harvard Universiteit. Een nieuw virus, nog dodelijker dan AIDS, stond op het punt uitgebracht te worden.

De nieuwe griepvirussen zijn al vrijgegeven en zijn dodelijk effectief. Deze gemuteerde griepvirussen zouden 100% effectiever zijn dan de "Spaanse griep"-virussen die in de laatste dagen van de Eerste Wereldoorlog werden getest op Franse troepen in Marokko. Net als het Lassakoortsvirus liep het Spaanse griepvirus uit de hand en in 1919 had het de wereld overspoeld met meer doden dan de totale militaire verliezen aan beide zijden van de Eerste Wereldoorlog. Niets kon het stoppen. In de Verenigde Staten waren de verliezen ontstellend. In grote Amerikaanse steden stierf één op de zeven mensen aan de "Spaanse griep". Mensen werden 's morgens ziek, met koorts en slopende vermoeidheid. Binnen een dag of twee waren ze dood - met miljoenen tegelijk.

Wie weet wanneer de nieuwe gemuteerde griepvirussen zullen toeslaan? In 1995 of misschien in de zomer van 1996? Niemand weet het. Ebola koorts, waarvan de correcte naam "Ebola Zaïre" is, naar het Afrikaanse land Zaïre, waar het voor het eerst opdook, wacht ook in de coulissen. Ebola is niet te stoppen; het is een genadeloze moordenaar, die zich snel verplaatst en zijn slachtoffers vreselijk misvormd en bloedend uit alle lichaamsopeningen achterlaat. Onlangs is Ebola Zaïre opgedoken in de Verenigde Staten, maar de media en het Centers for Disease Control hebben er nauwelijks melding van gemaakt. In het U.S. Army Medical Research Institute zijn onderzoeksexperimenten met Ebola uitgevoerd op deze en andere zeer gevaarlijke ziektekiemen.

Wat is het doel van het loslaten van deze verschrikkelijke dodelijke virussen? De reden die wordt gegeven is bevolkingscontrole, en als we de verklaringen van Lord Bertrand Russell, Robert S. McNamara en H.G. Wells lezen, zijn de nieuwe dodelijke virussen precies wat deze mannen zeiden. In de ogen van het Comité van 300 en de socialistische camarilla zijn er gewoon te veel ongewenste mensen op aarde.

Maar dat is niet het hele verhaal. De echte reden voor massale genocide op wereldschaal is om een klimaat van instabiliteit te creëren. Om naties te destabiliseren, om de harten van mensen te laten razen van angst. Oorlog maakt deel uit van dit plan, en in 1994 is oorlog overal. Er is geen vrede op aarde. Kleine oorlogen woeden in wat de Sovjet-Unie was; in het voormalige Joegoslavië gaat de oorlog door tussen facties die oorspronkelijk kunstmatig door Britse socialisten zijn gecreëerd. Zuid-Afrika zal nooit meer het land van vrede zijn dat het ooit was; India en Pakistan liggen niet ver daarachter. Dit is het resultaat van jaren en jaren van zorgvuldige socialistische planning.

Er zijn nu 100 landen meer dan in 1945. De meeste daarvan zijn gebouwd op een los verbond van stammen-etnische verdeeldheid met religieuze en culturele verschillen. Ze zullen niet overleven, omdat ze zijn gecreëerd en opgeborgen om het destabilisatieproces af te wachten. De Verenigde Staten worden door intelligente socialistische langetermijnplanning in de richting van soortgelijke verdeeldheid geduwd. Tegen 1994 is Amerika klaar om verscheurd te worden door raciale, etnische en religieuze verschillen. Amerika is al lang niet meer "een natie onder de hand van God". Geen enkele natie kan culturele verschillen overleven, vooral wanneer taal en religie een cruciale rol spelen.

De socialisten gaan via president Clinton door om deze realiteit, die we elke 4 juli proberen te verbergen, uit te buiten. In het volgende decennium zal deze verdeeldheid exploderen. Amerika zal verdeeld zijn naar inkomen, levensstijl, politieke mening, ras en geografie. Een enorme muur, die socialisten hebben gebouwd sinds ze president Woodrow Wilson aan de macht brachten, is bijna voltooid. Deze muur zal Amerika verdelen in de haves en de have-nots - met de middenklasse in de laatste categorie. Amerika zal worden zoals elk ander derde wereld land. Mooie steden zullen geruïneerd worden door een gebrek aan sociale voorzieningen en politiebescherming, omdat de lokale en staatsregeringen, bewust uitgehongerd van inkomsten, de stijgende kosten van voorzieningen en bescherming niet kunnen opbrengen.

Misdaad zal zich verspreiden naar de buitenwijken. Eens veilige buitenwijken zullen door misdaad geteisterde buitenwijken worden. Het is allemaal onderdeel van het socialistische plan om grote steden op te breken en bevolkingsgroepen te verspreiden - zelfs in uw veilige wijken, die over tien jaar of meer waarschijnlijk net zo vol criminaliteit en bendes zullen zitten als de binnensteden van de grote Amerikaanse steden nu.

Illegitimiteitscijfers zullen niet worden gecontroleerd door abortus, omdat abortus tot doel heeft het geboortecijfer van de middenklasse te beteugelen. Socialistische abortus en de vrije liefde van mevrouw Kollontay zijn er altijd op gericht om te voorkomen dat de middenklasse te machtig wordt. Het onwettige geboortecijfer zal groeien en groeien onder de werkende armen. Er is nu een demografische explosie van onwettige baby's die vaderloos opgroeien met moeders die niet voor hen kunnen of willen zorgen. Dit is Fabiaans socialisme in actie, de donkere en slechte kant van Fabiaans socialisme die altijd verborgen is gebleven.

De nieuwe onderklasse die in Amerika ontstaat, zal bestaan uit miljoenen werklozen en ongeschikten, wat een enorme zwevende en onstabiele bevolking betekent, die zich alleen maar tot de misdaad kan wenden om te overleven. De buitenwijken zullen worden overspoeld met deze onderklasse en haar straatbendes. De politie zal niet in staat zijn ze te stoppen - en voor een tijdje zullen ze vrij zijn om het werk te doen om het socialisme te destabiliseren.

De mooie buitenwijk waar je nu woont wordt waarschijnlijk het getto van 2010, bevolkt door duizenden bendes waarvan de leden bij het zwaard leven. "Naar Mayberry gaan" zal meer gemeengoed worden naarmate deze wrede jonge misdadigers hun werkterrein uitbreiden.

De overgrote meerderheid van de Amerikanen is totaal niet voorbereid op wat hen te wachten staat. Ze worden gesust door socialistische beloftes die nooit waargemaakt kunnen worden. Terwijl Amerika voor zijn "Duinkerken" staat, kijken onze mensen steeds meer naar de regering om de problemen op te lossen die in de eerste plaats door het socialisme zijn gecreëerd, problemen die noch president Clinton noch zijn opvolgers hopen op te lossen, simpelweg omdat het nodig wordt geacht Amerika te DESTABILISEREN.

Harde en bittere tijden liggen in het verschiet, en alle beloften van de Democratische Partij zijn niet meer dan klinkende cimbalen. Bij gebrek aan onderwijs, opleiding en banen - met industriële werkgevers die ofwel worden geëlimineerd ofwel naar het buitenland worden verplaatst - zullen massa's werklozen door de straten zwerven op zoek naar het door de socialisten beloofde leven. Wanneer zij hun werk hebben gedaan, en Amerika gedestabiliseerd is, zal de "overtollige bevolking" worden weggevaagd door gemuteerde virusziekten, sneller dan we ons kunnen voorstellen.

Dit is wat SOCIALISTEN voorspelden dat ze zouden doen, maar weinigen schonken aandacht aan de beloften van Bertrand Russell en H.G. Wells. Amerikanen zijn meer bezig met honkbal en voetbal, zozeer zelfs dat toekomstige historici zich zullen verbazen over hoe de massale politieke psychologie niet door het volk werd herkend en zich ertegen verzette. "Ze moeten diep hebben geslapen om het niet te zien" zal het harde oordeel zijn van de historici van de toekomst.

Kan er iets gedaan worden om de verwoesting van deze natie te stoppen? Ik denk dat het nodig is de superrijken in de conservatieve gelederen - en dat zijn er veel - wakker te schudden en hen zover te krijgen dat ze een stichting steunen die een spoedcursus in de Amerikaanse grondwet geeft, uitsluitend gebaseerd op het lezen van de Annalen van het Congres, de Congressional Globes en het Congressional Record. Deze documenten bevatten de beste informatie over de grondwet en ook veel informatie over het socialisme en zijn plannen voor een één-wereld regering - de Nieuwe Wereld Orde, het nieuwe donkere tijdperk van slavernij.

Gewapend met deze informatie zouden miljoenen burgers hun vertegenwoordigers die ongrondwettelijke maatregelen aannemen, kunnen aanvechten. Als bijvoorbeeld 100 miljoen geïnformeerde burgers de ongrondwettelijkheid van een misdaadwet zouden aanvechten en kenbaar zouden maken dat zij de bepalingen van die maatregel niet zouden gehoorzamen omdat die 100% ongrondwettig was, zou die wet nooit door het Huis en de Senaat zijn gekomen. Dit is de enige manier waarop patriottisme zich kan uiten. Het kan, en het moet.

Het uur is laat. Tegen degenen die reageren op de plannen van de socialisten om de Verenigde Staten te verlagen tot het niveau van een derdewereldland, "dit zijn de Verenigde Staten, dat kan hier niet gebeuren", zou ik willen zeggen: "Het gebeurt al". Wie zou een paar jaar geleden gedacht hebben dat een onbekende en obscure gouverneur van een relatief onbelangrijke staat president van de Verenigde Staten zou worden - ook al heeft 56% van de kiezers tegen hem gestemd? Dit is SOCIALISME IN ACTIE, dat impopulaire en ongewenste veranderingen oplegt aan de Verenigde Staten.

DE ERFENIS VAN HET SOCIALISME: EEN GEVAL APART

Op vrijdag 30 september 1994, om 9.40 uur, werd Richard Blanchard, een 60-jarige architect, in zijn nek geschoten nadat hij was gestopt voor een rood licht aan de rand van de wijk Tenderloin in San Francisco. Terwijl Blanchard op klaarlichte dag in zijn auto zat te wachten tot het licht veranderde, benaderden twee 16-jarige schurken hem, richtten een pistool op hem en eisten geld. Op dat moment veranderde het licht en Blanchard probeerde te vluchten. Hij werd in zijn nek geschoten en ligt nu volledig verlamd in het ziekenhuis.

Volgens de wet mag de 16-jarige misdadiger niet bij naam genoemd worden en mag zijn foto niet gepubliceerd worden. Volgens een verslag in de *San Francisco Examiner*, zei Blanchard's vriend Alan Wofsy:

"Het betekent dat iemand in San Francisco niet veilig is als hij tijdens een normale werkdag voor een rood licht stopt. Het haalt alle onschuld uit het leven. Het idee dat je waakzaam moet zijn bij het uitvoeren van je normale dagelijkse taken omdat je leven je afgenomen kan worden, betekent dat er geen grenzen meer zijn aan beschaafd gedrag. Een ander deel van deze tragedie is dat dit een man is wiens handen alles voor hem waren. Zonder enige reden ging een man van een geweldige architect naar een verlamde."

De reactie van de politie op deze nachtmerrie was:

"Doe je ramen dicht en je autodeuren op slot. Als iemand een pistool op je richt, geef hem dan wat hij wil. Het is het niet waard om je leven te verliezen voor een horloge of een portemonnee."

Dit is de erfenis van het socialisme:

"Geef je over aan crimineel tuig omdat de politie je niet kan beschermen, en omdat je ontwapend bent door socialistische wetgeving die 100% ongrondwettelijk is, kun je jezelf niet langer beschermen."

Na het vertrek van de aartsocialisten Art Agnos en Diana Feinstein (beiden voormalig burgemeester van San Francisco) was San Francisco wat zij ervan gemaakt hadden, een socialistische nachtmerrie. Als de heer Blanchard gebruik had mogen maken van zijn grondwettelijke recht om een wapen in zijn auto te dragen, zouden schurken, dit wetende, zich waarschijnlijk wel twee keer hebben bedacht om hem te benaderen, of welke burger dan ook die een wapen draagt.

Maar dankzij de ongrondwettelijke acties van socialisten als Feinstein, zijn de burgers van Californië en vele andere staten ontwapend en wordt hen nu geadviseerd om "hun mannetje te staan" tegenover gewapende criminelen. Wat zouden de kolonisten, die weigerden een penny per pond belasting op thee te betalen, denken van het moderne Amerika en een dergelijke officiële erkenning van het volslagen en abjecte falen van de staat om zijn burgers te beschermen?

Blanchards tragische verhaal herhaalt zich duizenden keren per maand in de Verenigde Staten. Wat nodig is, is een terugkeer naar de grondwet, met een schrapping van alle wapenwetten en de softe socialistische wetten die criminele misdadigers zoals degene die Blanchard neerschoot, beschermen. Elke burger heeft het recht om wapens te houden en te dragen. Als burgers dit recht op grote schaal zouden uitoefenen en bij iedereen bekend zouden zijn, zou het misdaadcijfer kelderen. Geen misdadiger zou een automobilist durven benaderen met een wapen in het zicht.

De vloedgolf van het socialisme vaagt alles weg wat op zijn pad komt. Deze vloedgolf moet zeer snel worden aangepakt en afgeslagen, anders zijn de Verenigde Staten gedoemd uit te sterven zoals het oude Griekenland en Rome. De politie zegt dat ze onderbemand is en niet genoeg financiële middelen heeft om de misdaadgolf aan te pakken. Toch ramt Clinton in één adem door een ongrondwettelijk zogenaamd "hard tegen misdaad" wetsvoorstel dat grotendeels een socialistisch transferprogramma is met zeer weinig hulp voor onze politie...

In Washington D.C., de misdaadhoofdstad van het land met meer beperkende wetten op wapenbezit dan enige andere stad, vroeg de burgemeester onlangs aan de president om de Nationale Garde te sturen om het geweld van zwarte bendes aan te pakken. Clinton weigerde, maar gaf wel toestemming om begrotingsmiddelen te gebruiken om de parkpolitie en de Secret Service in te zetten voor straatpatrouilles. De resultaten waren spectaculair: een daling van

50% van het aantal bende-gerelateerde schietpartijen.

Toen raakte het geld op en werden de Secret Service en de Park Police uit de straten van Washington D.C. gehaald. "We hebben simpelweg geen geld om dit programma voort te zetten," vertelde een woordvoerder van het Witte Huis aan ABC televisie. WAAROM NIET? Hoe kunnen we het ons veroorloven om 20 miljard dollar aan buitenlandse hulp weg te geven, wat 100% ongrondwettelijk is, en niet in staat zijn om cruciale misdaadpreventieprogramma's te financieren in Washington, de enige plaats waar de federale regering jurisdictie heeft over politiebescherming? Dit is de erfenis van het socialisme, de weg naar slavernij door terreur en criminaliteit.

BRONNEN EN AANTEKENINGEN

"Buitenlandse Zaken. CFR Journal, april 1974. Gardner, R.

"Een interview met Edward Bellamy" Frances E. Willard, 1889.
"Boston Bellamy Club. Edward Bellamy, 1888.

"Fabianisme in het politieke leven van Engeland 1919-1931." John Strachey.

Zie ook "Left News", maart 1938.

"Rand Institute School of Studies Bulletin 1952-1953." Upton Sinclair. "De economische gedachte van John Ryan." Dr. Patrick Gearty.

"Samenwerking tussen socialisten en communisten". Zigmunt Zaremba, 1964. "Corruptie in een economie met winstoogmerk". Mark Starr.

"Verenigde Staten Advies Commissie." Mark Starr. "Amerikanen voor Democratische Actie. (ADA)

"De Zaak Tegen Socialisme: Een Handboek voor Conservatieve Sprekers." Rt. Hon A.J. Balfour, 1909.

De Fabian News van 1930 vermeldde Rexford Tugwell als medewerker van Roosevelt en gouverneur Al Smith van New York, en opnieuw in Who's Who van 1934. Tugwell had ook nauwe banden met Stuart Chase, auteur van "A New Deal". Tugwell werkte op de economische afdeling van Columbia University.

"The Fabian Society. William Clarke, 1894.

"Nieuwe grenzen. Henry Wallace.

"A New Deal." Stuart Chase, 1932.

"Philip Dru, beheerder. Edward Mandell House, 1912.

"Great Society. Graham Wallace

"Het Beveridge Plan. William Beveridge. Werd het "plan" voor sociale zekerheid in de Verenigde Staten.

"Socialisme, utopisch en wetenschappelijk". Federick Engels, 1892.

"Bernard Shaw." Ervine St. John, 1956.

"Het Hooggerechtshof en het publiek. Felix Frankfurter, 1930.

"The Essential Lippmann-A Philosophy for Liberal Democracy. Clinton Rossiter en James Lare.

"John Dewey en David Dubinsky." Biografie in beeld, 1952.

"Hugo Black, de Alabama jaren. Hamilton en Van Der Veer, 1972.

"Een geschiedenis van het zionisme." Walter Lacquer.

"De welvarende samenleving. John Galbraith, 1958.

"The Pillars of Society. A.G. Gardiner, 1914.

"Bulletin van de Rand School of Social Sciences." 1921-1935.

"The Other America: Poverty in the United States. Michael Harrington, 1962

"Geschiedenis van het socialisme. Morris Hilquit, 1910.

"Holmes-Laski Brieven. De correspondentie van Mr Justice Holmes en Harold Laski. De Wolfe, 1953.

"The Private Papers of Colonel House" C. Seymour, 1962.

"De economische gevolgen van de vrede. John Maynard Keynes, 1925.

"Algemene Theorie van de Economie. John Maynard Keynes, 1930.

"De crisis en de grondwet, 1931 en daarna". Harold J. Laski, 1932.

"Uit de dagboeken van Felix Frankfurter. Joseph P. Lash, 1975.

"Harold Laski: Een Biografische Herinnering. Kingsley Martin, 1953. "Recollections of a Socialist Snob". Elizabeth Brandeiss,

1948.

"Het Nationale Levensonderhoudsplan. Prestonia Martin, 1932.

"Herinneringen van Felix Frankfurter. Philip Harlan, 1960.

"Commentaren op de grondwet van de Verenigde Staten". Joseph Story, 1883.

Everson tegen de Raad van Onderwijs. Dit is de eerste socialistische triomf in de omkering van religieuze clausule school zaken. Er was geen juridisch precedent om Everson's argument in de rechtbank te ondersteunen. Er is niets in de Grondwet dat de zogenaamde "muur van scheiding" zoals beschreven door Jefferson ondersteunt en het maakt geen deel uit van de Grondwet. Het Eerste Amendement was NIET bedoeld om de staat te scheiden van religie, wat de zaak Everson plotseling grondwettelijk vond. Hoe werd een loutere uitspraak van Jefferson - en dan nog alleen met betrekking tot de staat Virginia - opeens wet? Door welk grondwettelijk mandaat werd dit gedaan, en door welk precedent? Het antwoord is in beide gevallen GEEN.

De "muur van scheiding" was een excuus voor Frankfurter om zijn vooroordeel tegen de christelijke godsdienst en in het bijzonder tegen de katholieke kerk uit te oefenen. Nogmaals, er is geen CONSTITUTIONELE BEPALING VOOR DE MYTHISCHE "MUUR VAN SCHEIDING TUSSEN KERK EN STAAT". Frankfurter werd hierin sterk beïnvloed door de anti-katholieke Harold J. Laski en rechter Oliver Wendell Holmes, beiden verstokte socialisten. Laski geloofde dat "onderwijs dat niet seculier en verplicht is, helemaal geen onderwijs is....". De katholieke kerk zou moeten worden opgesloten in het voorgeborchte... en vooral, in de heilige Augustinus... Het onvermogen van de Katholieke Kerk om de waarheid te vertellen... maakt het onmogelijk om vrede te sluiten met de Rooms Katholieke Kerk. Zij is een van de permanente vijanden van alles wat fatsoenlijk is in de menselijke geest". Bovendien was Black een fervent lezer van de publicaties van de Schotse Rite der Vrijmetselarij, die de Katholieke Kerk fel veroordeelde. Toch worden we geacht te geloven dat rechter Black geen extreme persoonlijke vooroordelen toonde door uitspraak te doen ten gunste van Everson!

"Geselecteerde correspondentie 1846-1895. Karl Marx en Frederich

Engels.

"Edward Bellamy. Arthur Morgan, 1944.

"Fabian Quarterly. 1948. De Fabian Society.

"Een Amerikaans dilemma." Gunnar Myrdal, 1944.

"Fabian Research. De Fabian Society.

"Reflecties op het einde van een tijdperk" Dr. Reinhold Niebuhr, 1934.

"De geschiedenis van de Fabian Society. Edward R. Pease, 1916.

"De Roosevelt die ik kende". Frances Perkins, 1946.

"The Fabian Society, Past and Present. G.D.H. Cole, 1952.

"De dynamiek van de Sovjetmaatschappij.

"De Verenigde Staten in de wereld arena". Walt W. Rostow, 1960.

"Labour in Britain and the World" Dennis Healey, januari 1964.

"Het tijdperk van Roosevelt. Arthur Schlesinger, 1957.

"4 juli 1992." Edward Bellamy, juli 1982.

"Mr. House of Texas." A.D.H. Smith, 1940.

"Nieuwe patronen voor basisscholen. Fabian Society, september 1964.

"De komende Amerikaanse revolutie". George Cole, 1934.

"H.G. Wells en de wereldstaat". Warren W. Wagner, 1920.

"Onderwijs in een klassenmaatschappij. Edward Vaizey, november 1962.

"Socialisme in Engeland." Sydney Webb, 1893.

"De decadentie van de kapitalistische beschaving." Beatrice en Sydney Webb, 1923.

"Ernest Bevin. William Francis, 1952.

"Sociale Zekerheid. De Fabian Society, 1943 (Aanpassingen van het Beveridge Plan).

"De nieuwe vrijheid". Woodrow Wilson, 1913.

"Herstel door revolutie". (Vermoedelijk het denken van Lovett, Moss en Laski) 1933.

"Wat een onderwijscommissie kan doen op lagere scholen". Fabian Society, 1943.

"Les Fabiens américains" ADA tijdschriften, 1895-1898.

"Roosevelt aan Frankfurter. December 1917. Brieven van Theodore Roosevelt, Library of Congress.

"Rijkdom versus Gemenebest. Henry Demarest Lloyd, 1953.

"The Necessity of Militancy: Socialism in Our Time', 1929. Bevat een verklaring van Roger Baldwin waarin hij pleit voor revolutie in de Verenigde Staten.

Freedom in the Welfare State" toespraak van Senator Lehman, waarin hij ten onrechte stelt dat "de Founding Fathers de verzorgingsstaat hebben opgericht". Gepubliceerd in 1950.

"Rexford Tugwell" geciteerd in de Rand School Bulletins, 1934-1935.

"American Civil Liberties Union (ACLU)." Het werd opgericht in januari 1920 en heette toen het Civil Liberties Bureau. Veel van haar ideeën werden overgenomen uit het boek "The Man Without a Country" van Philip Nolan. Robert Moss Lovett's uitspraak: "Ik haat de Verenigde Staten! Ik zou de hele wereld willen zien ontploffen als dat de Verenigde Staten zou vernietigen" komt dicht in de buurt van de gevoelens die Nolan in zijn boek uitdrukt. Het juni 1919 nummer van "Freedom" berichtte over de oprichting van de ACLU en noemde namen waaronder de oprichter, dominee John Nevin Sayre.

Andere ACLU-bronnen "Freedom Through Dissent", 30 juni 1962. Ook Rogers Baldwin, stichtend lid van de ACLU, Laidler's "The Need for Militancy" en "The Socialism of our Times"

"Walter Reuther. Voorzitter van de Automobile Workers' Union. Werkte nauw samen met de Liga voor Industriële Democratie. Uit "Veertig jaar onderwijs". LID, 1945. Zie ook Congressional Record House, 16 oktober 1962 pagina's 22124-22125. Zie ook Louisville

Courier Journal. "Zweden: De Middenweg," Marquise Child.

"The Southern Farmer", Aubrey Williams (1964 rapport van het House Unamerican Activities Committee).

"Woodrow Wilson. Materiaal van "The New Freedom" Arthur Link, 1956. Albert Shaw, redacteur van de Minneapolis "Tribune." Shaw schreef ook "Review of Reviews. "The Year 2000: A Critical Biography of Edward Bellamy" door Sylvia Bowman, 1958. "International Government" uitgegeven door Brentanos New York, 1916. New York State Senate Committee of Inquiry 1920. Deze commissie onderzocht de Rand School voor opruiende activiteiten. MI6 beval Wilson de bestanden van de Militaire Inlichtingendienst over subversieve elementen in de Fabiaanse socialistische baan te vernietigen, een bevel dat Wilson uitvoerde. Gerapporteerd in "Onze geheime oorlog" door Thomas Johnson. "An American Chronicle" Ray Stannard Baker, 1945. "Record of the Sixty Sixth Congress" pagina's 1522-23, 1919. Hoorzitting van de Subcommissie Justitie, 87e Congres, 9 januari - 8 februari 1961. "De weg naar veiligheid. Arthur Willert, 1952. "Fabian News" oktober, 1969. "Notitie voor een biografie". 16 juli 1930. Ook de "New Republic". "Social Agitation" door dominee Lyman Powell, 1919. (Powell was een oude vriend van Wilson.)

"Mr Wilson's War. John Dos Passos, 1962.

"The New Statesman", artikel van Leonard Woolf, 1915.

"Florence Kelley", (echte naam Weschnewetsky.) Kelley's verhaal wordt verteld in "Impatient Crusader, Florence Kelley's Life Story" door Josephine Goldmark, 1953. Survey magazine, Paul Kellog, redacteur. "The Nation, Freda Kirchway, The Roosevelt I Knew, Kelley, 1946. Kelley was een "hervormer van de sociale hervormers" en directeur van de League of Industrial Democracy (LID) 1921-1922, nationaal secretaris van de National Consumers League en talloze Fabiaanse socialistische frontorganisaties.

Senator Jacob Javitts. Nauw verbonden met de Fabian Society in Londen, ontving hij een felicitatiekabeltje van Lady Dorothy Archibald. Het Freedom in the Welfare State symposium prees Javitts en zijn werk voor het socialisme. Javitts stemde voor de socialistische voorstellen van de ADA, met een bijna perfecte score van 94%. Nam deel aan de "Ronde Tafel over Democratie: Behoefte aan een moreel ontwaken in Amerika" in 1952. Anderen die met Javitts dienden, waren Mark Starr, Walter Reuther en Sydney Hook.

"Grondwettelijke bevoegdheden van een president". Gevonden in Sectie II van de Amerikaanse Grondwet. Congressional Record 27 februari 1927.

"General Deficiency Appropriations Bill".

"Congressional Record, House, 26 juni 1884 Page 336 Appendix thereto". Hier zien we waarom onderwijs het middel is om de socialistische aanval op te vangen.

"Geest en geloof". A. Powell Davies, bewerkt door rechter William 0. Douglas. Davies, de Unitarische Kerk-aanhanger van rechter Hugo Black, schreef ook "American Destiny (A Faith for America)" in 1942, en "The Faith of an Unrepentant Liberal" in 1946. De invloed die Davies had op de rechters Douglas en Black blijkt uit de socialistische kwesties die beide rechters met welwillendheid bekeken in de beslissingen van het Hooggerechtshof waaraan zij deelnamen.

"Brave New World" door Julian Huxley. In dit werk roept Huxley op tot de oprichting van een grootschalige totalitaire socialistische staat die met ijzeren vuist zou regeren.

"Communisme en het gezin". Mevrouw Kollontay. Waarin zij haar verontwaardiging en opstand uit over de ouderlijke macht over kinderen en de rol van de vrouw in het huwelijk en het gezinsleven.

"Brave New Family" Laura Rogers. Verrassend als de titel van Huxley's "Brave New World". Rogers zet de strategie uiteen waar socialisten lang om hebben gevraagd, om de controle over kinderen over te nemen en ze te onttrekken aan de ouderlijke controle, volgens de lijnen die zijn voorgesteld door Madame Zinioviev, de vrouw van Gregori Zinoviev, een geharde Sovjet-commissaris.

"Congresverslag, Senaat S16610-S16614." Laat zien hoe het socialisme de grondwet probeert te ondermijnen.

"Congressional Record, Senaat 16 februari 1882 pagina's 1195-1209." Hoe de Senaatscommissie de Mormonen behandelde en hoe het de Bill of Attainder schond.

"De vrijheden van de geest. Charles Morgan. In verwijzing naar de zogenaamde "psychopolitiek".

"Communistisch Manifest van 1848." Karl Marx.

"Congressional Record, Senaat, 31 mei 1924. pagina's 9962-9977." Beschrijft hoe Amerikaanse communisten hun programma's vermommen als socialisme en legt uit dat ze alleen verschillen in mate.

Reeds gepubliceerd

OMNIA VERITAS
OMNIA VERITAS LTD PRESENTEERT:
DE ROTHSCHILD DYNASTIE
JOHN COLEMAN
DE ROTHSCHILD DYNASTIE
door John Coleman
Historische gebeurtenissen worden vaak veroorzaakt door een "verborgen hand"...

OMNIA VERITAS
OMNIA VERITAS LTD PRESENTEERT:
JOHN COLEMAN
DIPLOMATIE DOOR LEUGENS
DOOR
JOHN COLEMAN
DIPLOMATIE DOOR LEUGENS
EEN VERSLAG VAN HET VERRAAD VAN
DE REGERINGEN VAN ENGELAND EN
DE VERENIGDE STATEN
De geschiedenis van de oprichting van de Verenigde Naties is een klassiek geval van de diplomatie van de misleiding...

OMNIA VERITAS
OMNIA VERITAS LTD PRESENTEERT:
JOHN COLEMAN
door John Coleman
DE HIËRARCHIE VAN DE SAMENZWEERDERS
GESCHIEDENIS VAN HET COMITÉ VAN 300
Deze openlijke samenzwering tegen God en de mens omvat de onderwerping van de meeste mensen...

De geheimen van het Tavistock Instituut voor Menselijke Relaties

Sterk georganiseerde groepen zijn altijd in het voordeel ten opzichte van burgers

Dit boek legt uit wat vrijmetselarij is